The Chan's Great Continent : China in Western Minds

大汗之國

西方眼中的中國

史景遷 Jonathan D. Spence 著

林熙強 譯

各界推薦

《大汗之國》是號稱「最會說故事的當代史學家」，也就是史景遷在「中國形象學」方面的代表作，梳理了自馬可．波羅以降到二十世紀，「中國」在西方人士心中的形象之流變，作者深入淺出，把中國與西方的交會史化為一則一則引人入勝的故事。《大汗之國》的上一個譯本距今已有十八年，由於時空環境變化，國內讀者對於譯文的要求往往更勝於以往，因此亟需一個重譯本來彌補先前的種種不足之處。新版《大汗之國》譯者林熙強博士有比較文學形象學的專業背景，且其專長本為中西交流史（專治晚明天主教翻譯文學在中國的傳播與接受），因此他在這方面的優勢也充分反映於譯文中，讀者可以從大量譯註去體會他在文史考證方面的所下的苦工。此外，林博士的譯文除了優雅流暢，往往能將作者史景遷的絕佳文筆與雅緻風格保留下來，同時譯文也能做到字斟句酌，力求精確。新版《大汗之國》譯本絕對會是史景遷作品在臺所有譯本中的代表作。

——陳榮彬（臺大翻譯碩士學程助理教授）

史景遷的文字有股魅誘之力，他把《大汗之國》寫成一部神奇的魔法書，讓人一翻開就穿越了，越過時間空間，來到那個遙遠又鄰近、文明與原始共伴、輝煌璨爛卻又暗影幢幢、豐饒與匱乏並存的國度。那是西方人眼中的中國，由在場者與缺席者、迷戀者與批判者共同交織出的真實與虛構的形象。我們隨史景遷走入這個既熟悉又陌生的土地，一如當年的商賈、探險家、傳教士和外交使節，睜大好奇目光窺視那萬花筒般的世界——既是觀看他者，也是觀看自己。

——何致和（小說家）

★

「拍案叫絕……史景遷出色地展示了世世代代的西方人是如何不斷自問：『是什麼……讓這片令人驚艷、豐富多元又人口稠密的土地團結一致？』」

——史蒂芬・葛林布雷特（Stephen Greenblatt），《紐約時報書評》

「史景遷運用歷史、傳記和文學，創造出絕妙的效果，他筆下的這趟西方人凝望中國的漫長探索，提醒了我們：對於他者的看法總是取決於觀者。史景遷就像一位優秀的考古學家，從西方人的中國想像的貝塚中仔細篩選檢視，宛如一次偉大的挖掘工作！」

——奧維爾．謝爾（Orville Schell，加州大學柏克萊分校新聞研究所所長）

「一部深具全面性、娛樂性和高度實用性的著作。」

——《選擇月刊》（*Choice*）

「一部令人耳目一新、具可讀性的專著，出自一名重量級學者之筆。」

——《費城詢問報》（*Philadelphia Inquirer*）年度好書

「富有想像力的說史大師……一部激發聯想的著作……文筆精彩生動。」

——《歷史雜誌》（*History*）

「《大汗之國》是一趟饒富趣味的旅行，走過渴望、欲望、誤解、恐懼與憎惡。」

——茱蒂絲．夏皮羅（Judith Shapiro），《華盛頓郵報書世界》（*Washington Post Book World*）

「迷人至極……史景遷先生是說故事的高手，靈巧地在眾多主題間遊走，或挖掘出重大時刻，例如在尼克森總統暱稱為『波羅二號』的訪中之旅前夕，與馬勒侯的會晤。」

「既兼容並蓄，又靈敏巧妙……《大汗之國》是經典的史景遷之作。」

——《華爾街日報》

——《波士頓環球報》（*Boston Globe*）

「一場引人入勝之旅……史景遷對中國的理解與掌握讓這本書成為必讀之作。」

——《夏洛特觀察報》（*Charlotte Observer*）

「史景遷不只是最重要的中國歷史學者之一，更是今日不分區域主題的傑出史家。他富於想像的知識範疇浩大而豐沛，敘事風格強而有力。」

——彭定康（Christopher Patten），《每日電訊報》（*The Daily Telegraph*）

「學識淵博卻又輕鬆明快……史景遷在各個主題間翩然起舞，讓讀者意猶未盡。」

——《獨立報》（*The Independent*）

「令人振奮、價值難以估量的一本書。史景遷跨越各大洲與數世紀，呈現出西方眼中的中國，他並非直接描述那塊異國的土地，反而大大揭示了觀察者的思維。」

——黃哲倫（David Henry Hwang，《蝴蝶君》、《金色之子》作者）

推薦序

康士林（Nicholas Koss, 1943– ）
輔仁大學比較文學研究所所長（2002–2009）
北京大學比較文學研究所特聘教授（2010– ）

耶魯大學歷史學系名譽教授史景遷（Jonathan D. Spence, 1936– ），原籍英國，是西方學界最重要的中國史專家之一。史景遷著作等身，曾經發表大量以中國為題的專書與學術論文。他最知名的專著是《追尋現代中國》（*The Search of Modern China*, 1990），該書所述中國歷史，始自十六、十七世紀之交的晚明，終於一九八〇年代經濟改革之後；而在美國校園裡，這本書也是常見的中國現代史課程用書。史景遷在著作裡經常運用傳記式的研究，以中國歷史上特定時期裡的重要人物生平，做為介紹歷史的途徑。這樣的傳記式研究作品還包括由其博士論文改寫的《曹寅與康熙：臣僕與主子》（*Ts'ao Yin and the K'ang-hsi Emperor: Bondservant and Master*, 1966, 2nd ed. 1988），從《紅樓夢》作者曹雪芹的祖父入手；以及《利瑪竇的記憶之宮》（*The Memory Palace of Matteo Ricci*, 1984）和《毛澤東》（*Mao Zedong*, 1999）等。

西方人如何對待中國，一直是史景遷深感興趣的主題，從他的第二本著作《中國的臂助：一六二〇年至一九六〇年間中國的西方顧問》（*China Helpers: Western Advisers in China, 1620–1960*, 1969）便可一窺端倪。這本書探討在中國貢獻專長的西方專家，始自十六世紀東來的耶穌會士，以至一九五〇年代在中國的蘇聯技術人員。該書於一九八〇年再版，改題《改變中國》（*To Change China: Western Advisers in China*, 1620–1960）。

一九九八年，史景遷出版《大汗之國》（*The Chan's Great Continent: China in Western Minds*）。書題裡的「大汗」指的是蒙元王朝（1271–1368）的建立者世祖忽必烈（1215–1294），馬可．波羅在中國遊歷期間，正是忽必烈統治的年代，而忽必烈治下的中國，就是哥倫布以及航海時代的其他探險家亟欲尋找的那片土地。史景遷將《大汗之國》的副標題訂為「西方人心目中的中國」，縱然避開了「中國形象」四字，不過他在整本書裡討論的其實就是中國形象。史景遷並非第一位以探討史上西方人對於中國的印象為題的作家，他在本書〈導論〉中便已提及其他類似專著，包括杜勝（Raymond Dawson, 1923–2002）的《中國變色龍：對於歐洲中國文明觀的分析》（*The Chinese Chameleon: An Analysis of European Conceptions of Chinese Civilization*, 1967），以及馬克林（Colin Mackerras, 1939–）的《西方的中國形象》（*Western Images of China*, 1989）。這類中國形象的最新論著是目前執教於曼徹斯特大學的鄭揚文（Zheng Yangwen）教授專書，《再探中國變色龍：從耶穌會士到張藝謀》（*The Chinese Chameleon Revisited: From the Jesuits to Zhang Yimou*, 2013）。若將上述杜勝、馬克林、史景遷與鄭揚文四位學者的專著並置案前，比較他們對於同一位中國觀察者的看法，想必會是十分有趣的研究。

《大汗之國》的章次按時序編排，但各章所強調的乃是特定時代中特定的主題。在這樣的安排下，第一章處理十三世紀，特別聚焦於馬可．波羅；第二章處理十六世紀，探討與中國有關的歐洲天主教徒。第三至五章則綜述十七、十八世紀著眼於中國的西方人；至於十九世紀至二十世紀早期的這類西方人，則是第六至八章的主題。本書的最後四章則旨在論述二十世紀西方對於中國的觀點。《大汗之國》裡討論的西方人，其中有部分在先前的形象研究專著中並未多加注意，因此就我個人而言，這些相關章次我特別感興趣，諸如第三章對於葡萄牙耶穌會士皮曼特（Francisco Pimentel, 1629–1675）與蘇格蘭醫師貝爾（John Bell, 1691–1780）的討論，或是第六章論「女性觀察者」所提供的英美傳教士女眷的記述。史景遷在書中併於一章而論的一些西方人或文學作品，並不常見論於一處，因此這些章次我也特別喜愛，比方第十一章同時論及魏復古、尼克森、季辛吉與馬勒侯，或者第十二章同時討論三部重要的文學作品：卡夫卡的〈中國長城〉、波赫士的〈歧路花園〉與卡爾維諾的《看不見的城市》。

全新中譯的《大汗之國》是一本上乘的翻譯作品。我曾經是譯者林熙強在博士班求學期間的堂師，他能夠嫻熟掌握英文，當年在我的「西方的中國形象」課堂上，他就已經研究過不少本書論及的西方人及其著作。除此之外，他的中文寫作能力令人刮目相看，這一點我相信在他的翻譯中必然顯露無遺。同時我也相信這個新譯本裡豐富的譯註，必能提供閱讀時的助益，使讀者更能理解英文原文的意旨所在。

康士林於北京

二〇一八年二月五日

譯序

史景遷教授發表《大汗之國》的那一年，華裔德籍的學者夏瑞春（1938–2010）也發表了兩本新書。第一本是由香港中文大學出版的英文論文集《十七、十八世紀英國文學裡所見的中國》（*The Vision of China in the English Literature of the Seventeenth and Eighteenth Centuries*, 1988），由夏瑞春教授主編，收錄陳受頤（1899–1978）及范存忠（1903–1987）等知名中國學者的論文，而以錢鍾書先生（1910–1998）在牛津大學的學位論文《十七、十八世紀英國文獻裡的中國》（*China in the English Literature of the Seventeenth and Eighteenth Centuries*, 1940, 1941）領銜；史景遷在《大汗之國》第四章參考的陳受頤論文亦於此書重刊。第二本則是在圖賓根（Tübingen）出版的專書《中國幻想：十七、十八世紀歐洲文獻裡的中國建構》（*Chinesia: The European Construction of China in the Literature of the 17th and 18th Centuries*, 1988）；夏瑞春教授為該書書題創造了一個新字，以「中國」為字首，拉丁文「幻想」（phantasia）綴為字尾而成。儘管書題所鑄確為新字，然而這個題目關涉的思考範疇——即一國的文學或文獻中對於異國形象的描述——在比較文學領域已經討論有年。

就學科的觀點而論，「形象研究」（image study/étude d'image）或者「形象學」（Imagology/Imagologie）的系統論述起源於二十世紀中後期的法國比較文學界，其研究的對象是在遊記與想像的交互詮釋之下，一國的文學作品中對異國形象的塑造與描述。案法國比較文學學者莫哈（Jean-Marc Moura, 1956–）在〈試論文學形象學的研究史及方法論〉（"L'Imagologie littéraire: essai de mise au point historique et critique,” 1992）文中之見，文學作品中的形象乃是三重意義的交疊：既是異國的形象（image de l'étranger），也是出自一個民族社會與文化之下的形象，更是作家個人特殊感受之下的形象。設若套用史景遷教授在〈導論〉裡的鑰詞質而再言，那麼形象研究的意義並不在於鑑別這些「觀測」（sighting）的真偽，而是這樣的觀測如何生成，而對於異國的觀測結果又如何在社會以及文學作品——甚至是更新位置的觀測之中——延續下去。而延續的結果，再借莫哈總結形象研究方法論的詞彙，一種「社會集體想像」（imaginaire social）於焉成形，而這也與夏瑞春教授所謂「中國幻想」的概念遙相呼應。

二〇〇五年夏天，我在博士班選修的第一門課程就是康士林教授開設的「西方的中國形象」，也是我對於上述中國形象研究的啟蒙，而這本《大汗之國》乃當時課堂上的指定讀物之一。這是我深感興趣的一門課程，當年的期末報告也成為我發表於期刊的第一篇學術論文。不過正如史景遷教授在〈自序〉中所申，《大汗之國》諸章原型乃是演講，內容除了必須符合基本的學術要求，同時也必須讓所有參與演講的社會大眾接受，因此對於書中所援事例並不欲逐一深考或加以注釋。當年初識學問的我，總想逐一詳考書中那些點到為止的故實，奈何力有所不逮。舉例來說，第五章中萊布尼茲（Gottfried Wilhelm Leibniz, 1646–1716）是從何處得知耶穌會士對於六爻卦的介紹，而與他通信的來華耶穌會士又是誰？第九章中龐德（Ezra Pound, 1885–1972）《詩篇》（*The Cantos*）第五十六篇裡制定法典的元朝官員是誰，又為什麼第六十篇裡出現了本書的第二位閔明我？

這次有幸投入《大汗之國》出版二十周年的重譯，於是十多年後我又再次面對當年課堂上未及解決的疑問。身為譯者，我有責任把史景遷教授在《大汗之國》裡援引的資料包含各種譯本盡數搜集查閱，以確定自己對於原文的認知無誤；而在這個有趣的翻譯考證過程裡，那些原書中點到為止的故實也魚貫浮現明朗的原貌。是以我不揣淺陋，譯文中謹就管見所及，以譯註的方式將這些過去力有未逮解決的問題答案逐一補充，以期能提供《大汗之國》的讀者參互考尋的延伸資料。這些譯註將近四萬字，其中有關譯本的補充並不在於版本比較式的書目羅列——這也是〈自序〉中作者極力避免的——而僅將翻譯過程中取得的譯本擇要載錄，常見的文學作品亦不在補充之列。

身為譯界末學，我需要學習之處甚多。如果一本書的翻譯是一趟旅行，我想在抵達終點前夕，謝謝兩位推誠相與的旅伴。感謝臺灣商務印書館的編輯王窈姿小姐，克盡厥職逐字核校拙譯初稿，務求盡善；也感謝輔大比較文學博士蘇逸婷雲誼，再助我們勘校謬失。她們二位拳拳相護之情，使得這趟苦心孤譯的中國之旅，儘管夜夜於煢煢孤熒下前進，卻不覺寂寞。

戊戌酣春

長樂林熙強於南港

獻給哈洛德・布魯姆（Harold Bloom, 1930– ）

——靜望月華

及至縹緲疆境天光一明，初映眼簾

——大汗之國……

——哈特・柯瑞恩（Hart Crane, 1899–1932），〈橋〉（1930）

目錄

Contents

推薦序 vii
譯序 x
自序 1
導論 4
第Ⅰ章 馬可·波羅的世界
在波羅留傳後世的長篇巨作中，中國的君主專政以仁愛治天下，疆宇遼闊，風俗雅正，貿易昌盛，高度都市化，商業往來方式別出心裁，克敵制勝之道卻相形見絀。…………15

自序

《大汗之國》裡的素材，原先是一九九六年春天我在耶魯大學德樊（William Clyde DeVane, 1898–1965）講座的一系列演講，而本書最後出版的章節安排與文字內容，也大致反映當時演講的形式。德樊講座原是因為紀念耶魯大學一位卓越的教授而開辦，他是本學院一九三九至一九六三年的院長；而慣例上本系列演講的目標聽眾，一向都設定為耶魯大學學生以及一般社會大眾。正因如此，演講的內容除了必須具備足夠的智識水準以符合基本的學術要求，還必須讓任何有意願參與的聽眾理解。

這些演講自發表以來已經歷大大小小的修改。有些修改是因為出於口頭發表的底稿往往是非正式的筆記，故而在轉換為訴諸文字的完稿時，必要的修改自然不可避免。又有些修改則是因為這些演講的內容還包含節錄自原始參考資料的引文——有時候甚至頗具長度——因為這一系列演講中，每一次的口頭發表都還隨附指定閱讀的相關文獻以供參閱。故而在某些狀況下，我必須刪去部分引文的內容以求行文之簡潔，而在其他時候，我則反而必須增添文字，以使段落間的文意清晰。為了盡量保留當初演講的樣式，我把注釋精簡到最少。本書注釋的主要目的，在於說明引用文字的出處，偶爾則是為了強調有益的補充資料。我無意替書中討論的每一位人物列出全面性的著作清單，抑或羅列研究他們的相關書目。事實上就本書所及的近五十位人士而言，在他們已知的全部著作當中，對於中國的討論僅占些微的篇幅而已——儘管對我來說這些篇幅別具意義。

在受邀發表德樊講座的系列演講之前，我曾在耶魯主持一個小型的專題讀書會好幾年；關於長期以來西方世界眼中的中國，這些學生和我在讀書會上閱讀並且討論了為數眾多的案例。在此我想對所有參與的學生們致上謝忱，謝謝他們提供一系列人物，並以大膽突破的方式討論他們。演講中有不少素材都來自他們的建議，其中包括了三個原本不太可能列入的人物——瑪麗·傅瑞澤（Mary Fraser, née Crawford, 1851–1922）、史坦貝克（John Steinbeck, 1902–1968）的「強尼·貝爾」（Johnny Bear）以及尼克森（Richard Nixon, 1913–1994）。目前書中選定的四十八位人物是舉要刪蕪的結果，我們曾經藉各種方式閱讀或討論過的人物，其數或許有此三倍之多。許多本書最後略而未及的人物，其實對於中國都有特出或精妙的見解，也有他們個人對於中國的回應；若能悉數將之納入，則隨之而來的演講以及本書的內容，必然可以因此大幅擴增視野的格局。不過這麼一來，他們也可能危及本書錯綜複雜的故事，使之因此壓縮成為一本圖書目錄而已；而這點則是我無論如何極力避免的。

德樊演講共有十二次，每次演講結束後，緊接著都有一小時通常愉快熱烈的提問與討論，有時甚至激動人心；而每次會後激盪出的思考，有一部分毫無疑問在去蕪存菁之後也收錄於本書。我在普林斯頓大學、北京大學以及香港中文大學考察本書部分主題時，那裡的聽眾反應亦復如是，我同樣也收錄為本書素材。我要謝謝我在諾頓（W.W. Norton）出版社的編輯史帝芬·佛曼（Steven Forman），他不斷提出聽來單純到幾乎無法回答的問題，但我相信他始終如一的這分熟巧，使書中許多艱澀之處更為流暢，也使全書的描述更為明晰。女兒金玫（Mei Chin），就像一位優遊於各種領域的研究者，以她一貫的想像力與泰然自若，探索十八世紀的英國品味以及十九世紀末的法式異國風情，我要對此致上誠摯的感謝。她和內人安平（Annping）、兒子亞爾（Yar）以及愛犬玫妲（Maddux），使得完成這本書的過程成為一大樂事，而非煎熬。

史景遷於西海汶（West Haven）
一九九七年八月二十二日

導論

一個國家之所以偉大，其必然的條件之一在於能夠吸引別人的注意，而又能持續保有這分吸引力。在西方接觸中國之始，中國業已明顯展現這種能力；即使風氣的變化無常以及政治立場的更替，有時確使中國的光彩暫且蒙塵，然而中國的吸引力卻從未隨著幾個世紀過去而抹煞殆盡。中國在西方引發激烈的情感，西方人屢屢企圖描述並且分析這個國家與其子民，而且顯然從未停止接受來自中國的消息；凡此種種，無一不可證實這個國家於西方激盪的魅力。①

本書試圖就多樣性的觀點，詮釋無論在智識層面或情感層面，西方人在處理中國現象上大不相同的態度。為了不讓這個探求的過程過分拘泥於形式或者太過拘謹，我借用哈特·克萊恩（Hart Crane, 1899–1932）的概念做為本書標題：按克萊恩筆下哥倫布（Christopher Columbus, c. 1451–1506）的想像，在曙色熹微的朦朧之中，乃是以感覺而非以視覺體會中國。馬可·波羅在十三世紀敘寫這個傳說中的國度，在那個時代，大汗是中國的統治者。然而在哥倫布心中，他仍然統治著中國。若從航海與探險的歷史上取用專有名詞，那麼我們可以把這個時機稱作「觀測」（sighting）。在那樣脈絡下的觀測，往往是轉瞬即逝而斷斷續續的：只要逮著機會，就必須想方設法弄清楚自己

---

① 關於這些類型的研究，我尤其得益於約翰·荷蘭德（John Hollander, 1929–2013）的相關討論。

的所在位置；藉由隨機觀測所見的預期目的地，觀測者發現自己究竟何在。設若循此想法加以延伸，則在砲術上所謂的「觀測」乃是確認射程，是取得平衡位置或藉由夾叉射擊（bracketing）的彈著點比對計算，使砲擊得以正中目標。再以一七五〇年代為例，當戈德斯密（Oliver Goldsmith, 1728–1774）、海軍准將安森（George Anson, 1st Baron Anson, 1697–1762）與孟德斯鳩（Montesquieu [Charles-Louis de Secondat, Baron de la Brède et de Montesquieu], 1689–1755）各以迥然不同的方式書寫中國之際，「觀測」在當時也是賭博的用語，特別意指在骰局中作弊。在十三世紀，也就是威廉．魯伯克（William of Rubruck, c. 1210–c. 1270）與馬可．波羅初次將他們對於中國的見解與少數有見識的西方人分享的那個時代，「觀測」（sighting）則是「嘆氣」（sighing）在拼寫上的另一種形式，故而當時將「哭泣與觀測（嘆息）」（weeping and sighting）二字置於先後，並非是什麼不尋常的事。

本書所論西方對於中國的諸多觀測，雖逐一相連，卻各有不同體式，這些觀測或為外交官報告與詩作，或為舞臺劇本與家書，又或為哲學性的短文與小說。本書按章次鋪陳，就四十八部這類觀測略作細緻的探討，涵蓋的時間跨越七百年，始自一二五三年，而終於一九八五年。在這個時間軸上最早的一點，是傳教士威廉．魯伯克肩負傳教與外交使命前往偉大可汗治下和林城（Karakorum）的年份；他的經歷無可避免地影響了馬可．波羅的觀測，而這也是我們將要探討的所有觀測中，最聞名於世卻也最問題叢生的一部。

就某些層面來看，波羅流傳後世的建樹是他在遊記中提供的資訊，但更重要的影響恐怕還是他激發的好奇心。西方印刷術在十五世紀的發展，使得讀者在一四八〇年代已經可以入手波羅早期手稿的印刷版本，而克里斯多福·哥倫布展讀並自加評注的版本，正是這些最早印刷的版本之一。時至一五四〇年代，哥倫布的地理發現帶來始料未及的後果：葡萄牙人將觸角延伸向澳門，西班牙人則在菲律賓建立基地，也因此揭開一段新時期的序幕；而就觀測中國的眼光論之，這個時期更宜稱作「天主教世紀」。在這段時期寫就的報告、辯論文章以及小說——我們將探討五個案例——使得中國以全新層次的具體形象深植於西方人心目中，而這些情感的強烈趨向也引發歐洲一系列熱烈的辯論，爭執中國及其人民的本質，以及如何運用這新資料。

隨著十七世紀接近尾聲，天主教國家的海外征服及拓展計畫也達到高峰，新教國家新興的海上勢力於是蓄勢待發，預備掌握此一良機。於是來自荷蘭與大不列顛的外交使節和軍人，便成為探索中國的下一批西方人。他們肩負重要任務，並以現實主義者自居；中國朝廷企圖強迫他們遵循傳統的覲見禮節，而他們則對這種儀式性的恭順滿懷敵意，尤其是叩頭——在皇帝面前九次跪拜於地，當皇帝不在場時則朝著象徵皇權的符物跪拜。對於奉行這樣的儀節，英國來使並不認為是國際關係慣例，反而視之以擯棄國家尊嚴，因此雙方的衝突自然不可避免：從貝爾醫師（John Bell, 1691–1780）、安森准將以及馬戛爾尼爵士（Lord George Macartney, 1st Earl Macartney, 1737–1806）留傳後世的中國觀察裡，我們得以追溯衝突發生的過程。

我個人認為，並不一定非得藉由不假修飾或者確確實實的親身經歷，才能感受中國帶來的衝擊。因此在這些自詡為現實主義者的外交使節之後，我繼續討論幾位與他們同時代的人；這些時人雖與中國保持距離，卻在他們虛構的作品內呈現中國。此時他們周遭可供取材的資料已經綽綽有餘，因此一如狄福（Daniel Defoe, c. 1660–1731）或是戈德斯密的別具創意與個人風格魅力，或如瓦爾波（Horace Walpole, 4th Earl of Orford, 1717–1797）的譏評諷刺，都在其中把對於中國的看法傳布給前所未有的廣大讀者。這種對於中國題材的普遍喜愛，加上當時雅好模仿中國文化的風氣，於是在受到影響最深的法國社會，便以「中國風」（Chinoiserie）一詞稱呼這種現象。在十八世紀的進程當中，對於中國題材的熱愛還有第三波再現，其中我們可以看見一些大思想家，也被從未涉足的中國深深吸引。戈德斯密筆下虛構的中國敘事者驚詫地發現，英國人居然自以為比他還懂自己的國家。萊布尼茲（Gottfried Wilhelm Leibniz, 1646–1716）、孟德斯鳩、伏爾泰（Voltaire [François-Marie Arouet], 1694–1778）以及赫德（Johann Gottfried von Herder, 1744–1803），似乎都可能因此而為人指摘，因為他們全都用自己的觀點切入現成可得的歷史資料，並嘗試由此路徑創建一個系統（system），以將他們理解的中國置於其中——不過至少前三位作家曾經和親自造訪中國的旅人，有過書信往返或者面晤商談。

啟蒙運動在各項革命的推波助瀾之下發展到頂點，繼之轉進十九世紀的全新世界，而過程中浪漫主義詩人顯然扮演便捷的橋梁。不過珍．奧斯汀（Jane Austen, 1775–1817）則搭建起另一種橋梁，因為她代表了中國觀測者中已經有女性嶄露頭角。她在小說《曼斯菲爾德莊園》（*Mansfield Park*, 1814）裡引用的馬戛爾尼日記的片段，並借助兄長法蘭克（Sir Francis William Austen, 1774–1865）派駐廣東的親身經歷，雖然僅是前兆性質的乍現靈光，卻也讓我們預見十九世紀新一代的西方女性，將寫下她們更具個人經驗以及涵蓋時間更長的中國觀測。這些女性觀測者多數為美國人，她們筆下對於中國風貌的描寫，也因此別具性別與國籍的雙重新觀點：從該世紀初期的伊莉莎．裨治文（Eliza Jane Bridgman, née Gillett,1805–1871），以至中期的珍．艾迪瑾（Jane Rowbotham

Edkins, née Stobbs, 1838–1861），再到晚期的莎菈‧康格（Sarah Jane Conger, née Pike, 1843–1932）和伊娃‧普萊思（Eva Jane Price, née Keasey, 1855–1900），透過她們的雙眼，我們看到中國的迷人魅力漸漸染上危險的色彩，而一九〇〇年的義和團之亂更為她們的中國樂章奏出終曲。

十九世紀中期，中國勞工迫於生計，首度開始遠渡重洋踏上美國；他們以中國城的模式，在他們周遭建構起不堪一擊的故鄉夢幻泡影。對那一代美國人來說，現在中國已經跨進自家門內，這種經驗使美國人感到惴惴不安。馬克‧吐溫（Mark Twain [Samuel Langhorne Clemens], 1835–1910）與布瑞‧哈特（Francis Bret Harte, 1836–1902）的中國觀測，因此便熔困惑、情感與惱怒於一爐；他們難以在既有的中國文化脈絡下看待這些新移民，因此他們嘗試將自己個人的誤解人性化，把他們的個人經驗與虛構的小說形式混為一體，他們在其中反抗隱而未宣的種族歧視潛在規則，但同時自己卻也不免為這種潛在的規則影響。接下來的作家則在這個過程中更進一步，最終創造出一系列特有的新刻板印象，對中國人充滿敵意：十九世紀末期的中國城小說，至此已不知不覺融入傅滿洲（Fu-Manchu）的世界裡。

與此同時，法國人也從兩個世紀來的中國經驗與集體觀測中，精煉出頗具條理的一貫觀點——由暴力、魅惑與懷舊之情結合而成——這也就是我在書中所謂的「新異國風情」（new exotic）。一八九五至一九一五年之間，羅逖（Pierre Loti [Louis Marie-Julien Viaud], 1850–1923）、柯勞岱（Paul Louis Charles Claudel, 1868–1955）與謝閣蘭（Victor Segalen, 1878–1919）這三位作家，分別在中國居住了一段時間，而且都自信滿滿，認為自己充分掌握了這個國家的神髓，無論是景色、聲音還是氣味。儘管在他們充滿想像力的表現方式裡，仍然限制了中國人的性格充分發揮，然而由於三位都是深具影響力的作家，他們倒也大幅拓寬了西方讀者的文學視野。

過去對於中國城的形象塑造，雖然至少確實帶有部分深植於中國與中國文化的元素，但卻不免粗俗生硬；在驗明了——也許有點過分自信——所謂的法式異國風情之後，我開始思考是否也有某種對於中國的美式異國風情逐漸成形，取代過去的那分粗俗生硬。像葛瑞菲（D[avid] W[ark] Griffith, 1875–1948）的《殘花淚》（*Broken Blossoms, or The Yellow Man and the Girl*, 1919）這一類電影，儘管承襲前見，視中國為威脅與脆弱的合體，但同時也探索了中國文化核心的一些共通價值。無論是龐德（Ezra Pound, 1885–1972）對於中國詩學與歷史持續不懈的探索，或是賽珍珠（Pearl Buck, née Sydenstricker, 1892–1973）重建中國鄉村生活價值的細膩嘗試，儘管兩者運用的心法，其間迥異幾乎難以想像，但追尋的主題卻實無二致。相形之下比較嚴苛的觀點，則有歐尼爾（Eugene O'Neill, 1888–1953）重述波羅與忽必烈汗關係的反資本主義寓言，或是史坦貝克所述美國西部小鎮毀於中國人激情之下的故事。不過我們仍然可以如此主張：儘管他們描寫的都是具有地域性質的中國現實，然而他們還是在這些故事之上建立了共通的層面。

談到政治，自然而然得述及高唱反調的論戰，而其間也必然可見西方修辭學的餘緒運用在一九一七年布爾什維克革命之後——中國散發的新興政治力量上。中國共產黨成立於一九二一年，一九二七年國民黨首次大規模清黨，共產黨於是轉進鄉間，開始游擊式的社會主義階段，接下來則是對日抗戰。對於中國的觀測日趨激進，其間更跨越不少國籍與認知的疆界。對於中國，馬勒侯（André-Georges Malraux, 1901–1976）原先的立場瀰漫著法式異國風情的認知，不過他滿懷激情，轉而用虛構的方式參與了代表「凡人命運」的中國革命。從中國的經驗裡，布萊希特（Bertold

Brecht [Eugen Berthold Friedrich Brecht], 1898–1956）體悟革命過程中程度大小不一的冷酷無情，以及在這樣的革命脈絡下，似是而非的同情。至於像史諾（Edgar Parks Snow, 1905–1972）這樣的美國反專制主義者，則從中國游擊式的社會主義和毛澤東（1893–1976）質樸的行止裡，找到對全國老百姓普遍來說可能的救贖前景。皮克（Graham Peck, 1914–1968）則深深為中國人那一抹難以理解微笑吸引，並視之為他所有中國經驗裡幢幢閃爍的焦點。

自從波羅於一二七〇年代描述強大的忽必烈開始，中國統治者的權力奧秘，長久以來便是許多西方人觀測的主要對象。自從十九世紀末期中國積弱不振，直到中國最後一個王朝在一九一一年覆滅之後的四十年間，早先西方人眼中那個中央集權的中國已經不再，取而代之的則是地方性的動亂以及潛伏的威脅的觀點所取代。及至共產黨重新建立起中國的中央集權制度，這個政權的本質以及韓戰的猛烈，又把一些觀察家的興趣帶回早先的權力奧秘。不過此時西方對於權力奧秘的觀點卻隱含了其他陰鬱的經驗——史達林主義及納粹主義的興起，似乎孕育出新一層次的集權組織，並且與新型態的絕對暴政與絕對權力合而為一。魏復古（Karl August Wittfogel, 1896–1988）的分析刻意回顧了過去兩世紀以來各種意欲建立系統的偉大企圖，不過他也運用了有關中國皇帝在過去時代濫權的歷史紀錄，因此他的析論之中亦可見同樣陰鬱的觀點。尼克森及季辛吉（Henry Alfred Kissinger, 1923–）於一九七二年展開著名的中國之旅，以期重啟中美雙方關係，當時他們對毛澤東的看法儘管較為溫和，然而兩人卻也同樣認為毛澤東在某些方面頗具帝王氣質。至於所謂的絕對權力，其濫用與內在的空洞，法國作家尚・李維（Jean Lévi, 1948– ）則藉由小說的形式重述了這些奧秘，而小說中他對於皇帝這個角色的描寫，則又踅回一個世紀以前的法式異國風情。

本書以三位二十世紀公認的天才作家的中國觀測作結，儘管他們三位從未涉足中國。以他們畫下句點，等於再次強調貫串本書的一則設想：中國力量的明證之一，就是她有能力在歷史的特定時刻激發創造的能量，並且使這些能量聚焦於她之上。在這三則案例中，我們看到卡夫卡（Franz Kafka, 1883–1924）如何藉由中國傳達他對於威權與個人功業的看法，波赫士（Jorge Luis Borges, 1899–1986）如何藉由中國匯聚時間的流動與人類意識顯然無窮無盡的排列，卡爾維諾（Italo Calvino, 1923–1985）又如何藉由中國，交織跨文化的接觸以及層層交疊的記憶與經驗。

就任何層面來看，這都是一本關於中國的書，不過我們可以看出這更是一本關於文化刺激與回應的書。正因如此，本書並非意在譴責或者褒揚那些做出觀測的人。刺激通常被視為負面，其回應因此也相應嚴峻。有些時候刺激卻非常甜美，於是做出觀測的人沉浸在極樂的忘我狀態中，無視在他們周圍旋轉盤繞的其他現實層面。然而更多時候，一如我們所預期，這些回應相互雜糅，以各種方式在時間與空間的維度上交相疊繞，想要嚴格分門別類，無異是緣木求魚。②

② 就管見所及，有關此一題目的短篇分析上乘之作是 T[imothy] H[ugh] Barrett, *Singular Listlessness: A Short History of Chinese Books and British Scholars* (London: Wellsweep, 1989)。其餘此類綜述往往帶有迥然不同的目標與觀點，可參閱以下諸作：一、Harold R[obert] Isaacs, *Scratches on Our Minds: Images of China and India*, 1600–1950 (New York: Capricorn Books, 1962)〔譯註：該書有關中國部分的節譯，參見〔美〕伊羅生著，于殿利、陸日宇譯：《美國的中國形象》，西方的中國形象3（北京：中華書局，2006）。〕；二、Baymond Dawson, *The Chinese Chameleon: An Analysis of European Conceptions of Chinese Civilization* (Oxford: Oxford University Press, 1967)〔譯註：中譯參見

或許有人會提出異議，認為許多這類觀測把中國具體化（reify），甚至詆毀中國，這種看法無疑是正確的。對於中國及中國人民的評估時常粗糙而不精確；這些評估除了出自有憑有據的思維能力運用之外，也同樣從想像與既定的刻版印象中取材。當我使用「西方的」與「西方」這樣的

〔英〕雷蒙・道森著，常紹民、明毅譯：《中國變色龍：對於歐洲中國文明觀的分析》，西方的中國形象七（北京：中華書局，二〇〇六）。〕；三、Donald F[rederick] Lach, *Asia in the Making of Europe*, 3 vols. (9 bks.) (Chicago: Chicago University Press, 1965–1993)〔譯註：中譯參見〔美〕唐納德・拉赫著，周雲龍等譯，周寧總校譯：《歐洲形成中的亞洲》，共三卷十一冊（北京：人民出版社，二〇一三）。〕；四、Colin Mackerras, *Western Images of China* (Hong Kong: Oxford University Press, 1989)；五、Edward Said, *Orientalism* (New York: Pantheon Books, 1978)〔譯註：中譯參見〔美〕愛德華・薩依德著，王志弘等譯：《東方主義》，第三版，新世紀叢書58（新北：立緒文化，二〇〇四）；另見王宇根譯：《東方學》（北京：生活・讀書・新知三聯書店，一九九九）。〕；六、René Etiemble, *L'Europe Chinoise*, vol. 1: *De L'empire romain à Leibniz* (Paris: Éditions Gallimard, 1988); vol. 2: *De la sinophilie à la sinophobie (Paris: Éditions Gallimard, 1989)*〔譯註：中譯參見〔法〕安田樸著，耿昇譯：《中國文化西傳歐洲史》，商務印書館海外漢學書系（北京：商務印書館，2000）；或見許鈞、錢林森譯：《中國之歐洲：修訂全譯本》，學術文庫・漢學名著（桂林：廣西師範大學出版社，二〇〇八）。〕；七、Robin W[illiam] Winks and James R[obert] Rush, eds., *Asia in Western Fiction* (Manchester: Manchester University Press, 1990)；八、Lewis Adams Maverick, *China, A Model for Europe* (San Antonio, TX: Paul Anderson, 1946)；九、Federico Masini, ed., *Western Humanistic Culture Presented to China by Jesuit Missionaries* (XVII–XVIII Centuries): Proceedings of the Conference Held in Rome, October 25–27, 1993, Bibliotheca Instituti Historici S.I. 49 (Rome: Institutum Historicum S.I., 1996)；以及十、李弘祺所編 Thomas H[ung] C[hi] Lee, ed., *China and Europe, Images and Influences in Sixteenth to Eighteenth Centuries*, Institute of Chinese Studies Monograph Series 12 (Hong Kong: Chinese University Press, 1991)。

名詞時，我同樣也將孕育我的文化具體化，而也許有人還會主張——很多人一直這麼認為——根本就沒有所謂的「西方」。那就這樣吧。不過我們在本書中所檢視的那些對中國做出觀測的人，卻自覺他們共同擁有某種傳統，而這種傳統與他們在中國遭遇到的——或者他們自以為遭遇到的，又或者他們想像自己可能遭遇到的——是如此涇渭分明。

在這本書裡我們討論了許多人，每個人都以自己不同的方式向另一個世界伸出觸角，每個人對那個世界都有不同看法，但是他們都一致都把那個世界稱為中國。他們不見得瞭解這個國家，也不見得嘗試去瞭解過。他們大多數知道，就如同我們大多數知道一樣，偏執、輕信與無知，是緊緊交錯纏繞的。他們大多數也知道，文字可以非常暴力，並且造成深刻的傷害。我們確實在他們之中，看到許多帶著優越感或是輕慢意味的文字；但同時我們也看到了許多充滿尊敬、深情和敬畏的文字。而由兩組文字中，均可追溯其文化與歷史的根源。

身為歷史學家，我對於各種層次的現實相互交錯與重疊的方式深感興趣。我內心深信，魯莽的概括通常都與事實相悖，個人經驗也很難與所謂放諸四海皆准的潮流相符。對於一個偉大但是遙遠的文化，我秉持這樣的精神，於本書中提供讀者這些觀測（sighting）③。我們必須想像我們的領航員和航海家們——或許還有我們擲骰的老千，以及那些心碎的賭客——手上握著十分簡陋的儀器做出這些觀測。而且這些握著儀器的手，時常因為酷寒而皸裂，或是因熱汗而滑膩。我們的嚮導正

③ 譯註：觀測（sighting）另有騙局的含義。

站在無預警隨波改變角度的傾斜甲板上，迸濺的浪花常使他們的雙眼看不清方向，突如其來射穿雲層的陽光也常使他們頭暈目眩。至於他們滿懷好奇想要一探究竟的目的地，則依然遙遠又時常黯淡幽微——「喪服的顏色」——正如羅遜說的。於是乎，他們甚至不能確定自己是不是來對了地方。不過這個風險，畢竟是我們所有人都必須承擔的。

第 I 章

馬可・波羅的世界

在波羅留傳後世的長篇巨作中，
中國的君主專政以仁愛治天下，
疆宇遼闊，風俗雅正，
貿易昌盛，高度都市化，
商業往來方式別出心裁，
克敵制勝之道卻相形見絀。

在我們深稽博考西方世界第一部中國專論後，這樣的見解可謂恰如其分：這本書語焉不詳，避重就輕，而且不少疑點仍待釐清。馬可·波羅（Marco Polo, 1254–1324）的這本《世界之描繪》（*The Description of the World*）即世人熟知的《馬可·波羅行紀》（*The Travels*）[①]；據考證，一二九八年，波羅身陷囹圄或遭到軟禁，此書乃其時他向一位名喚魯斯特謙羅（Rusticello）的人口述而成。全書大旨為波羅於一二七一至一二九五年間，在亞洲周遊歷覽的所見所聞，而又特別著墨於一二七五至一二九二年間，波羅居住在蒙古治下的中國，並為忽必烈汗（1215–1294）宮廷執事的經歷。儘管書中確實含有可徵驗的事實，卻也摻雜信手得來的統計資料、加油添醋的誇敘以及無中生有的幻想，毫無根據的傳聞甚至也照單全收，更有為數不少的內容全是憑空捏造。在《馬可波羅行紀》成書之前與之後的其他同類型著作裡，狀況如出一轍；然而對我們來說，波羅的文本之所以重要，乃因他是第一個聲稱直接由內部觀察中國的西方人，如同訴說故事般娓娓道來，敘事力道使西方讀者印象深刻，至今猶然。

波羅的遊記並不是第一部具體討論中國人的歐語文獻，這個第一的榮銜屬於方濟各會（Franciscan）修士威廉·魯伯克（William of Rubruck, c. 1210–c. 1270）。他於一二五三年，受法王路易九世（1214–1270）派遣，前往位於中國西北邊境的蒙古首都哈剌和林，試圖說服蒙哥汗（1209–

① 譯註：〔義〕馬可·波羅著，沙海昂（A[ntoine] J[oseph] H[enri] Charignon, 1872–1930）註，馮承鈞譯：《馬可·波羅行紀》，臺二版，OPEN 2/25（臺北：臺灣商務印書館，二〇〇〇）。

1259）參與基督教對抗伊斯蘭教的大業。雖然魯伯克並未親蒞中土，他卻利用在哈剌和林的機會，一點一滴如實記載當地中國人的生活。魯伯克深知，在這個以蒙古人為主要人口的地區裡，他見到的那些「契丹人」（Cataians），就是羅馬人所稱的「瑟里斯人」（Seres）——意即「絲人」（silky people）——因為最精美的絲都來自他們的領地。他在記敘中說明，得益於「可靠消息」，他得知在契丹可見「以銀為牆，以金為垛」的城市，隨後他還簡短描述了中國人：

> 契丹族人個頭不大，講話時鼻腔發音甚重，而且眾所周知，所有東方人眼睛都很小。他們雙手都極為靈巧，精通各種工藝；他們的醫師對各類草藥的功效瞭若指掌，還能根據脈象敏銳診斷病症。但是他們不採用尿樣（*urinalibus non utuntur*），對於尿液一無所知：這是我親眼所見，因為在哈剌和林就有一些這樣的人。無論父親從事什麼行當，子承父業為他們長年以來的流風餘俗。②

延續這樣的觀察，魯伯克對中國書法和紙鈔的描述也同樣精準：「契丹人日常使用的貨幣是紙鈔，長寬如同手掌，幣面印製的線條猶如蒙哥汗的璽符。他們以類似於畫筆的刷子書寫，把幾個部

---

② Peter Jackson and David Morgan, *The Mission of Friar William of Rubruck: His Journey to the Court of the Great Khan Möngke, 1253–1255*, Hakluyt Society, second series, no. 173 (London: The Hakluyt Society, 1990), pp. 161–162.

件組合在一起，構成一個完整的字。」③④

魯伯克直言不諱，在他敘述的中國見聞中，有些資訊確實啟人疑竇。他詳述了一則故事，說在契丹東部「陡立的峭壁」間，住著一種矮小的長毛生物，牠們的腿不能彎曲，只要以酒為餌布置陷阱，即可捕獲；捕得獵物後刺穿牠們的表皮，就能以牠們滴出的血液，製成一種稀有的紫色染料。魯伯克曾兩次聲明，這個故事是一位契丹的僧侶「告訴他的」，他並未親眼目睹。此外，有個緊鄰契丹的國家，任何人只要踏入那個國境就會長生不老；儘管人們告訴魯伯克這是「千真萬確的事實」，他個人卻嗤之以鼻，視之為「無稽之談」。⑤魯伯克這些關於亞洲的報導雖然頗具價值，結果卻只成了法王路易的私人讀物。如今，僅有十三或十四世紀時的三份手稿可供參閱，而且全都庋藏於英國，這很可能與同時代的羅傑・培根（Roger Bacon, OFM, c. 1214–c. 1294）有關；因為在這位精研學問的英格蘭哲人眼中，魯伯克的手稿絕非等閒。不過即使培根利用其中一份手稿

③ Ibid., p. 203.

④ 譯註：見威廉・魯布魯克著，何高濟譯：《魯布魯克東行紀》，收入《柏朗嘉賓蒙古行紀／魯布魯克東行紀》，中外關係史名著譯叢（北京：中華書局，二〇〇二），頁一七九～三四八。或見《魯布魯克東遊記》，收入克里斯多夫・道森（Christopher Dawson, 1889–1970）編，呂浦譯，周良霄注：《出使蒙古記》（北京：中國社會科學出版社，一九八三），頁一〇五～二五七。

⑤ Ibid., p. 202，手稿與日期見頁五二一。

增益自己的研究，波羅也絕不可能有機會拜讀。⑥

在波羅留傳後世的鴻篇記述中，中國的君主專政以仁愛敷治天下，疆宇遼闊，風俗雅正，貿易昌盛，高度都市化，商業往來方式別出心裁，克敵制勝之道卻相形見絀。這些記載的真假只不過是整件謎團的肇端，而謎團中的另外兩個疑點，同樣讓我們興致盎然：波羅究竟有沒有去過中國？他描寫的到底是中國還是另外一個地方？而有另外兩個因素，使得這些謎團的解答益加棘手：第一，關於馬可．波羅的生平及成長過程，我們鮮少有可供佐證資料，遠少於歷史上其他知名作家。第二，儘管他的遊記有錯綜複雜的版本線索可供追尋——自中世紀以來，超過八十種版本散見於圖書館及私人藏書中，新的手稿還可能陸續出現——我們卻始終未見原始手稿；只有失落的原稿抄本，還有這些抄本又經修潤後的抄本，以及再經翻譯和濃縮的版本。我們也不清楚「初稿」的寫作語言為何。初稿最可能是以威尼斯方言或「倫巴底」（Lombard）方言寫成，日後翻譯成義大利

⑥ 波羅是否確實在中國居留過的正反看法，吳芳思（Frances Wood, 1948– ）在《馬可．波羅去過中國嗎？》（*Did Marco Polo Go to China?* [London: Secker & Warburg, 1995]）書中〔譯註：見〔英〕弗朗西絲．伍德著，洪允息譯：《馬可．波羅到過中國嗎？》（北京：新華出版社，一九九七），或見〔英〕吳芳思著，張學治譯：《馬可．波羅真的到過中國嗎？》（南京：江蘇人民出版社，二〇一五）〕，有精簡而機敏的討論。類似的論辯也見於德國蒙古史專家傅海波（Herbert Franke, 1914–2011）的論文 "Sino-Western Contacts Under the Mongol Empire"，此文立論中肯，載 *Journal of the Hong Kong Branch of the Royal Asiatic Society* 6 (1966), pp. 49–72，pp. 53–56 尤其值得注意。Ronald Latham, trans. and introd., *The Travels of Marco Polo* (Harmondsworth, UK: Penguin Books, 1988)，為《馬可．波羅行紀》較精良的大眾版本，取材自各種不同手稿。

風格的法文，再由此譯為拉丁文。

馬可·波羅的身分難以確指，更加強了遊記本身的神秘氣息。唯一斬釘截鐵、可供詮證馬可·波羅存在的確據，是他公證的遺囑；時間點在一三二三年一月九日，他重病臥床於威尼斯自宅，口述遺囑時並有一位教士及一位公證人在場。由這份文件可知，馬可的妻子朵娜塔（Donata）此時仍然健在，三位女兒也隨侍在側，她們分別是芬娣娜（Fantina）、芭莉拉（Bellela）及莫芮塔（Moreta），而且么女仍然待字閨中。由遺囑也可知，馬可雖非富家巨室，卻也生活無虞，這點從他留給家人及威尼斯宗教機構的遺產可見一斑。他的社會地位也在遺囑其中一項條款盡顯端倪：「同時，我解除我的僕人韃子彼得（Peter the Tartar）所有的束縛，猶如我全心全意祈求上帝，將我從所有的原罪和過犯中釋放。他並且得到我的豁免，可以保有他家中所有勞役所得的財物，此外我還要贈予他威尼斯幣一百里拉。」[7]五年後，基於長期居留而且品行良好，威尼斯城決定賦予這位彼得所有威尼斯公民享有的權利。

遺囑中雖指稱彼得為「韃子」，這並不表示馬可·波羅就是從遠東買下彼得，也不表示彼得就必然有中國人血統。事實上，無論來自黑海或其他地方，當時威尼斯的所有奴隸都通稱為韃子。此外尚有兩份法律文件也可謂馬可·波羅身分的簡略參考資料：一份是其弟馬斐歐（Maffeo）

⑦ Henry Yule and Henri Cordier, *The Book of Ser Marco Polo the Venetian Concerning the Kingdoms and Marvels of the East*, rev. ed., 3 vols. (London: J. Murray, 1920 and 1926), I:72.

的遺囑（他似乎比馬可富裕得多，並任命馬可為財產管理人），另一份則是針對某同鄉商人的投訴，此人欺瞞馬可，隱匿半磅麝香的盈利。最後馬可在這場官司中獲勝，贏回損失的貲財，敗訴的同鄉商人還得支付所有訴訟費用。承上述文獻及其餘若干法律文件，確知馬可是尼柯羅．波羅（Niccolo Polo，約歿於一三〇〇年）之子，而且是另一位馬斐歐（約歿於一三一八年）的姪子⑧。儘管有許多學人潛心深思出眾所矚目的研究，卻未在這些文件裡尋覓到與中國相關的蛛絲馬跡。

因此，關於馬可．波羅生平的真憑實據，還是必須踅回他的書裡一探究竟。既然那份亡佚的原稿仍然付之闕如，我們因此只能接受現存最早版本裡的〈序言〉說法：我們現有的文稿，即一二九八年馬可．波羅在熱那亞（Genoa）獄中，向同監的獄友——來自比薩（Pisa）的魯斯特謙羅口述而成。這一點頗為可信，因為在十三世紀末期，比薩和馬可的故鄉威尼斯都曾和熱那亞交戰，而熱那亞人通常會將戰俘扣留一段時間，或是等待贖金，或是藉由外交管道交換戰俘。約莫在此之前二十年，一位來自比薩的魯斯特謙羅因講述亞瑟王的傳奇（Arthurian Romances）而頗負聲名，由於馬可．波羅的書在形式和內容上，和當時典型的傳奇冒險多有類似，所以一般論斷亞瑟王傳奇和《馬可．波羅行紀》，出自同一人手筆。

馬可．波羅本人很可能頗有文采，並在經商途中親自處理書信往返，卻從來沒有寫過一般的敘事文章或旅遊見聞；而且在十三世紀末，即便是貴族階級也不見得熟習文章辭令之事。有好幾

⑧ Ibid., I:64–65 and 70; II: 505–520.

個版本的馬可．波羅《行紀》，〈序言〉以下文方式開場：「尊貴的親王、皇帝、國君、公爵、侯爵、伯爵、騎士及市民！還有三教九流的朋友們！如果渴望認識世界上形形色色的民族，還有各地風土民情的不同樣貌，就拿起這本書，找人唸給您聽吧。」這樣的開場白簡直就是許多宮廷傳奇（courtly romances）的直接翻版，也正吻合讀者及聽眾的脾胃⑨。而魯斯特謙羅將波羅的敘述轉載為文字時，經常恪守宮廷傳奇慣有的格式，而不是如我們設想，以馬可這種老練的旅行家所慣用的語彙行文。比方說，馬可．波羅在敘述中以頗長的篇幅，詳細記載當時發生在遠東最激烈的七場戰事，但是在描述陣勢雄壯的軍隊及滿坑滿谷的殘肢斷臂，書中卻草草帶過，而且流於矯揉雕琢、刻板俗套又千篇一律。正如十九世紀一位研究馬可．波羅的學者指稱：「很難想像冷靜而內斂的馬可閣下，在熱那亞的地牢中踱步，前後七次在深思熟慮之下，滔滔不絕道出這些華而不實的浮誇文句，再由忠實的代筆人詳細記錄。」⑩

書中可見這樣的實例：《行紀》描述某次馬可．波羅在戰場上克敵致勝的經歷，相較於其他七場戰役的記敘，這次經歷明顯更具說服力，因為每處細節的安排都恰到好處。當時蒙古可汗正在向參謀團諮詢，如何才能讓屢攻不破的中國城市「襄陽府」臣服。可汗的將軍們自承無能，因為襄陽府的城牆厚實，可以抵擋蒙古軍士的正面進攻，而城內又可以繼續經由河流，獲得軍援補給物

⑨ Ibid., I:1; John Critchley, *Marco Polo's Book* (Aldershot, UK: Variorum, 1992), pp. 3–8 and pp. 27–28.

⑩ Cited in Yule and Cordier, I:113.

資。當時在場的還有馬可．波羅、其父尼柯羅和叔父馬斐歐。波羅繼續敘述如下：

接著波羅兩兄弟和兒子馬可閣下大膽提出意見，他們說：「全能的君王，我們的隨從中有人能夠製作投石機，投擲出的大石絕對不是守城衛戍所能抵抗，一旦投石機開始投射，他們就會不能自已棄甲而降。」

可汗般般囑託，敦促他們全力趕製投石機。於是尼柯羅閣下和他的弟弟及兒子立刻要求送來足夠數量，並符合製作投石機所需的木材。他們的隨從中，有一位日耳曼人和一位聶斯托留派景教徒（Nestorian Christian）正好擅長此道，於是他們指揮製造了二、三座足以投射三百磅巨石的投石機……

機關運送至軍營，隨即就在韃子的欽佩聲中組裝起來。我還能怎麼說呢？機關架設完成，準備就緒之後，旋即各自發射一枚巨石進城。巨石的飛擊生效，建築物轟然頹圮，巨石所擊之處萬物支離破碎，伴隨著闃然的喧噪和騷動。城內居民目睹如此異象，以為是天降的懲罰，驚愕得膽戰心寒，不知所措……

城裡的人拱手而降，接受俯首稱臣的協議；這些全得歸功於尼柯羅閣下、馬斐歐閣下及馬可閣下的努力。這堪稱大功一件，因為襄陽府的城池和轄境，是偉大的可汗所擁最豐饒的地域之一，每年更因此增加不少歲貢。⑪

這場戰事在史牒上有歷歷可見的確切記載。襄陽府——亦即今日位於湖北省西北部，漢江南岸的襄陽——根據十四世紀的中國史料，曾遭蒙古皇帝忽必烈汗大軍長期圍困，這座城池自一二六八年固守至一二七三年，而其陷落則標示南宋敗亡的開端。據中國史籍記載，襄陽城被迫投降是因為忽必烈「自西方延請工程專家，建造出足以投擲一百五十磅重石頭的機器」。⑫

然而波羅的故事頗有可疑之處：圍城在一二七三年前就結束了，然而所有證據均顯示，馬可·波羅不可能在一二七四年之前抵達中國。而且，根據波羅書中〈序言〉指出，他父親及叔叔在第一次的亞洲之旅後，已經自忽必烈的首都和林折返威尼斯，而他們的這趟東方之旅，至遲應在一二六六年，亦即遠在圍城開始之前。另一份現存的早期手稿，似乎有意只把話說一半，僅提及尼柯羅與馬斐歐兩兄弟，在可汗圍城三年後提出建議，並監督投石機的製造及部署，終至攻破襄陽城池。⑬至於有兩名西方技師協助製造與設計投石機，這份文稿中也隻字未提。然而我們無法確知這

---

⑪ Ibid., II:158–160.

⑫ Ibid., II:167, n. 5; see also A[rthur] C[hristopher] Moule and Paul Pelliot, ed. and trans., *Marco Polo, the Description of the World*, 2 vols. (London: George Routledge & Sons, 1938), I:318–319 (chap. 146).

⑬ Moule and Pelliot, II:22; M. G. Pauthier, *Le livre de Marco Polo, citoyen de Venise* (Paris: Librairie de Firmin Didot Frères, Fils

份手稿之所以遺漏馬可，是因為抄工或編者多少知道馬可當時不可能身在襄陽而刻意為之，抑或是這份抄本其實非常接近原稿：儘管馬可從未說過他曾參與此事，後代編輯卻蓄意將他寫進書中，以便讓故事更為生動。

然而，兩位技師參戰之事，卻不可能如馬可‧波羅，一廂情願任意刪除，因為亞洲史料中明確記載他們與圍城的關係。不過，儘管亞洲史料一致認為這兩位技師來自中國以西的疆域，但對歐洲人而言，更宜以伊斯蘭教中東地區（Muslim Middle East）稱呼他們的出身。中國史料中甚至詳載此二人的姓名：阿拉伍丁‧米亞法拉坎（Ala'uddin of Miafarakain）及伊斯瑪儀‧荷拉（Ismael of Herat）。波斯史料則指出這些專家來自敘利亞大馬士革（Damascus），或者黎巴嫩巴勒貝克（Balbek），為數三人。⑭使上述爭議益加複雜的原因，是中國和波斯史料均同意蒙古軍隊遠在成吉思汗（1162–1227）時代，已能熟練運用這種投石機，其時約在一二三〇年。不過，縱使波羅不可能出現在襄陽，甚至很可能過度吹捧了他自己及家人的貢獻，然而他對圍城整體情勢的掌握卻出乎意料地精確；至於他是否獲悉自某些書面或個人口傳的「外部消息來源」，我們則一無所知。

對於真實性問題的另一種看法，則是從波羅在中國的事業著眼；據載在一二七四年至一二九一年的十七年裡，波羅一直在忽必烈汗的左右當差。根據魯斯特謙羅的序言所言，波羅在為

---

et Cie, 1865), pp. 472–476 (chap. CXLV).（譯註：原書封面題《忽必烈樞密副使博羅本書》。）

⑭ Yule and Cordier, II:168, n. 5.

蒙古帝國效力期間，除了習得蒙文（包括口說及書寫）之外，還通曉四種語文的「書寫字符」。隨著經驗與知識的累積，波羅膺受大汗委任的公務行程一次比一次長。據魯斯特謙羅記載，波羅一度掌握契機，成就某種觀念上的進展：

> 這下波羅屢屢注意到，每當使臣們從世界上各個角落歸國後，唯一能向君上呈稟的只有奉敕承辦的公務，故而在君上眼裡，這些使臣並不比庸才愚氓高明多少；大汗會說：「相較於你們只知匯報公務，我更欣然期盼聽到的是奇聞軼事，或是你們於不同國度所見流風餘俗。」——因為大汗以聽聞異邦奇事為樂。因此每當馬可銜命出使，便苦心孤詣深究所訪列國諸事，以便返國時彙報，以得大汗歡心……
>
> 每當馬可結束使命返國覲見國君時，他會先稟奏自己銜使肩負的任務，好比他如何處理得井井有條，成就邦國嘉績，接著便以詼諧機智的風度，高談此行見識的奇聞軼事；在這樣的用心之下，國君以及所有聽過他說故事的人皆大為詫異，並認為：「這個年輕人將來必成大器。」從此之後，他的頭銜就成了馬可．波羅閣下（Messer Marco Polo），因此本書也從此處開始，恰如其分地這麼尊稱他。⑮

⑮ Ibid., I:27–30，將馬克（Mark）轉為馬可（Marco）。Moule and Pelliot, I:85–87 及 Pauthier, pp. 23–24，都考察追溯了不同手稿。

但是這些表面看來精確的資料，卻從來沒有在書中冗長的內文闡明，而馬可・波羅本人，既沒有告訴讀者他銜命出使的任務細節，也沒有說明究竟是那些「奇聞軼事」，得以深深打動練達世情又驍勇善戰的主公忽必烈汗。

《行紀》中只有一章較為詳細刻畫了馬可・波羅的公務。學者皆主張文中提及的「揚州」（Yanju）即今日之揚州，位於長江北翼，乃大運河（Grand Canal）西岸的商埠。書中有段落如下：「這本書的主人翁，也就是馬可・波羅閣下，奉偉大的可汗詔命，治理揚州城整整三年。當地人以貿易與製造業為生，許多騎士及兵卒的甲冑都由此地生產，城內和城郊均有大批可汗的軍隊駐守。大致就是這樣了。」⑯此處的疑點除了「騎士」及「甲冑」二詞之外——這聽來頗有歐洲中世紀騎士間決鬥的味道，而非我們熟知的中國戰爭及社會——事實上在學界一代接著一代，有諸多學者勤勉鑽研中國與蒙古史籍，但在揚州奉職的官員冊籍中，從未考據到波羅家族在內的任何一位西方人。

但是，倘若我們因此進一步推論，以為十三世紀晚期的揚州有歐洲人居住純屬無稽之談，那也未免言之過早。一九五一年，中國人民解放軍拆除揚州城牆，那是共產黨贏得中國大陸政權後兩年的事。當時軍隊發現牆內嵌有一塊大理石板，板上鐫刻一幕幕聖加大肋納（St. Catherine, c. 287–c. 305）的生平碑銘，並有碑銘如下：「奉天父之名，阿門。凱特琳娜（Katerina）長眠於此，她是高

⑯ Yule and Cordier, II:154; Pauthier, p. 468; Moule and Pelliot, I:316.

貴的多明尼哥・伊里歐尼（Dominico Yllionis）之女，歿於主後一三四二年七月。」早期的碑銘謄本將這位女士姓氏誤植為維里歐尼（Vilionis），但是著名中世紀史專家羅伯・羅培茲（Robert Lopez, 1910–1986）慧眼考正了這個筆誤，並追溯出這個家族中一位名喚多米尼克・伊里歐尼（Domenico Ilioni）的人；在一份一三四八年熱內亞的法律文件裡，此人曾於早先某段未明的期間，名列商人賈可伯・奧立維歐（Jacopo de Oliverio）的遺囑執行人。按此文件記載，這位賈可伯曾經居住「在中國的土地」（in partibus Catagii [in the realm of China]），期間並且讓自己攜至中國的貲財擴增了五倍之多。⑰

若干年後，一塊較小的石碑也在揚州出土，而且碑面的基督信仰雕飾下方鐫刻一段拉丁銘文，也載明那是同一位多米尼克的兒子，名喚安東尼奧，卒於一三四四年十一月。⑱我們不得不承認，在馬可・波羅聲稱的揚州赴職之行三、四十年後，揚州城內似乎出現了一個蓬勃的義大利商人社群，而且獲利頗豐。這個社群可不可能要求當時統治中國的可汗，派撥行政官員照料他們的事

⑰ Francis A. Rouleau, SJ, "The Yangchow Latin Tombstone as a Landmark of Medieval Christianity in China," *Harvard Journal of Asiatic Studies*, 17:3 and 17:4 (December 1954), pp. 346–365, 349 and 353. Robert Lopez, "Nouveaux documents sur les marchands italiens en Chine à l'époque mongole," *Académie des inscriptions et belles lettres* (comptes rendus, 1977), pp. 445–458 and 456.

⑱ Lopez, "Marchands," p. 457（其中一三四四誤植為一三二四）。如編輯弁言，此文參考書目未於論文付梓前交付，實為遺憾。

務呢？倘若可行，這類社群在中世紀時還會要求某種來自宗教系統的奧援，方濟各會修士鄂多力克（Odoric Pordenone, OFM, 1286–1331）的中國之行即為明顯的例子。鄂多力克於一三二〇年代受教廷指派前往中國，並於一三二二年抵達揚州，住在方濟各會的修院裡，當時城裡還有三個景教（Nestorian）教堂。[19][20]波羅曾在揚州任職的說法看似不堪一擊，然而對照此段敘述，卻又有幾分可信。

波羅書中類似於這樣的無解之謎，多得不可勝數。這並不令人意外，因為波羅是那個時代的作者，而且無論我們討論的是哪一份手稿，無論我們把魯斯特謙羅定位為作者或謄錄者，前文所歸納的推論，看似都站得住腳。這意謂在中世紀的著作和威尼斯海外特使述職的外交報告裡，所有敘事作品的格式都遵循一種特定的敘事規律：依序是統治者、被統治者、社會階級、省分、氏族、風俗及物產。[21]我們可能覺得波羅的書像古怪的商人手記，但是有些人卻樂於從中領略這個大千世界。無論是四處開疆拓土的商人，或是踽踽獨行、肩負外交任務的傳教士，都能將書中如今所謂的「奇觀異聞」，與自己的平淡經歷鎔冶於一爐。而這些奇觀異聞，正是他們的讀者所殷殷期盼者。

---

[19] Manuel Komroff, ed., *Contemporaries of Marco Polo, Consisting of the Travel Records to the Eastern Parts of the World of William of Rubruck (1253–1255); the Journey of John of Pian de Carpini (1245–1247); the Journal of Friar Odoric (1318–1330) & the Oriental Travels of Rabbi Benjamin of Tudela (1160–1173)* (New York: Boni & Liveright, 1928), p. 235.

[20] 譯註：見〔義〕鄂多立克著，何高濟譯：《鄂多立克東遊錄》，中外關係史名著譯叢（北京：中華書局，二〇〇二）。

[21] Critchley, p. 78.

倘若讀者以前就對這些軼事略有耳聞，那就更好了，因為如此一來更可以證實這些奇譚的可信度。正如約翰・克瑞曲利（John Critchley）的評述，「任何中世紀旅行家都是傳遞消息的信使」。在這些旅行紀聞中，最完美的景觀永遠得經歷一番雕琢，而最完美的山巒又總是布滿異象與奇險。㉒

波羅似乎不認識任何中國人，他書裡的中國名字，幾乎千篇一律類似於阿拉伯旅行家遊記中提到的名字。不過即便是居住在倫敦的義大利商人，也經常將英文姓名曲解竄附到幾乎無法辨識的地步。波羅從未有隻字片語提及茶葉或書法，以他居住中國十七年之久，這倒是匪夷所思。他也沒有提到鸕鶿捕魚法（cormorant fishing）㉓，或評論中國婦女的纏足，或談到對於長城的印象。不過他倒是記錄了以煤炭做為燃料這件事，還訴說了北京花街柳巷的規模，及其坐落於主城牆外的位置。他也見到了紙幣，並嘗試描述其製造過程和功能。他還提到江南河流上群集的船隻、食鹽的重要性及其在中國經濟規模中的運輸量。他更談到穩定貨物價格的方式、官方糧倉裡儲備的穀物，以及公共澡堂。

波羅書中的內容融合愚昧與詳實，數百年至今，讀者不斷質疑其資料來源。波羅手稿的較晚版本（如一三四〇年以後的版本），尤其可從許多地方攫取新材料，當時的抄工與編輯很可能因

㉒ Ibid., pp. 80, 85, and 111.

㉓ 編註：鸕鶿捕魚是種傳統的捕魚方法，約在十世紀時，中國和日本的漁民熟知鸕鶿的習性，馴服牠們之後，便驅使鸕鶿躍入水中捕魚。

此自行加油添醋，而非從其他（現已亡佚的）稿本中考尋波羅的原始字句。鄂多力克在一三二〇年間遊歷中國各地，他回國後向教廷呈交的報告，至少有七十三種版本的手稿流通於世。波斯學者拉旭德・阿丁（Rashid ad-Din, 1247–1318）那部完成於一三一〇年左右的「世界史編年概覽」，是舉世首開先例的巨著，有許多描述中國的細節，乃是他從中國文獻或相應的蒙古文本拾掇而來㉔，還有約翰・曼德維爾爵士（Sir John Mandeville, ?–c. 1371）那本精心鋪陳、廣受歡迎的遊記小說㉕，皆在一三五〇年間廣為流傳，許多十四世紀的讀者更深信其中的內容千真萬確。㉖當時好幾座中國城市都有方濟各會的修院，大量義大利商人更不停進出中國，所以波度奇・培哥羅地（Balducci Pegolotti,

㉔ 譯註：見〔波斯〕拉希德主編，余大鈞、周建奇譯：《史集》，三卷，漢譯世界學術名著叢書（北京：商務印書館，二〇〇九）。

㉕ 譯註：見〔英〕約翰・曼德維爾著，郭澤民、葛桂錄譯：《曼德維爾遊記》，走近中國文化譯叢（上海：上海書店出版社出版；上海世紀出版股份有限公司發行中心發行，二〇〇六）；或見任虹譯：《曼德維爾遊記》，收入周寧著／編注：《契丹傳奇》，中國形象：西方的學說與傳說一（北京：學苑出版社，二〇〇四），頁三二五～四三七。

㉖ Yule and Cordier, I:117 (Introduction); Herbert Franke, "Some Sinological Remarks on Rasid ad-Din's History of China," *Oriens* 4 (1951), pp. 21–26, 22; C. W. R. D. Mosley, ed., trans., and introd., *The Travels of Sir John Mandeville* (Harmondsworth, UK: Penguin Books, 1983), pp. 9–10. Stephen Greenblatt, *Marvelous Possessions, The Wonder of the New World* (Chicago: University of Chicago Press, 1991)，此書第二章在西方擴張脈絡下，對於曼德維爾東行有別出心裁的解讀。

fl. 1310–1347）才會在他一三四〇年著名的手記中，特別以兩章篇幅詳述這些通商路線。㉗

令我們深感興趣的，還有一位來自中國北方名為拉班·沙馬（Rabban Sauma, c. 1220–1294）的聶斯托留派景教徒，他是突厥其蒙古人後裔，在一二七六年前後，即據信在波羅初抵中國之際，受忽必烈汗派遣前往西方。屢經艱難險阻，拉班·沙馬終於在一二八七年抵達尼泊爾，同年稍後又來到法國。然而卻沒有任何證據顯示，他以波斯文寫成的旅行紀聞原稿曾在當時的歐洲出現；事實上，從未有任何波斯文版本傳世，直到十九世紀，這份紀聞才以敘利亞譯文面世。㉘因此就所有約莫在一三三〇年以前流傳的各版波羅遊記手稿而言，並沒有實際存世且可與其並駕齊驅的同類作品，所以無論是波羅本人還是其他稿本的手抄工，都無法從中挪用資料。

波羅自然可能從中取材的得力資料來源，顯然是據聞一路伴隨他的父親尼柯羅和叔叔馬斐歐。他們在一二六〇年代勘察到往來哈刺和林的通商路線，並於一二七三至一二七五年間帶上十七歲的馬可隨行，再次行經哈刺和林。他們是饒富經驗而且勇氣十足的旅人，同時又是老練的商人，那麼在一二七五至一二九一年這麼長的一段時間裡，他們究竟都在做什麼呢？西方文獻及蒙古史料均指出，他們此時已經開始了經由海路折返歐洲的危險行程，護送一位蒙古公主至波斯，和當地的

㉗ Yule and Cordier, I:140 (Introduction).

㉘ Morris Rossabi, *Voyager from Xanadu: Rabban Sauma and the First Journey from China to the West* (Tokyo and New York: Kodansha International, 1992), pp. 1–2, 41, 46, and 147.

蒙古可汗成親。㉙馬可．波羅《世界之描繪》的〈序言〉中，對他們的第一趟旅程著墨頗豐，對第二趟旅程卻緘默不語——除了圍城一役及製作投石機等事件。另一種合理的解釋是，一二七〇至一二八〇年間，他們很可能在蒙古中國和中亞一帶經商兼旅行，馬可即使在這期間曾與他們同行，也極為短暫。由各方線索已可證實，富商馬斐歐．波羅在黑海北岸蘇達克城（Sudak）還有一座房產；馬可是否可能以此為基地，從往來的歐洲及阿拉伯商旅那裡，收集將來可能運用的相關貿易及旅行資料，並將這些資料和父叔倦遊歸來後提供的消息融會貫通，合而為一？㉚

這些臆測是否有其價值，我們不得而知，但或許更重要的是，對於波羅的故事本身而言，這些臆測都可謂無關緊要。正如英國中世紀研究學者約翰．克里曲利所言，波羅的不凡之處不在於他的遠遊路線及獨特經歷，也無關乎他的個性和他這個人，而僅僅在於他的書，以及這本書終究被寫成的這個事實。㉛因此最值得凸顯的議題，不是他如何寫出這本書，而是他**為什麼要**寫出這本書。

㉙ 譯註：由泉州啟程循海路途經印度洋，護送蒙古公主闊闊真至伊兒汗國。忽必烈原先指婚阿魯渾（1258–1291），但闊闊真還未抵達阿魯渾即亡逝，故後來與長子合贊（1271–1304）成婚。這段故事的劇場改編，見〔美〕尤金．歐尼爾（Eugene O'Neill, 1888–1953）著，劉海平、漆園合譯：《馬可百萬》，收入南京大學外語學院：《當代外國文學》一九八八年第二期，頁一一三～一四九。

㉚ Critchley, p. 52，文中指出馬可的伯父（亦名為馬可）正是這麼做的。

㉛ Ibid., p. 130.

在這一點上我們沒有涓埃證據，但我們十分肯定他的目的絕非為了賺錢——一份由他人殫精竭慮代為謄寫的手稿，然後再經輾轉傳抄，庋藏於修道院或王公貴族藏書閣的手稿，是賺不了錢的。會不會是為了打發監獄裡的無聊時日呢？前文引用裕爾（Sir Henry Yule, 1820–1889）所稱，馬可．波羅在熱那亞的「地牢中踱步」，但這可能是不著邊際的無稽之談。如果波羅是關係良好的威尼斯戰俘，只是因為贖金而被囚禁，那麼他很可能在舒適的環境中遭到軟禁，只要保證不離開熱那亞，就可以自由走動。他的書可能是東拉西扯聊天聊出來的，主要根據當時〈序言〉中所擬的幾條基本大綱，一問一答而成。

一份慣稱為「Z本」的早期手稿，於一九三〇年在西班牙托雷多（Toledo）重見天日，似乎印證了這個論點。手稿中的一些評註只在極少的版本中出現過，似乎是在回答一位不具名的對話者，對談的人只針對波羅旅遊見聞中的一些細節，表現出懷疑或單純的好奇。也許值得一提的是，「Z本」手稿並未提到波羅在揚州為期三年的官職，或是他與家人在圍攻襄陽一役中使用投石機的情形。㉜會不會在持續質問下，波羅決定撤銷這些言論？或者晚期的抄工，在讀過其他有益於補充波羅遊記內容的資料後自作主張，決定在他們的版本中增添一些可以蔓衍的枝葉？波羅會不會在不同時間，向不同抄工，因時因人制宜，修潤成不同版本的故事？除了從遺囑中瞭解他娶朵娜塔為妻，對於他一二九八或一二九九年間出獄後在威尼斯的生活，我們毫無頭緒。威尼斯方面的文獻

㉜ Ibid., pp. 173–175.「Z本」的拉丁文抄本，另參 Moule and Pelliot, pp. xlii–xliii。

中，沒有贖金協議，沒有履行公民義務的記載，也沒有房地產交易或商業投資紀錄。威尼斯文人圈裡無人論及他的遊記，重要的圖書館典藏紀錄裡也未見他的稿本。但是一三一〇年左右，他在一些社交圈子裡得到一個「百萬」（Il Milione）的別號，原因可能是他講述過上百萬的故事，而不是他累積的百萬金幣。

另一個說法巧妙解釋波羅寫這本書的動機，推測由於波羅想獲得晉陞，所以取悅某位往來威尼斯的使節。因此長篇大論的文字中，無論是關於蒙古宮廷政治，或是波羅在官僚體制內任職和遊歷世界的經驗，都意有所圖；為了展現他是個精明幹練又世故的人，足以擔負任何需要機智、冷靜及勇氣的任務。由此觀之，我們或許可視這本書為履歷——這份履歷以現代用人常規來說，布局或許太過鬆散，但在當時代卻堪稱生動且引人注目。如同其他許多推論，這樣的臆測也有證據支持。今人所知波羅手稿最早的版本中，有兩者現存於法國，而且根據該版全書伊始所陳，此二書乃一三〇七年由波羅於威尼斯親自進呈法國大使泰伯．席波（Thibaut of Cepoy）。一二九〇年代的威尼斯社會階層嚴明，菁英階級皆極力鞏固自己的特權，身為平民的波羅很難有出頭機會。當時法國的風氣卻可能比較開放，而《行紀》書中也大幅描述在蒙古人和中國人間選用人才的彈性；不僅願意雇用出身低微的人，對於忠心耿耿的下屬也不吝慷慨賞賜。[33]

如果波羅的論述意在自我推銷，兼及婉轉批評西方社會的卑劣，以對比東方的富饒與開明思

㉝ Critchley, 38–39 and 40–41.

想，那麼他論述的其它層面，也應含有相似的辯證或道德意圖。他或許打算用這本書翔實描述中國的生活，並且藉此批判自己的原生城市。如遺囑所述，波羅身為三個女兒的父親，我們可以假設他竭盡一己之力提供她們最好的教養。這是否可能為一種額外的誘因，促使他描繪一個具備道德絕對正確性（moral certainties）的中國，適當對比出多數威尼斯人在性觀念方面聲名狼藉的名聲？一份一三一五年左右的手稿顯示，波羅不僅從未評述中國婦女的裹腳陋習，反倒以長篇文字形容中國女性的氣質與儀態：

您也應當知曉，契丹婦女操行無比貞潔，謹守端莊嫻淑的美德。她們不會蹦跳奔跑，不會胡鬧嬉戲，也不會勃然大怒，不會貼著窗戶注視過往行人，更不會拋頭露面。她們非禮勿聽，不會放縱飲食，也不會恣意狂歡。如果她們必須前往某個講究體統的場合，諸如去菩薩的寺廟禮神或造訪親友宅邸，她們的母親都必須陪同在旁。她們目不斜視，並且在頭上蓋著漂亮的巾布，避免她們的眼光向上瞟，確保走路時始終將目光投射在腳尖前的地面。在長輩面前她們表現謙遜，絕不口出誑言，而且，除非是為了回答問題，她們極少在長輩面前開口。她們待在自己的閨房裡專注做著女工，鮮少在父親、兄弟及家中長輩面前露面。她們對於任何追求者一向視若無睹。㉞

㉞ Moule and Pelliot, I:304. 另見於 Critchley, p. 176 及 Latham, p. 196 引用，然而用字略有不同。

這真的是中國嗎？或者如克里曲利所說，這只是針對威尼斯的反諷，主要目的不在於表現波羅這位旅行家，而是波羅這位「豆蔻年華少女的蒼老父親」？㉟

然而，暫且擱置真實的中國或想像的中國不論，就算中國婦女的貞潔和端莊是馬可．波羅想傳遞給讀者和女兒的兩個面向，但它們都無法吸引中世紀和文藝復興時期讀者的目光。打從一開始，讀者就想從書中滿足自己的幻想，而不是為了道德上的沉思而閱讀；波羅並沒有讓他們失望。在喬叟（Geoffrey Chaucer, c. 1343–1400）和但丁（Dante Alighieri, 1265–1321）皆被鑽研波羅的學者剔除後，十四世紀受波羅影響最深的作品，首推《耶路撒冷的第三王》（*Romance of Bauduin de Sebourc, Third King of Jerusalem*）。這部浪漫傳奇中許多事件的背景均取材自波羅的書，而其中包度因（Bauduin）——即未來的耶路撒冷王——追求女主人翁艾芙琳（Ivorine）並擄獲其芳心的情節，更完全出自波羅書中前段某篇敘述的歷史。該章節描述某位邪惡的伊斯蘭哈里發（caliph），在精心構築的樂園裡扶植刺客。樂園裡不僅遍地「美酒、牛乳、蜂蜜」，還滿是「貴族婦女與少女，任憑他們盡情調戲，得以滿足所有血氣方剛的慾望」。㊱即使是描述艾芙琳的雙眼「烏黑而炯炯有神」，也借用自波羅描繪主人忽必烈雙眸的文筆。波羅隨後描寫可汗坐擁成群妃嬪的畫面，更滿足讀者的無限遐想；這些妃嬪六人為一組，一夜三輪，侍奉她們的君王，「無論房闈、床笫或任何可汗中意

㉟ Critchley, p. 177.

㊱ Yule and Cordier, I:121–127 (Introduction), 140 and 142 (text).

的處所，可汗都可以隨心所欲對待他的妃嬪，逞一時之樂。」

馬可・波羅早期讀者中，最著名者莫屬克里斯多福・哥倫布（Christopher Columbus, c. 1451–1506）了，除了波羅書中的這些感官描繪讓他印象深刻，書中關於波羅開拓的貿易商機也讓他深感震撼。波羅作品的第一個印刷版本（採用一三〇〇年代的某卷拉丁文手稿）出版於一四八五年，而哥倫布在展開一四九二年的探險前，想必已經熟知這本書的內容。他在一四九六年返鄉後訂購了這本書，而且前前後後在書頁邊緣的空白處寫了近百個眉批。㊲這些眉批主要以拉丁文寫成，穿插著西班牙詞彙——從中可以看出哪些段落最吸引哥倫布的注意。波羅有次提及某個場景：主人死後，火焚家臣及女眷陪葬的習俗，哥倫布為此深感震驚；在一段描述藏人婚俗的段落旁，哥倫布草草寫下：「他們只娶已有性經驗的女子為妻」。波羅書中談論到的「江都」（Cayndu）人習俗，則是另一個攫住哥倫布目光的敘述，他在這一段文字旁註記：「男人將妻女奉獻給過路旅人。」㊳他還特別注意到刺客團的感官樂園，關於奇跡與獨角獸的討論，以及長老約翰（Prester John）㊴宅邸

㊲ Felipe Fernandez-Armesto, *Columbus* (Oxford: Oxford University Press, 1991), pp. 23 and 36–37; Yule and Cordier, II:553 and 558; Juan Gil, ed., *El libro de Marco Polo anotado por Cristóbal Colón* (Madrid: Alianza Editorial, 1987), pp. ix and lxviii，討論不同版本上的不同筆跡，認為其中除了哥倫布及其子的筆跡外，還有些屬於身分不明的第三者。

㊳ Luigi Giovannini, *Il Milione, con le postille di Cristoforo Colombo* (Rome: Edizioni Paoline, 1989), pp. 256, 183, and 186.

㊴ 譯註：據傳為中世紀在東方建立基督國家的國王。

的坐落地點[40]。

儘管哥倫布對這些感官描述、幽祕奇聞深感興趣，然而一如我們預料，大多時候他是在追蹤波羅文本中的蛛絲馬跡：可供貿易買賣的品項，以及這些生意背後隱藏的危險及商機。因此只要波羅提到黃金、白銀，精美的絲綢、香料、瓷器、以及從紅玉、青玉、黃水晶到天青石等貴重寶石與半寶石的大量銷售，還有醇酒、海底採珠等事，哥倫布就會特別做記號。[41]對哥倫布來說同等重要的內容，還包括季風來臨時，船隊航行的方向及時間，海盜或食人族猖獗的情形，以及在哪些地點可能取得食物及其他補給。[42]哥倫布特別標註了幾個看來大有可為的中國城市，其中包括揚州和杭州[43]，他也對通商的機會提出見解，不過他只在一座城市旁寫下「商機無限」（mercaçciones innumeras）這幾個字。這個城市正是「汗八里」（Cambalu or Kambaluk），也就是忽必烈汗在中國的新都——波羅筆下北京的名字。為了突顯心中的興奮之情，哥倫布在眉批旁添上了一個裝飾圖案：那是歇息在叢雲或是浪濤上的一隻手，所有手指緊握，只有頂端的食指直伸，炫人眼目，指

---

[40] Ibid., pp. 84, 72 and 246, 110.

[41] Ibid., pp. 189, 178, 78, 227, 252, 96, and 254.

[42] Ibid., pp. 242, 268, and 224.

[43] Ibid., p. 217.

向那段在書頁上撩撥它的文字。[44]

---

[44] Ibid., p. 154 and n. 1; photograph p. 137; p. 253 and n. 3. Gil, p. 77.

第 II 章

天主教世紀

十三世紀時，
蒙元帝國縱橫馳騁於中亞和中國，
然後，又由於歐洲人興起一股貿易狂熱，
以及十字軍東征的宗教驅動力，
使歐亞之間的接觸
初次有開花結果的可能。

十三世紀時，蒙元帝國縱橫馳騁於中亞和中國，然後，又由於歐洲人興起一股貿易狂熱，以及十字軍東征的宗教驅動力，使歐亞之間的接觸初次有開花結果的可能。然而隨著一三四〇年代黑死病在歐洲蔓延，又元廷的中國勢力於一三六八年敗亡，以及此際鄂圖曼帝國的伊斯蘭（Ottoman Muslim）勢力漸形穩固，蔓延泰半近東地區，這場東西方的初次接觸因此戛然而止。大明王朝永樂（一四〇二至一四二四年）年間，海上探險熱潮興起，其觸角遠及印度洋及東非海岸，似乎也為重啟貿易往來種下希望。但是這條意義重大的航線，卻在一四四〇年代因為經濟因素而輟止。因此歐洲人在貿易路線與基督宗教版圖的擴張上，雖然仍以「印度群島」（the Indies）為中心，卻也一度因為地理位置意外計算錯誤而改道美洲，原先因緣際會之下與中國的偶然接觸，也於焉告終。

然而時至十六世紀初期，麥哲倫（Ferdinand Magellan [Fernão de Magalhães], 1480–1521）和達伽馬（Vasco da Gama, c. 1469–1524）兩位航海家，卻將葡萄牙人領航到中國邊界的澳門。於此同時，西班牙人也從他們新建立的美洲殖民地長征，一躍而至遠東，在菲律賓馬尼拉建立基地。此時，這兩大戮力於拓展版圖的海上強權，對於如何將那條劃分世界的大西洋中線（據一四九二年教廷調解下簽訂的托德西利亞條約〔Treaty of Tordesillas〕）① 應用於太平洋及東南亞的香料群島（Spice Islands），迭生齟齬，然而此際兩國的傳教士與貿易商卻早已開始刺探中國沿海。一個意想不到的

① 譯註：在教皇亞歷山大六世（Alexander VI, 1431–1503）斡旋下簽訂，界線以西的勢力歸西班牙所有，以東歸葡萄牙。確切的簽署日期為一四九四年六月七日，而非原文所稱的一四九二年。

結果由此而生——關於認識中國社會與政治體制的第一波新資訊陸續傳向歐洲，持續兩百年之久。

然而這段資訊新時代的最初發展卻不是那麼振奮人心。雖然葡萄牙人在十六世紀初與中國人的貿易往來稱得上風平浪靜、相安無事，獲利也頗豐裕，甚至接獲朝廷的命令，批准他們派遣使節團北上京城去商討進一步的貿易前景，然而他們的一位艦長西眇．安德剌（Simão de Andrade）在沿岸地區對中國官員惡言相向，甚至暴力對待，斑斑劣跡破壞了用心良苦的一切②。當中國皇帝得知他的惡行惡狀後③，葡萄牙使節團成員均被押解並遣返至廣東，羈押刑求之後，嚴令禁止葡萄牙船艦再至中國貿易④。事件的結果引發一段不露聲色的貿易時期，暗中在福建外海以走私方式交易，導致明朝廷於一五四九年強行追緝，扣押了兩艘葡萄牙平底帆船，誅殺大部分船員，並將餘黨囚禁於福建省會福州。

經過冗長的官府審訊並陸續處決多名人犯後，剩下的葡萄牙人被分別判處流刑，終身流放至華南各地。其中一名人犯蓋里歐．培雷拉（Galeote Pereira）原為葡萄牙軍人兼商人，他在

---

② 譯註：即史稱「葡佔屯門」事件。事件發生地點考，另參施存龍：〈中葡關係起點不應在上下川島當在南頭島——《中葡關係的起點：上、下川島——Tamão 新考》辨析〉，載澳門特別行政區政府文化局《文化雜誌》第四十五期（二〇〇二），頁一八一～一九二

③ 譯註：此處中國皇帝指武宗正德皇帝。

④ 譯註：世宗嘉靖皇帝。

一五五三年時，設法經由幾位中葡雙方的中間人，買通關節，重獲自由之身；隨後幾年間他撰寫了一份報告，記敘自己在這段期間的經歷，同時也概述中國風俗和政治體制。這份報告在一五六一年傳播至印度果阿（Goa）的耶穌會書院（Jesuit college），後來經過院中學童抄錄，當作耶穌會印度傳教團年度報告的附件寄回歐洲，並即刻又迻譯為義大利文與英文版本。⑤⑥

考慮到培雷拉的遭遇悲慘，以及他對中國語言一無所悉，他的敘述自然支離破碎、毫無章法，甚至前後不連貫；但做為繼馬可．波羅之後，西方第一份由非神職人員提出的報告，這份文獻自有其意義，也深具啟發性。蓋里歐．培雷拉往往在文中註明某處是他的親身經歷，某處則為道聽塗說，因此每當他描述到北京與南京時，便特別表明自己從未親自造訪華北及華中，對這兩個區域的瞭解完全出自於書籍和前輩旅行家的故事；出於相同理由，他對中國省級官僚組織架構及職責的

⑤ 見 Charles Boxer, ed., *South China in the Sixteenth Century: Being the Narratives of Galeote Pereira, Fr. Gaspar da Cruz, O. P., Fr. Martin de Rada, O. E. S. A. (1550–1575)*, The Hakluyt Society, second series, CVI (London: Hakluyt Society, 1953) 一書〈導論〉。

⑥ 譯註：中譯參見〔葡〕蓋略特．伯來拉：《中國報導》，收入 Charles Ralph Boxer 編注，何高濟譯：《南明行紀：近代歐洲人眼中的中國南方》，域外叢書四（臺北：臺灣書房；新北：朝日文化，二〇一〇），頁一～二九。或參見〔葡〕加里奧特．佩雷拉：《關於中國的一些情況》（*Algumas coisas sabidas sobre a China*, 1553–1563），收入王鎖英譯，艾思婭評介：《葡萄牙人在華見聞錄：十六世紀手稿》，康乃爾譯叢．文學系列十九（澳門：澳門文化司署、東方葡萄牙學會；海口：海南出版社、三環出版社聯合出版，一九九八），頁二七～七九。

冗長分析，也只能約略表示出大概，顯得隔靴搔癢不得要領。但是當他談到服刑的經驗以及獄方折磨犯人的手法時——無論是犯人們在類似大木籠的牢房中一個挨著一個，擠成一團，以致於睡覺時根本動彈不得，或是赤身遭分岔的竹鞭笞打而痛不欲生——他的文字不加掩飾，赤裸裸呈現那些令人膽戰心驚的用刑畫面。後人描寫中國人的殘虐能耐，他寫下的字句就成為最基本的原始資料，而這也在西方世界對中國的認知裡，置入了一個難以抹滅的新成分。培雷拉這麼形容笞刑：

笞刑的刑具是竹鞭。由於這些竹子是從中段剖開，致使竹鞭看上去表面平滑，並不鋒利。受刑的犯人匍匐趴在地上，刑吏用竹鞭使勁往大腿上抽打，就連旁觀者都對這樣的酷刑不寒而慄。抽打十鞭已大量出血，二十至三十鞭就會血肉模糊，五十至六十鞭則需長期療養，但若是一百鞭的話，恐怕是藥石罔效回天乏術了——而這樣的重刑，往往施加在那些拿不出任何賄賂以買通刑吏的人身上。⑦

不過培雷拉的敘述並不限於中國嚴酷惡劣的一面，他以開闊的眼界觀看四面八方，而他表達的諸多見解，至今仍讓我們深刻領略其中罕見的直率；他作為身經百戰的軍人，注意到城牆上沒有架設大砲，訓練有素的歐洲軍隊必然可輕而易舉征服中國。作為工程師，他仔細丈量鋪砌橋樑和

⑦ Ibid., pp. 18–19 and 22–24，均談到了獄中狀況。

道路的石板尺寸，以及建材精密的工程結構。身兼商人的培雷拉紀錄下漕運河道與魚塘，又注意各種不同食料間的相對價格，範圍從鵝肉、牛肉乃至於狗肉和蛇肉，以及漕運駁船行經的橋樑、還有各類通行稅的徵收方法。他還注意到中國商人偏好住在城郊，一來得以規避城內嚴格的宵禁，二來也閃躲那些不勝其煩挨家挨戶兜售各色商品與各類服務的小販。[8]由於本身是虔誠的教徒，他頗讚賞官方設立療養院和醫院，專門照顧盲人、貧病者及瘸腿的殘疾之人，也稱許街上不見乞丐流浪，這反映出中國並不強加宗教信仰於人民身上。他推斷要是西方傳教士允許他們的中國信徒吃豬肉和飲酒，那麼基督信仰在中國的傳布必然比伊斯蘭信仰容易水到渠成。[9]最出人意表的是，雖然身為中國司法體制的受害者（儘管後來並未客死異鄉），他卻極力頌揚中國的司法體系，而無視其酷虐的體罰。

培雷拉認為中國法律的靈活性，遠勝於羅馬法以及他個人所企盼的當時歐洲法律。他這種以比較觀點引介中國文化的態度，後來就成為西方世界的思想主軸。這樣的概念在他的介紹之下顯得鏗鏘有力：

> 在公開場合質詢證人，除了可以讓一個人的生命和榮譽，毋須僅僅因為另一個人的宣

[8] Ibid., pp. 9 and 28, 7–8, 9, 32, and 42.

[9] Ibid., pp. 30–31 and 37–38.

誓就遭受決斷，還有另外一個優點；由於聽證席上總是擠滿百姓，證人的口供大夥兒聽得一清二楚，因此書記只能如實記載。這麼一來，訴訟程序就不像我們這裡時有竄改之弊，常因為證人的證詞只有檢察官和公證人知曉，而金錢等因素往往左右判決。但在這個國家，百姓除了奉行這樣的審訊規範，他們還十分敬畏他們的皇帝，而且懾伏於皇帝頒行的法度，絕沒有人敢在公堂上搬弄是非。總之這些人的司法審判獨一無二，比羅馬人或任何其他民族都要傑出。⑩

培雷拉以明確的親身經驗補充前述觀點，並強烈質疑中國人若是到了西方，在類似境遇下又會有怎樣的下場：

無論在基督教國家裡的哪一個角落，像我們這種無名小卒，在遭受指控之後，即使無幸也很難在訴訟中全身而退。然而在這個異教的國家，我們雖然得罪了兩位城裡的要員，同時語言不通缺乏翻譯，最後卻見到他們因為我們而鋃鐺入獄，更因為沒有秉公處理而被褫奪官職與榮銜，甚至難逃一死，因為謠傳說他們應該會被斬首示眾——由此觀之，他們

⑩ Ibid., p. 20.

的司法是否公正呢？⑪

中國社會還有其他讓培雷拉印象特別深刻的方方面面：好比城市裡人與獸的排泄物，夜裡都有專人一絲不苟地收集；用兩根小棒子吃東西以講求衛生；利用鸕鶿捕魚，而這些頸上繫著繩鍊的鳥入水捕魚後，會把魚吐出來交給飼主；以及異乎尋常的高人口密度。他描繪了這樣驚人的畫面：「舉目所及都是人。連想不到會有人的地方也都是人，就像樹旁總是圍繞著一大群小孩。」⑫出於「不能違背良心，連一丁點不實的字都不能多加」的態度，培雷拉認為中國社會秩序還是有令人氣餒的一面。同樣地，好奇的群眾就令人倍感威脅，培雷拉以及他共囚的朋友們覺得「絡繹不絕前來看我們的群眾實在令人厭煩，帶給我們很大壓迫感。」⑬也許是出於牢獄經驗，或是根據流言也說不定，培雷拉對中國社會生活的描述還增添了一筆見聞：「我們覺得最不能忍受的病態就是雞姦，這種傷風敗俗的事不僅在下層社會很普遍，在菁英階層中也不罕見。」⑭

雖然蓋里歐・培雷拉對於中國的討論觸及了許多新鮮的議題，但是跟馬可・波羅一樣，許多

⑪ Ibid., pp. 20–21.

⑫ Ibid., pp. 8, 14, 42, and 7.

⑬ Ibid., pp. 33 and 37.

⑭ Ibid., pp. 16–17.

我們覺得應該注意到的內容，培雷拉都隻字未提；比方說，培雷拉和波羅如出一轍，都絲毫未提及茶葉，也沒有提到印刷術或中國的書寫文字系統，更沒有提到中國婦女纏足。不過他倒是描述在福州拘禁期間，他和同伴「多次被拘提出獄，送到皇親國戚的府邸，任由貴族及其妻妾觀賞」，也耳聞並親眼見識過許多中國娼妓，知道她們彈奏琵琶的技藝精湛。[15]

在那些悉心研讀過蓋里歐・培雷拉的作品，而且深感興趣的讀者中，有一位道明會士葛斯帕・克魯茲（Gaspar da Cruz, c. 1520–1570）。在柬埔寨傳教一年之後，克魯茲於一五五六年十二月造訪廣東數週，並決定以文字記錄個人經驗和中國印象。克魯茲在手稿完成之前就曾讀過培雷拉的作品，他並毫無保留地盛讚培雷拉為「名望煊赫的紳士」，「口不出誑言」，所以他從培雷拉的書中「引用了大量資料在他的文章中」。[16]一五七〇年二月，克魯茲逝世於家鄉葡萄牙里斯本（Lisbon），當時他正勤於為瘟疫受害者四處奔走，而他的中國回憶錄也在同月發行，起碼為他在身後留下一些聲名——因為「首部在歐洲出版的中國專書」，如查爾斯・巴克瑟（Charles Ralph Boxer, 1904–2000）所評論：「這份殊榮（如果這個字詞恰當的話）要歸於這位名不見經傳的道明會士」。[17]

---

⑮ Ibid., pp. 25 and 41.

⑯ Ibid., pp. 109–110.

⑰ Ibid., p. lxii.

克魯茲把這本書稱作他的《論文》（*Treatise*）⑱；正如他在序文中所言，這本書取材自他個人和培雷拉的經歷，目標是盡可能鉅細靡遺描述中國，因為這麼做不僅有利於他的道明會內同工——也有利於方濟會士和耶穌會士——能勸服更多中國信眾入教，如同近期他們足跡踏遍的其他國家一樣。克魯茲認為，對於有意到中國傳布基督信仰的人而言，中國是機會無窮之地：

> 因為在我曾論及的所有民族中，中國的人口最為繁盛，領土最為廣袤，國體與政體最為卓越，物產與財富最為豐沛（並非指金銀珠寶等貴重物資，而是指得以照料人身日常所需的各類資源、財貨與其支配權），也因為這個國家的人民還擁有許多非常令人難忘的事物。⑲

⑱ 譯註：中譯參見〔葡〕加斯帕·達·克路士：《中國志》，收入Charles Ralph Boxer編注，何高濟譯：《南明行紀：近代歐洲人眼中的中國南方》，域外叢書四（臺北：臺灣書房；新北：朝日文化，二〇一〇），頁二九～一七〇。或參〔葡〕加斯帕爾·達·克魯斯：《中國情況介紹（節選）》（*Tratado das cousas da China*, 1569），收入王鎖英譯，艾思婭評介：《葡萄牙人在華見聞錄：十六世紀手稿》，康乃爾譯叢·文學系列十九（澳門：澳門文化司署、東方葡萄牙學會；海口：海南出版社、三環出版社聯合出版，一九九八），頁八〇～一二八。

⑲ Ibid., p. 55.

克魯茲覺得自己親歷其境的一手資料別具價值，因為在當時，仍有許多人覺得旅行家的故事不值一顧——特別是關於中國的故事——人們總認為那只不過是手法粗劣的誇大其辭而已。

在此我要給予讀者一項必要的提點，以利他們揣度中國萬物的偉大——我說的是，一般皆認為距離使遙遠的事物聽來比實際上更美好，然而對於中國而言，這點全然背道而馳；一般皆認為由於距離作祟，因為現實世界裡的中國遠勝道聽塗說的中國，截然不同於耳聞或閱讀的印象。這點除了我自己，其他見識中國萬物的人也可印證。凡此國度的一切都必須親眼目睹，而不能僅靠耳聞，因為中國真的百聞不如一見。⑳

克魯茲在中國停留的時間雖短，觀察的眼光卻意外敏銳，因此即便是培雷拉已然提及的話題，他仍可提供歐洲讀者大量新資訊。好比他注意到那些在夜間清運糞肥的人，會將挑糞用的木桶外表擦洗得一乾二淨以減低臭味，這些挑糞工還經常以物易物，用這些糞肥耕灌出來的蔬菜交換下一批肥料。此外，中國妓女通常是盲人，而且都被迫聚居於城牆之外（馬可．波羅也曾就此發表意見）；她們住在特定的巷道裡，由管理人逐一登記在冊。她們通常是被自己的母親賣入花柳巷為

⑳ Ibid., pp. 56–57.

娼，並在那裡學會彈詞唱曲。[21]克魯茲並且明確記載了鸕鷀捕魚時脖子如何被束上草環，以及隨後漁夫怎樣掐嘴拎腳，令其吐出漁獲。他還詳述筷子的使用方式如同操作鉗子，並將其用法類比於一些富貴人家喜歡的蓄甲之風——「他們會將長長的指甲整理得很潔淨」。[22]

克魯茲也談到許多西方先前聞所未聞的中國生活細節：廣東水濱那些體魄強健且獨立謀生的擺渡婦女，還有她們的衣著與生活方式；當地居民的人工孵蛋場以及養鴨場的經營方式；賞玩籠鳥夜鶯的雅趣，以及把這些獨立的鳥籠聚攏在一起，好讓「鳥囀合奏為樂音」；往雞腹裡灌水或灌沙增加重量，以便賣出好價錢；一言不合打起來的時候拉扯對方頭髮；還有印刷術在中國已存在逾九百年的事實。[23]克魯茲也有美學鑑賞上的開闊心胸，能欣賞中國音樂之美，這一點絕大多數西方人都做不到。他甚至覺得那些崇拜偶像的僧人們唱誦的經文「音調悠揚」，而中國音樂普遍「在合聲與共鳴上都非常美好」，中國的野臺戲「唱作俱佳，而且絲絲入扣十分逼真。」[24]

波羅和培雷拉遺漏了中國人生活上的三個重要部分，克魯茲均以正確清晰的文字一一補上：分別是纏足、中國文字的性質以及飲茶。在他看來，纏足有其美學上的辯解：「除非生活在海邊或

[21] Ibid., pp. 121, 122, and 150–151.

[22] Ibid., pp. 136 and 141–142.

[23] Ibid., pp. 114, 115, 122, 132, and 148.

[24] Ibid., pp. 143, 145, and 144.

山上，中國女人一般都非常白晢、端莊，某些女人的雙眼和鼻子比例還非常勻稱。從小她們就以長布條勒緊雙足，藉以維持其纖巧的玉足，而她們這麼做，無非因為中國人一向將長著小巧鼻子和雙足的女人，視為教養良好的淑女。這種習俗普遍見於上流社會，而非下層階級。」㉕

至於文字，克魯茲也描述他終於瞭解，漢字不像西方文字有字母順序，也不是「橫向」書寫，而是由上往下直行書寫。每個漢字字符（character）都是一個獨立的字（word），總數約在五千上下，而無論在各地方言裡的讀音為何，不同省份、不同族裔的人都可以看懂這些漢字。「我以前大惑不解的事，」克魯茲說，「現在總算豁然開朗」，而且中國文字原來「一點都不古怪」。㉖

對於茶葉他則說：

> 凡是進了有頭有臉的大戶人家宅第，不論此人的來歷，一定就有人以講究的杯托奉上瓷器質地的茗杯（套數視人數而定），裡頭盛著溫熱的液體，稱之為「茶」（cha）。茶的顏色淡紅，或與味苦的草藥調和烹製，故而稍微具有療效，是他們習以為常的飲品；他們通常歡迎任何階層的訪客，只要是他們尊重的人，都會受到款待；而無論來人是否熟

㉕ Ibid., p. 149.

㉖ Ibid., p. 162.

識，他們均以茶待客，聊表敬意，我自己就曾多次受到這樣的款待。[27]

克魯茲也深闇中國的黑暗面，並不吝批評。他敘述人犯遭到「粗如人腿」的竹棍笞打，而且竹棍還必須先浸過水，「以增加笞刑的殘暴」，描述生動的程度不在培雷拉之下。對克魯茲而言，杖打之後的場景同樣怵目驚心，因為官府天井裡「血跡斑斑」。克魯茲記載了「刑吏」杖打囚犯後，「像拖隻羔羊似的，拎著一條腿把囚犯拖回獄內」，而在刑場監刑的官員們「毫無惻隱之心，只是圍在一起閒聊，吃吃喝喝，還一邊剔著牙」。[28]他和培雷拉一樣，覺得他們「普遍」具有一種「違背人之常情的邪惡」，而且「從來不會因此遭受譴責」；不過克魯茲認為，那是因為沒有人告訴中國人，「那是一種罪，也是一種邪惡的行為。」[29]

與兩百五十多年前的馬可．波羅和鄂多力克修士（Friar Odoric）雷同，培雷拉和克魯茲的中國故事顯然大多基於同樣的商業與宗教驅策，不過他們確實添載了許多新的內容。與此同時，傳奇故事作家約翰．曼德維爾也從傳進他耳目裡的奇聞軼事，編織出一幅幅關於中國的錦繡想像；而在十六世紀中期，葡萄牙冒險家兼小說家費農．曼吉．品篤（Fernão Mendes Pinto, c. 1509–1583）也

[27] Ibid., p. 140.
[28] Ibid., pp. 178–179.
[29] Ibid., p. 223.

同樣把自己聽來和看來的故事，添枝接葉，肆意誇大渲染。但跟曼德維爾不同，品篤曾親自前往遠東遊歷：有充分證據顯示，一五三七至一五五八年間他多次造訪暹羅、緬甸和日本，但他很可能從未涉足中國。他在一五六〇年代，開始投注心力於這份卷帙浩繁的手稿，並稱之為《遠遊集》（*Peregrinations*）[30]，這部作品完工於一五七八年左右，不過直到一六一四年才得以出版，當時作者已辭世三十年。[31]品篤很可能把同為葡萄牙人的探險家蓋里歐．培雷拉當作明確的取材對象，因為不僅《遠遊集》內的中國紀事，甚至連同登場的中國人物，都以培雷拉的記敘為雛形；品篤此舉源自於當時眾所周知的事實：培雷拉除了意圖在中國沿海經商之外，還與其他葡萄牙傭兵並肩作戰，在一五四〇年代協助暹羅陣營，對抗當時緬甸境內的勃固王朝（Pegu）政權。培雷拉還親眼見證了耶穌會士方濟各．沙勿略（Saint Francis Xavier, SJ, 1506–1552）遺骸的出土遷葬，以及隨後的宣福

---

[30] 譯註：中譯參見〔葡〕費爾南．門德斯．平托著，金國平譯註：《遠遊記》（*Peregrinação*），二冊（澳門：葡萄牙航海大發現事業紀念澳門地區委員會、澳門基金會、澳門文化司署、東方葡萄牙學會聯合出版，一九九九）。或參見〔葡〕費爾南．門德斯．平托：《遊記》（節選，一五八〇年完稿，一六一六年出版），收入王鎖英譯，艾思婭評介：《葡萄牙人在華見聞錄：十六世紀手稿》，康乃爾譯叢．文學系列十九（澳門：澳門文化司署、東方葡萄牙學會、海南出版社、三環出版社聯合出版，一九九八），頁一三五～二四六。

[31] Fernão Mendes Pinto, *The Travels of Mendes Pinto*, ed. and trans. Rebecca D. Catz (Chicago: The University of Chicago Press, 1989), pp. xv and xxiv.

禮（beatification）儀式㉜。品篤書中許多強而有力、最刻畫入微的段落，都圍繞著暹羅與勃固之役著墨，以及聖沙勿略生前最後的歲月和聖人辭世的片段。㉝

在長達五百二十頁的這卷手稿裡，品篤大約費了一百二十頁篇幅描述他的中國之行，其中內容概可以文獻資料的混合成品（amalgam）稱之：他先從培雷拉及克魯茲的書中揀選素材，再堂而皇之添加自己杜撰的內容。《遠遊集》中有一段描述品篤與夥伴被中國官方逮捕的遭遇，他們在獄中遭受的種種待遇，大小細節完全重複培雷拉的記述；而其他許多描繪當地中國人生活方式的內容——好比以層架式的鴨籠飼養鴨隻，並利用船隻將鴨群載運到飼養場，以及中國人在收集人體排泄物方面，做事之徹底，一丁點都不遺漏，並善加利用為肥料——這些全都摘錄自克魯茲《論文》中類似的章節，但是卻絲毫未見他對於出處的解釋或評注。㉞不過，品篤不帶個人感情色彩，抨擊

㉜ 譯註：一、一五五二年四月沙勿略聖人搭乘聖十字號（Santa Cruz）從印度果阿出發，五月先抵達葡屬馬六甲，最後在八月底停泊廣東台山外海，當時為葡萄牙商人根據地的上川島，同年十二月聖人榮歸主懷，暫殮於上川。一五五三年二月聖十字號自上川起碇，破土取聖人棺柩遷葬，三月到達葡屬馬六甲。同年十二月移靈，一五五三年三月復抵果阿安葬。詳見顧衛民：《中國天主教編年史》（上海：上海書店出版社，二〇〇三），一五五二至一五五四年條。二、沙勿略位列真福時在一六一九年十月二十五日，由教宗保祿五世（Pope Paul V, 1550–1621）宣福。

㉝ Boxer, pp. li and lvii; Pinto, chaps. 21–32 and 203–217.

㉞ Pinto, pp. 163 and 192–194; Boxer, pp. 115 and 121.

中國「難以筆墨形容的墮落」和行為，這些段落乍看之下也許像是培雷拉和克魯茲文字的混合物，但此舉顯然意在批判中國寺廟普遍的所作所為，因為這些崇拜偶像的寺廟「不僅得以明目張膽從事這些惡行，而且根據和尚的教義，這些悖逆天主信仰的罪孽竟然還被視作至高美德」。㉟

品篤在描寫食物及奇聞異事這些主題時，也取材自培雷拉和克魯茲的手筆，但最顯著的區別是他通常不遵循兩位前輩嚴謹持重的敘事方式，而在他自創的諧擬（parody）天地裡無憂無慮，搖蕩起他那拙劣的文筆。舉例來說，當他開始高談闊論——食品批發市場以及肉販如何切片、抹鹽、醃藏、煙燻各類佳餚時，看來還秉持循名責實的精神；但是隨著肉販砧板上的肉品愈來愈怪異——我們會先看到肉販準備「火腿、豬肉、燻肉、鴨肉以及鵝肉」，接著就是「鶴肉、鴇肉、鴕鳥肉、鹿肉、牛肉、水牛肉、貘肉、犛牛肉、馬肉、虎肉、狗肉、狐狸肉，以及世界上各種動物的肉」——讀者的疑心也隨之漸漸提升。㊱這種荒誕無稽的內容在品篤書中隨處可見，但他又會不時跳脫這樣的思路，溜回較合乎邏輯的敘事風格，讓讀者誤信他千真萬確親眼目睹書中記載的每件事。此處再舉一例，比方談到狗肉時，他就這麼記載：「我們也看到許多器皿裡盛滿了曬乾的柑橘皮，在廉價客棧裡，這些柑橘皮用來和狗肉一同烹煮，藉以去除其特有的腥臭，同時也使肉質堅韌，狗

㉟ Pinto, p. 199; Boxer, pp. 16–17.

㊱ Pinto, p. 192，以及近乎重複的頁二一〇。

肉的口感更為結實。」[37]

新近出版的品篤《遠遊集》編纂嚴謹，編者蕊貝卡．凱茲（Rebecca D. Catz, 1920–2001）指出，品篤在書中穿插運用了四種不同的敘事語氣：第一種是合乎體統並可以信賴的旁觀者；第二種是天真無知且「略顯愚昧」，把具有反諷意味的事物呈現在讀者眼前，作者卻假裝自己摸不著頭緒；第三種是英雄、愛國者、天主教義的擁護者，始終奉至高真理為圭臬；第四種則像是惡漢小說題材的主角（picaresque hero），隱身於《遠遊集》的幾位主要角色背後，默默參與他們可憎的所作所為。凱茲認為，品篤此書的總體謀劃以「尖酸的諷刺文」為發想，目的在於貶抑家鄉葡萄牙的制度習俗；由於當時的葡萄牙擴張主義者普遍仍抱持一種類似參與聖戰的精神（crusading mentality），所以品篤此書也意在破除這種盤桓不去的意識形態。設若由這個觀點入手，那麼如凱茲所言，此書既非單純的冒險故事，更非荒誕不經的無稽之談，而是「一本具有顛覆性的書」，這本書「不僅把他的同胞蒙在鼓裡，更威脅到社會的根本價值」。尤其是在中國的段落裡，採用「烏托邦式諷刺（utopian satire）的體裁」，藉以「鋪陳出一位天真的觀察者周遊世界，最終卻發現比自己的家鄉更為優異的文明」。雖然中國是異教之邦，然而相較於同時代的西方人，中國人在道德實踐上卻遠遠走在前面。[38]

---

[37] Pinto, p. 195。

[38] Ibid, pp. xv, xxv, xxxix–xl, and xlii，以及 pp. 234–235 品篤論及中國宗教的部分。

其中最微妙，並就史料編纂觀點而言最為複雜，而且從道德觀點來看又引人一探究竟的記載，當屬品篤論述中國政府所提供的各種社會福利——大約三個世紀前，馬可・波羅首先注意到這些現象。在這些描述裡，品篤引領讀者在不知不覺中陷入巨大的人世苦難，卻又必須不為所動並冷眼旁觀，如此一來令人摸不著頭緒，不知他在何處收起惻隱之心，又在何處開始冷嘲熱諷。他首先談到孤兒；這些遭父母遺棄的嬰孩全都由奶媽哺育，並安置在城裡的特殊學校，學習讀書寫字，此外還得學習某種「手藝活」以為一技之長。接著談到盲童；磨麵作坊的老闆僱用他們，因為只需用手操作磨坊裡的機具，無需用眼。那些重度瘸腿以致於不能操作磨子的人，就由製繩的工匠僱去搓繩索，或被製籃的商家僱去編燈芯草。如果是雙手不好使喚的人，則背著貨品在市場裡沿街叫賣。那些四肢重殘的人則被安置在某些特殊地點——「比方僧院」——為往生者誦經祈福，僧侶還會分給他們一些助念的酬金。接下來便難逃尖酸刻薄的嘲諷：「高聲喧嘩並傷風敗俗，以致於害自己在大庭廣眾下顏面盡失的女人」，必須支付專款供養聾啞人。另一方面，身染重疾的老年妓女，則依靠健康年輕的妓女繳納的特別稅金過活；觸犯通姦罪的婦女，必須繳納罰金，用以養大那些雙親俱亡的孤女；至於「公堂之上屢屢陳詞不公的訟師」以及「屈服於權勢或賄賂，因而立場搖擺，不能堅持維護法律正義的承審法官」，他們的罰鍰則用來養活「身無分文卻游手好閒的男人」。㊴

品篤書中曾提及在旅行途中，偶遇一位名為維斯可・卡佛（Vasco Calvo）的人，在北京城外過

㊴ Ibid., pp. 230–232.

著流亡生活。自從都美・裴利斯（Tomé Pires, 1465–1540）一五一七年那次出使失敗開始㊵，卡佛已在中國待了二十七年。這位葡萄牙商人在中國坐牢時寄回歐洲的信件，是西方世界目睹到的第一封關於中國的書信，而品篤在書中籠統借用了這位真有其人的卡佛為故事藍圖，賦予他筆下的卡佛新生命，不僅讓他娶了中國太太，生了四個小孩——兩男兩女——他在鎮上還有座宅子，就靠近他太太「顯赫親族」的府邸。中葡聯姻的這戶人家講究人倫規矩，而且家庭和睦，信仰虔誠，堪稱為表率。宅邸一角隱蔽的廂房是精心布置的小禮拜堂，平時深鎖，但家人每晚都在那裡向基督信仰的真神祈禱。這景象使品篤和同伴們「熱淚盈眶」，而且「在這樣艱難的處境之下」，離開時「對於眼前的情景嘖嘖稱奇，一如人之常情。」㊶

據我們所知，這種異國婚姻組成的隱密基督教小家庭，既不可能存在於一五四四年的中國，也就是依循品篤書中線索後考證到的年代；也不可能存在在一五七〇年代，也就是他撰成此段書信的時間。但是到了品篤去世的一五八三年，這種家庭卻至少有存在的可能。因為就在同一年，繼兩百五十年前方濟會士來華之後，耶穌會士利瑪竇（Matteo Ricci, SJ, 1552–1610）和一名會中同工㊷，

㊵ 譯註：見〔葡〕多默・皮列士著，何高濟譯：《東方志：從紅海到中國》，西方文庫・學術譯叢・第一輯（南京：江蘇教育出版社，二〇〇五）。

㊶ Ibid., pp. 240–241, and 576, n. 4.

㊷ 譯註：即義大利耶穌會士羅明堅（Michele Ruggieri, SJ, 1543–1607）。

展開中國土地上第一個天主教傳教團的宣教任務。他們也漸漸勸服一些中國男女，領洗皈依天主。

利瑪竇對於他在中國宣教事工的文字記述，雖然時有誇大之嫌，並挾帶著濃厚的思鄉情懷，卻把中國社會現實新一層次的洞見帶給了歐洲讀者。利瑪竇一五五二年誕生於義大利馬切拉塔城（Macerata），在羅馬的耶穌會書院接受教育；這所學校的科學與數學教育可能均為當時歐洲之冠。他同時接受了拉丁文、神學、地理學等廣泛的訓練，並涉獵了當時十分重要的學門，即記憶術的訓練——利瑪竇的記憶術導師帕尼哥羅拉（Francesco Panigarola, OFM, 1548–1594），據稱能運用當時風行的記憶術，以物件列置和記憶歸檔的理論，回想起十萬件心中的影像。正式加入耶穌會後，利瑪竇志願赴遠東傳教，首先抵達印度西岸的果阿（Goa）；當時葡萄牙人剛在當地建立基地，其中有自成一區的天主教飛地（enclave）。一五八二年，他奉派㊸前往中國南端的澳門，經過密集的中文訓練後，利瑪竇於一五八三年進入中國，並在廣東附近㊹興建落腳的居所。㊺

㊸ 譯註：應耶穌會遠東巡按使范禮安（Alessandro Valignano, SJ, 1539–1606）徵召。

㊹ 譯註：即肇慶。

㊺ Jonathan Spence, *The Memory Palace of Matteo Ricci* (New York: Viking Penguin, 1984; New York: Elisabeth Sifton/Penguin Books, 1985) and Jacques Gernet, *China and the Christian Impact: A Conflict of Cultures*, trans. Janet Lloyd (Cambridge: Cambridge University Press, 1985).
譯註：*The Memory Palace of Matteo Ricci* 中譯參見〔美〕史景遷著，陳恒、梅義征譯：《利瑪竇的記憶宮殿》，麥田人文一一四（臺北：麥田出版，二〇〇九）；或見〔美〕史景遷著，章可譯：《利瑪竇的記憶宮殿》，

此後利瑪竇的餘生都在中國度過：先在南方，接著在揚子江畔的南京，最後一站來到北京，那也是他一六一〇年殂逝之地。利瑪竇精通中國文化、語言、社會等方面的學養，西方無人能出其右。在中國定居不到一年他就發現：要讓中國人皈依基督信仰，就必須向中國菁英證明西方文化確有其優越之處。為了達成上述目標，一等到他的中文能力達到水準，他隨即製作了一份附帶注釋的世界地圖，以顯示西方在地理學和天文學上已臻至高度發展㊻；並撰寫一本談論友誼的小書，展現西方在人際倫理上的精闢見解㊼；以及一本討論記憶的手冊，以便讓中國人理解西方人在知識上

史景遷作品（桂林：廣西師範大學出版，二〇一五）。*China and the Christian Impact: A Conflict of Cultures* 中譯參見〔法〕謝和耐著，耿昇譯：《中國與基督教——中西文化的首次撞擊》，增補本（上海：上海古籍出版社，二〇〇三）；或見于碩、紅濤、東方譯：《中國文化與基督教的衝撞》，第一版，中國學漢譯名著叢書（瀋陽：遼寧人民出版社，一九八九）。

㊻ 譯註：即《坤輿萬國全圖》。現今流傳的刊印多為萬曆三十年（一六〇二）李之藻在北京印製的版本，一九三六年禹貢學會曾在北京影印出版，此版可見朱維錚主編，鄧志峰等編校：《利瑪竇中文著譯集》（上海：復旦大學出版社，二〇〇一），頁一六九～二二六。另參李兆良：《坤輿萬國全圖解密：明代測繪世界》，歷史大講堂（臺北：聯經出版事業，二〇一二）。

㊼ 譯註：即《交友論》。成書於萬曆二十三年（一五九五），萬曆二十七年（一五九九）初刻，崇禎二年（一六二九）收入李之藻（1571–1630）所輯《天學初函》。見〔明〕李之藻輯：《天學初函》，六冊（臺北：臺灣學生書局，一九六五），1:291–320。《交友論》的現代排版與詳盡箋釋，參見李奭學、林熙強主編：《晚明天主教翻譯文學箋注》，四卷，文學與宗教研究叢刊六（臺北：中央研究院中國文哲研究所，二〇

的彙整能力㊽；並在一位中國飽學之士的合力協助下，翻譯歐幾里德（Euclid, fl. c. 3rd century BCE）《幾何學》（*Geometry*）的前幾章㊾。他同時匠心獨運，設計了一系列繁複嚴密的宗教對話，試圖透過一位天主教神父和一位中國儒士之間的往返問答，彰顯西方宗教思想傳統的優越性，以及西方宗教在邏輯與信仰之間尋覓平衡的本質㊿。

一四），1:1–65。

㊽ 譯註：即《西國記法》。萬曆二十三年（一五九五）初著於南昌，原本已佚，今所存者乃高一志（Alfonso Vagnone, c. 1566–1640）與畢方濟（François Sambiasi, 1582–1649）共訂的版本，共六篇。見吳相湘編：《天主教東傳文獻》（臺北：臺灣學生書局，一九六五），頁一～七〇。

㊾ 譯註：即《幾何原本》。全書譯事或始於萬曆三十三年（一六〇五），由利瑪竇口授，徐光啟（1562–1633）筆譯，凡六卷，萬曆三十五年（一六〇七）年刻竣。見〔明〕李之藻輯：《天學初函》，六冊（臺北：臺灣學生書局，一九六五），4:1921–2522。

㊿ 譯註：即《天主實義》。初稿撰於利氏駐鐸南昌時期，約在萬曆二十二年（一五九四）至二十四年（一五九六）間，後於南京與北京補充，初刊則在萬曆三十一年（一六〇三）。《天學初函》所錄者則為萬曆三十五年（一六〇七）杭州燕貽堂第三版，凡八篇。見〔明〕李之藻輯：《天學初函》，六冊（臺北：臺灣學生書局，一九六五），1:351–636；《天主實義》的成書始末、其中各篇寫作的時間、地點與各篇問答依據的思想來源，另詳〔義〕利瑪竇著，〔法〕梅謙立（Thierry Meynard）注，譚杰校勘：《天主實義今注》（北京：商務印書館，二〇一四）。

利瑪竇早期對中國的觀點，只有透過寫給家人及教會高層的信件，才能窺得一二[51]。利瑪竇榮歸主懷之後，他的會中同工發現他留下兩份長篇手稿，一份剖析中國的文化與社會，一份綜論耶穌會在中國傳教的始末，以及在勸服中國人改宗基督信仰的傳教事業中，他自己扮演的角色。（臨終前他親手銷毀了第三份手稿，這份手稿是他信仰上的心靈日記）。兩份文稿後來由耶穌會教士整理，並迻譯為拉丁文，一六一六年於歐洲出版後，立刻為歐洲的中國研究和中國敘事樹立了新的基準[52]。

一如本書之前引述的文稿，利瑪竇筆下的中國，也讓西方人盛讚不已。相對於「宗教改革」後四分五裂的歐洲——法蘭西與荷蘭才因為宗教因素導致狼煙四起，而慘烈的征伐頻仍之際，腥風血雨的「三十年戰爭」（Thirty Years War）又接踵而至，在一六一八年爆發，此時中國卻呈現出

---

[51] 譯註：見羅漁譯：《利瑪竇書信集》，二冊，收錄於《利瑪竇全集》第三至四冊（臺北：輔仁大學出版社、光啟出版社，一九八六）。五十四封書信與附錄二十九件，譯自汾屠立（Pietro Tacchi Venturi, SJ, 1861–1956）神父所編《利瑪竇全集》（*Opere storiche del P. Matteo Ricci S.I.*）下卷《利瑪竇書信集》（*Le lettere dalla Cina di Matteo Ricci*, 1913）。

[52] 譯註：中譯參見〔義〕利瑪竇、〔比〕金尼閣著，何高濟、王遵仲、李申等譯，何兆武校：《利瑪竇中國傳教箚記》，中外關係史名著譯叢（北京：中華書局，一九八三）；或見劉俊餘、王玉川譯：《利瑪竇中國傳教史》，原稱《基督教遠征中國史》（*De christiana expeditione apud Sinas*, 1605），二冊，收錄於《利瑪竇全集》第一至二冊（臺北：輔仁大學出版社、光啟出版社，一九八六）。

一幅廣土眾民、四海一家又秩序井然的昇平景象，而這都是因為有一種道統使整個中國團結在一起，那就是儒家思想。談到孔子其人，利瑪竇筆下曾這麼寫道：「如果我們眼帶批判，謹小慎微仔細檢驗史籍記載的孔子言行，我們不得不承認，他可與異教的希臘羅馬哲學家分庭抗禮，甚至更比其中大多數人優越。」[53]利瑪竇認為雖然中國名義上是由深居於皇城的皇帝遠遠統治著，但日常政務卻是在專業的官僚體制下操作，這些官員身經各級科舉考試，而其間拔擢選任的標準，美德便為其一。社交生活則由複雜的禮儀法度所規範，也因此導引社會和睦協調的風氣。百工各司其職，男婚女嫁都由年輕人的家長妥為安排，纏足的習俗也使婦女堅守貞潔，安常守分待在家中。中國古文艱深晦澀，年輕人必須傾注多年光陰，才能精通學問，這也如轡勒般，抑制他們的心性，否則「少不更事」的他們很容易「放蕩不羈」。中國顯然不信任外國人，簡單來說可以解釋為對國家安全的顧慮，也因為初來乍到的外國人和商人可能擾亂中國人因襲的各種常規法度。即使是飲酒，中國人也取之有度，以致於宿醉一事幾乎聞所未聞。[54]

儘管正面肯定了中國人的道德觀及日常生活，但利瑪竇也沉痛指出中國人為何抗拒基督信仰的感染號召。他認為成因有下列幾點：第一，佛教在中國居於主導地位，而在利瑪竇嚴厲的描述

[53] Matteo Ricci, *China in the Sixteenth Century: The Journals of Matteo Ricci, 1583-1610*, ed. and trans. Louis Gallagher (New York: Random House, 1953), p. 30.

[54] Ibid., pp. 77, 29, 58, and 68.

裡，佛教僅是一群原始迷信的烏合之眾，由未受教育且道德淪喪的僧侶推動。第二，研究星象時，中國人不相信有科學依據的天文學，反而根深柢固地迷信占星術，並且以這種原始的星曆術數之學，主導中國人日常生活公私領域的各項裁決。第三點與前兩者多有重疊，而又蔓衍出更多問題的新根源，亦即中國人的祖先崇拜。利瑪竇花費多年思考這些祭祖儀式，以及改宗基督教與此儀式之間的關係。絕大多數中國人不可能為了擁抱基督信仰，摒棄他們對祖先的敬慎追遠；既然這是顯而易見的事實，利瑪竇於是重新定義了祖先崇拜。他做出一個結論：中國人祭祖的儀式是基於對亡者的悼念與禮敬，而非為了獲得恩惠與賜福的宗教性祈願。中國人祭孔儀式的本質亦是如此。故依據此見，中國人在皈依基督信仰之後，仍然可以繼續奉行祭祖儀式。（不過在歸信天主之前，更應該說服他們放棄納妾的陋習）。

為了選擇適切的中國文字對應基督教一神概念下的神（God），利瑪竇別具慧眼，採取折衷的立場。他認為中國文字中的「上帝」二字，意義上接近「萬物主宰」（Lord-of-all）或「最高統治者」（Highest Ruler），因此足以適用於這個新的傳教環境。他這麼選擇的另外一個原因，是因為當時「上帝」二字的用法，就基督信仰的理解而言，並未含有宗教意蘊。利瑪竇還主張，其實單一真神的概念早就潛藏於遠古中國的幽微深處，然而由於十二世紀的新儒家學者（neo-Confucians）深受佛教影響，重新修正了中國人文化上的習識，這種對於神的認知才逐漸從中國人的群體意識中褪色。為了在上述詮釋間取得平衡，利瑪竇建議使用一個新造的名詞——天主，即「上天之主」（Heaven's Lord），藉以避免傳教士和中國信眾使用「上帝」一詞時，因為「適應彼此的文化差異」（cultural overlays）時而造成意義上的混淆。[55]

在洋洋灑灑的手稿中，利瑪竇鮮少批評中國人。但他倒是提及了一點：中國的科學[56]曾是中國文化中優越的一部分，然而中國人卻沒有充分發展科學上的潛力，以致於在這方面遠遠落後西方人；利瑪竇的這項論據後來演變成決定性的觀點。在利瑪竇筆下，中國人「缺乏邏輯法則的概念」，因此「在他們眼中，倫理學只是一系列紊亂的箴言和演繹推論」。同樣的，雖然「他們一度精通於算術與幾何，然而在鑽研和傳授這些學問的支流時，他們戮力治學的方法卻顯得徬徨失措」。[57]利瑪竇言下之意顯矣：如果能有一套更為嚴密的邏輯系統，輔以西方擅長的數學與科學，中國一定可以更上層樓。利瑪竇手稿中唯一嚴厲指控中國人的敘述，也曾經出現在培雷拉和克魯茲的書中，品篤更是竭盡所能的嘲弄：中國男人有太多同性間的龍陽之癖。利瑪竇曾在北京街上親眼目睹打扮得花枝招展的男妓，即為佐證。利瑪竇還估計北京約有四萬名妓女——波羅《行紀》則猜測人數約在兩萬之譜。與克魯茲一樣，利瑪竇也寬厚看待賣淫和嫖妓的癖好：「這些人應該得到憐憫而非責難。他們在無知的泥淖中陷得愈深，我們愈是要虔誠為他們禱告，祈禱他們能得到救

---

[55] Paul Rule, *K'ung-tzu or Confucius? The Jesuit Interpretation of Confucianism*, East Asia Series (Sydney and Boston: Allen & Unwin, 1986).

[56] 譯註：即格物致知之學。

[57] Ricci, p. 30.

贖。」[58]

西方教會對中國文明的正面看法，並未隨一六四四年明朝覆滅而終止，許多才華洋溢的耶穌會士在十七世紀末期的清朝，陸續東邁中土並在那裡安身立命，也使這樣的看法得以延續。清廷欽點這些耶穌會士在執掌天象曆法的欽天監裡任職[59]，身居高位，又重用他們為朝廷心腹，並欣然採納他們的新觀念——涵蓋醫藥（包括奎寧）、戰備（鑄造大砲）、天文學（哥白尼的日心說），以及繪畫（包括透視法和明暗對比法）各個層面。時至一六九二年，耶穌會甚至獲准在中國各地傳教，並得以在京城及省城建立教堂。但如果明朝既國勢強盛又品德高潔，怎麼會輕易被一支勢力相對薄弱、未受教化的北境游牧民族征服呢？——只要一想到明朝竟然喪亡於滿清之手，歐洲人心中的疑惑就揮之不去。耶穌會在中國菁英間的宣教也招致歐洲人懷疑——這些教士過著優渥的生活，勤學中文，還採用近乎異教徒的字眼，在翻譯上對應稱呼單一真神，並繼續堅持祭祖和祀孔這些儀式並非宗教行為（然而多數證據呈現相反的事實）。[60]

---

[58] Spence, *Memory Palace*, pp. 219–221; Polo, ed. Moule and Pelliot, I:236; Polo, ed. Latham, p. 129.

[59] 譯註：如湯若望（Johann Adam Schall von Bell, SJ, 1591–1666）擔任欽天監監正，南懷仁（Ferdinand Verbiest, 1623–1688）擔任欽天監監副。

[60] George H[arold] Dunne, SJ, *Generation of Giants: The Story of the Jesuits in China in the Last Decade of the Ming Dynasty* (London: Burns & Oates; Notre Dame: University of Notre Dame Press, 1962); Jonathan D. Spence, *Emperor of China, Self-Portrait of K'ang-hsi* (New York: Knopf, 1974).

對於耶穌會士最強硬的抨擊，則來自性格剛烈的西班牙道明會士閔明我（Domingo Fernández Navarrete, 1610–1689）。閔明我生於一六一八年，在墨西哥和菲律賓宣教多年後，於一六五九年抵達中國。一六五九至一六六四年間，閔明我駐鐸中國，一面從事教務，一面學習中文，這樣的生活直到一次清廷圍捕（roundup）外國傳教士的行動[61]才告中斷。當時他與其他天主教修會的傳教士全都遭到逮捕並鞫訊，而終其餘生，他始終深信這些磨難都是因為耶穌會教士擅於運智鋪謀、干預政治而起。自一六六六至一六六九年，閔明我和其他傳教士長期被拘禁在廣東，獲釋之後，他啟程返回歐洲，經歷噩夢般的暴風雨和險峻航程後，終於履險如夷，在一六七二年返抵家門。然而這段慘痛經歷並未削減他對中國的熱愛；根據閔明我的自述，他在里斯本上岸時，身上穿的正是中國服

譯註：*Generation of Giants: The Story of the Jesuits in China in the Last Decade of the Ming Dynasty* 中譯參見〔美〕喬治．鄧恩著，余三樂、石蓉譯：《巨人的一代》，上冊：利瑪竇和他的同會兄弟們，下冊：湯若望的成就以及禮儀之爭面面觀（臺北：光啟文化，二〇〇八）。*Emperor of China, Self-Portrait of K'ang-hsi* 中譯參見〔美〕史景遷著，溫洽溢譯：《康熙：重構一位中國皇帝的內心世界》，歷史與現場二一四（臺北：時報文化，二〇一五）；或見〔美〕史景遷著，吳根友譯：《中國皇帝：康熙自畫像》，遠東海外中國學研究．史景遷系列（上海：上海遠東出版社，二〇〇一）。

[61] 譯註：康熙曆獄，又稱湯若望案。欽天監官員楊光先控告湯若望等傳教士有三大罪狀：潛謀造反、邪說惑眾及曆法荒謬。

裝。[62]

閔明我先在羅馬密集遊說了一段時間，嚴詞反對耶穌會教士在中國採取菁英主義（elitist）及適應策略（accommodationist）的傳教模式。隨後他前往馬德里定居，並於一六七四至一六七七年之間著成兩部鉅著——《論文集》（*Tratados*）[63]與《爭議集》（*Controversias*）[64]——兩本書合計近百萬字，歐洲也藉此得知他對中國的看法。在耶穌會極力要求下，宗教法庭下令嚴審《論文集》。性格剛烈的閔明我得知這項消息後，隨即帶著一份著作親赴宗教法庭辦公室，建議他們連人帶書在廣場上一併焚毀。閔明我還指控耶穌會在印書坊阻撓他檢閱《爭議論》的校樣。但其實他從未收到審查過

---

[62] Friar Domingo Navarrete, *The Travels and Controversies of Friar Domingo Navarrete, 1618–1686*, ed. and trans. J. S. Cummins, 2 vols., Hakluyt Society, second series, no. 118–119 (Cambridge: Published for the Hakluyt Society at the University Press, 1962), I:xx–xxvi and II:365，論及登陸的情形。譯註：中譯參見〔西〕閔明我著，何高濟、吳翊楣譯：《上帝許給的土地：閔明我行記和禮儀之爭》，西方早期漢學經典譯叢（鄭州：大象出版社，二〇〇九）。

[63] 譯註：原書題作《中國歷史、政治、倫理與宗教概論》，見 Domingo Fernández Navarrete, *Tratados históricos, políticos, éthicos y religiosos de la Monarchia de China* (Madrid: En la Imprenta Real, por Iuan Garcia Insançon. A costa de Florian Anisson, Mercader Libros, 1676)

[64] 譯註：即前書續集，原書題作《中日傳教的新舊爭議》（*Controversias antiguas y modernas de la Misión de la Gran China y Japón*, 1679）

後獲准出版的稿本，而《爭議集》最後付梓時，書中許多慷慨陳義的段落悉數遭到刪除。[65]

閔明我書中最嚴厲的批判都指向耶穌會士，他堅決表示：在自己遭遇層出不窮的困境時，耶穌會士對他不聞不問，毫無慈悲與關懷。反之，滿洲軍士——閔明我用當時代的說法，以「韃子」（Tartars）稱之——相較之下卻「非常客氣」，處處表現得「謙恭有禮、心平氣和、中規中矩」，一如他遇到的中國人。他們的品行不僅讓耶穌會士相形見絀，連閔明我的西班牙鄉親也無法與之相提並論。閔明我重複聖奧斯定（St. Augustine of Hippo, 354–430）的話寫道：「異教徒（Pagans and Gentiles）反倒成了基督信徒的導師。」[66]閔明我深知自己所持的觀點帶有比較意味，因此在《論文集》首章便開宗明義闡釋了他的思想：

> 我們首先必須討論中國人、統治他們的韃子、日本人以及附近其他國家的人，到底該不該被稱為野蠻人。聖多默（St. Thomas）[67]說，那些「聽不懂人們的談話」，而且「身強

---

[65] Ibid., I:lxxxiv–cx.

[66] Ibid., I:136, 138, and 145.

[67] 譯註：天主教史上以多默為名的聖徒有數位，然此處閔明我所指乃他的道明會前輩聖多瑪斯·阿奎那（Saint Thomas Aquinas, OP, 1225–1274）。閔明我所謂野蠻人「身強體壯卻缺乏理智」之說，出自阿奎那《宗徒保祿書信闡述》（*Expositio et Lectura super Epistolas Pauli Apostoli*）中對《新約·格林多前書》第十四章第五至十二節論語言之恩的疏證：“Sed secundum quod verius dicitur, barbari proprie dicuntur illi, qui in virtute corporis vigent,

體壯卻缺乏理智，不受理性和法律控制的人」，大概可以稱之為野蠻人。因此，菲律賓島山區間的尼格利陀矮黑人（Negritos）、墨西哥的曲丘米哥人（Chichumecos），或是尼可巴島（Islands Nicobar）、馬達加斯加（Madagascar）、普里坎鐸（Pulicondor）等地方，以及德萊恩海峽（Strait of Dryan）附近的人，就算用最嚴格的標準來看，這些人都可以視之為野蠻人。但是中國人、韃子、日本人及其他亞洲人，卻絕對不是野蠻人，因為他們在良好的政體下安居樂業，謹守秩序，而用來治理他們的法律，也全然符合理性的規範。

閔明我寫道，即使最文明的民族也有古怪之處：日本人用劍剖腹自刎，中國人薙髮，並且嘲笑不這麼做的人；西班牙人則癖好用血肉之軀「和凶猛又狂暴的公牛迎面搏鬥」。性行為也不例外：「有些歐洲人認為通姦無罪，某些人則認為雞姦不是罪惡，中國人、日本人及其他某些民族的看法也是如此。」[68]

---

in virtute rationis deficiunt et sunt quasi extra leges et sine regimine iuris." 除《全集》（*Opera Omnia*）外，拉英對照的全譯本可參 *Saint Thomas Aquinas, Commentary on the First Epistle to the Corinthians*, trans. Fabian Larcher, OP, and Daniel Keating, at http://dhspriory.org/thomas/SS1Cor.htm#142, accessed March 18, 2018，段號832。阿奎那對「野蠻人」一詞的定義，另參他對亞里士多德《政治學》的疏證，在 Thomas Aquinas, *Commentary on Aristotle's Politics*, trans. Richard J. Regan (Indianapolis: Hackett, 2007), pp. 11–12。

[68] Ibid., I:147–148.

閔明我讚美中國為「宇宙間至為壯麗的國境，也是宇宙的中心，在這最輝煌燦爛的帝國裡，所有的自然條件都得天獨厚，陽光永遠照耀這片大地」。[69]幾乎中國的一切，都得到閔明我的認同和讚許：中國的工匠心靈手巧，在「每一件器物上都有巧思」；中國學童「全年無休」，一年只有八個「遊憩日」；即便是中國人的「小便」都能恩澤萬物，有益於中國穀物的生長，反觀歐洲人的尿液，「只會灼傷植物，貽害大地」。[70]閔明我很欣賞中國男人從不「輕蔑喝斥」女人，不像歐洲那些粗俗的鄉下人只會「嘲弄」女人，說些「侮慢又無恥的下流話」；還有，經過芝蔴油薄煎的豆腐別有一番滋味，深得閔明我的歡心。他也喜歡「公正嚴明的政府，以及安靜、舒適、整潔的監獄」。另外，閔明我也喜歡便利的筷子；廳堂的簡潔擺設也是如此，他認為可省去用肥皂和鹼液清洗臺布和餐巾之類的麻煩事；夏季飲料裡的清爽冰塊也能取悅他。而纏足對於閔明我而言，是一種值得讚美的習俗：「纏足的習俗有助於把婦女留在家裡。如果不僅止於中國，而是世界各地都有此一習俗，那麼男性及女性全都將受惠良多。」[71]

閔明我似乎偶爾會困在他自設的戲謔之中，字裡行間儼然繼承品篤的調調，而非培雷拉和克魯茲之風。例如，他曾遇見一位高齡七十的中國高官——「其活力如同三十郎當的小夥子。」——

---

[69] Ibid., I:137.

[70] Ibid., I:151 and 160.

[71] Ibid., II:173, 196, 200, 216, 217 and I:162.

「每天早餐能吃三十顆雞蛋，一隻狗腿，兩斤燒酒。」[72]有幾次他目睹到簡直令他無法承受的恐怖景象，即使回憶當時的慘況，閔明我的心頭仍然為之一震；他見過一個男人外露的陰囊遭到一頓痛打，在垂死中焉焉一息；還有因為身體殘缺而被遺棄的女嬰，親生父母竟冷眼旁觀女嬰被活活餓死和悶死；「她的背脊緊貼在潮溼又滿是污泥的堅硬石頭上，一雙細瘦的小腳和手臂直直向上伸」，雖然「她的哭聲刺傷了我的心，卻不足以讓那些豺狼般的惡人從碗裡掏出一口飯來」。[73]這些零星的負面評價並沒有改變閔明我對中國的整體評價，在他看來：「中國人對基督教世界一無所知，這完全是神的眷佑，否則他們每一個人都要往我們臉上啐口水了。」[74]

波羅和培雷拉都曾以自己的觀點探討過中國的經濟，而當閔明我總論中國時，再次提出這個主題，只不過他轉向新鮮又稀奇的路線；因為閔明我真正感興趣的是珍奇異寶的大宗交易，而非高價商品的小量買賣：

> 說到從事手工藝的人，真是一言難盡。你能想像到的任何一種工匠，在中國應有盡有，人數之多簡直不可勝數。他們會把製作好的珍品陳列在店裡販售，其工藝精巧的程度

[72] Ibid., II:193.

[73] Ibid., II:194 and 180.

[74] Ibid., II:176.

讓所有歐洲人瞠目結舌。如果把四艘雙層大帆船駛往南京、蘇州或杭州之類的城市，船上將會載滿盈千累萬的珍品和賞玩的器物，每一件都讓世人愛不釋手；只要以合理的行情賣出，獲利將龐然可觀。如果要裝潢富麗堂皇的王侯府邸，前面說到的幾座城市裡都有現成的裝飾品可買，只需耗費付錢的力氣就可辦妥。而其賣價之低廉，根本不是我們這兒能夠比擬的。[75]

閔明我也看出中國人擅於仿製，這方面的技巧不僅嫻熟也很機靈狡詐，因此擔憂中國人若是運用這種能力，恐怕會在西方的出口貿易上分走一杯羹。「中國人十分擅於模仿，」他寫道，「任何來自歐洲的商品，只要他們見過一眼，就可以仿製得唯妙唯肖。他們在廣東省就仿造了好幾樣商品，這些贋品打造得神似真品，所以直接套用歐洲進口的名義銷往內地。」[76]字裡行間看似旨在經貿，實際上教會出身的閔明我卻提出了一些省思，亦即分辨真實與偽造，鑑別真正的創造力與低劣的仿造，而這也正是宗教信仰的本質。以這些問題加諸中國，等於將當時中國和歐洲原本平等互惠的關係，導向另外一個局面。

[75] Ibid., I:154.

[76] Ibid., I:154.

第 III 章

寫實之旅

這些大大小小的外交使團
與教廷特使，
雖然來自西方幾個自視甚高的主權獨立國家，
但朝覲皇帝時
仍必須謹守中式的繁文縟節，
以示崇敬。

克魯茲和閔明我兩位道明會士的中國記述，相繼於百年之間出版問世。儘管兩人關注的事物多有不同，然而這個時期的著作對於中國的描述，其詳盡的程度可謂已有長足的進展。其中最重要的資訊來源當屬利瑪竇對於中國的長篇論析，以及耶穌會士從中國寄出，呈報給會內高層的大量書簡及年度報告①。耶穌會迅速刊行這類資料的用意，一方面在於增益修會的聲譽，二方面在於確保這些出版品能因其時效獲得廣泛支持。當時還有一些在教會贊助下刊行的中國史，如一五八七年曼都薩（Juan González de Mendoza, 1540–1617）的《中華大帝國史》即為首例②。品篤的書廣為流傳，雖然讀者不確定品篤的描述究竟可不可靠——但讀者的認知顯然是正確的。馬可・波羅的書仍然大受歡迎，然而當時他的可信度也或多或少遭人質疑。閔明我在《論文集》揭露了一段內幕：一六六五年時他曾經出席一場晚宴，席間談論中國時，有人提出這個問題：「關於中國，究竟是誰提供最多錯誤的訊息？是威尼斯人馬可・波羅？還是衛匡國神父（Martino Martini, SJ, 1614–

① 譯註：中譯參見〔法〕杜赫德（Jean-Baptiste Du Halde, 1674–1743）編，鄭德弟、呂一民、沈堅等譯：《耶穌會士中國書簡集：中國回憶錄》（*Lettres édifiantes et curieuses, écrites des missions étrangères: Mémoires de la Chine*），六冊，西方早期漢學經典譯叢（鄭州：大象出版社，二〇〇一～二〇〇五）。

② 譯註：案：中譯參見〔西〕門多薩著，何高濟譯：《中華大帝國史》（*The History of the Great and Mighty Kingdom of China and the Situation Thereof*），中外關係史名著譯叢（北京：中華書局，一九九八）；或見〔西〕胡安・岡薩雷斯・德・門多薩編撰，孫家堃譯：《中華大帝國史》（*Historia de las cosas más notables, ritos y costumbres del gran reyno de la China*）（北京：中央編譯出版社，二〇〇九；南京：譯林出版社，二〇一一）。

1661）？」衛匡國是曾在中國傳教的耶穌會士，當時他的著作剛剛印行，內容便屢見錯誤；說來奇甚，衛匡國著作中的這些錯誤，有些段落直接擷取自馬可・波羅的描述，而非他個人的親身經歷③。晚宴中眾人的結論是：「這兩個人書中記載的內容，多處僅是虛妄的拼湊和想像。」④

就在那次閒談之後的幾年內，關於中國的資訊一一從新的來源浮現。一六四四年明朝覆滅之後，直到此時清廷才允許西方使節前往北京朝覲，因此開始出現關於中國的官方使節記述。適逢其會，閔明我在《論文集》中提及的通商可能，值此良機看似大有可為，所以不到十年工夫，便出現了四個使團：包括兩個來自荷蘭的使團，分別於一六六八及一六八七年抵達；其餘的使團則來自葡萄牙，分別於一六七〇及一六七八年抵達中國。隨後俄國也派遣了兩個使團。教廷亦在十八世紀初期，針對中國人敬拜祖先與祭孔的禮儀問題，兩次派遣特使到中國，試圖澄清這項自利瑪竇以

---

③ 譯註：拉丁文原版見 Martino Martini, *De bello Tartarico historia: In quâ, quo pacto Tartari hac nostrâ ætate Sinicum Imperium invaserint, ac ferè totum occuparint, narratur; eorumque mores breviter describuntur* (Antuerpiae: Ex officina Plantiniana Balthasaris Moreti, 1654)，該版的現代打字本可見於《衛匡國全集》，Martino Martini, *Opera omnia*, edizione diretta da Franco Demarchi, 5 vols. (Trento: Università degli studi di Trento, 1998–2002), vol. 5: *De bello tartarico historia e altri scritti, a cura di Federico Masini, Luisa M. Paternicò, e Davor Antonucci*。中譯參見〔義〕衛匡國著，何高濟譯：《韃靼戰紀》（*Bellum Tartaricum*），中外關係史名著譯叢（北京：中華書局，二〇〇八）。

④ Navarrete, *The Travels and Controversies of Friar Damingo Navarrete*, ed. Cummins, II:218.

來仍然未有確論的神學爭議。⑤

這些大大小小的外交使團與教廷特使，雖然來自西方幾個自視甚高的主權獨立國家，但朝覲皇帝時仍必須謹守中式的繁文縟節，以示崇敬——其中包括九次伏地叩頭，以及使用刻意自貶的言語——中國人認為這是中國朝貢體系裡，與外國建立關係的必要環節。當時西方主權獨立國家之間，剛就國與國間的往來模式建立一統的外交規範，然而為了達成短期目標，諸國竟然無視這些規範，刻意忽略，而此舉也在不知不覺間滿足了清廷自以為是的優越感。⑥

儘管結果未能盡如人意，整體而言，這些使團還是帶給西方大量全新的中國資訊，以致於議題的討論路線改弦易轍，經歷重大的轉變：原先局限於以傳教為出發點，如今則轉換為寫實新聞報導的新領域，有些報導甚至到了直言不諱的地步。

---

⑤ 譯註：教宗克雷孟十一世（Clemens XI, 1649–1721）任內，先遣特使鐸羅（Charles-Thomas Maillard de Tournon, 1668–1710）率使團就禮儀問題來華，於康熙四十四年（一七〇五）抵北京覲見。康熙五十八年（1719），嘉樂（Carlo Ambrogio Mezzabarba, 1685–1741）領亞歷山大宗主教（Titular Patriarch of Alexandria）銜克雷孟十一世再命嘉樂率使團就禮儀問題，率使團來華，次年抵達北京。參見陳方中、江國雄著：《中梵外交關係史》（臺北：臺灣商務印書館，二〇〇三），頁六六～七三及頁七七～八五；或見羅光：《教廷與中國使節史》，羅光全書二七（臺北：臺灣學生書局，一九九六）。

⑥ John E. Wills, Jr., *Embassies and Illusions: Dutch and Portuguese Envoys to K'ang-hsi, 1666–1687* (Cambridge, MA: Council on East Asian Studies, Harvard University, 1984), chap. 6.

第一份完整紀錄外國使團出訪北京的西方撰述，出自荷蘭人歐弗特・達波（Olfert Dapper, 1636–1689）之手，其中內容乃一六六七年范侯恩（Pieter Janse van Hoorn, 1619–?）⑦出訪清廷的經歷。達波的記述詳細載明了朝覲儀式，以及一些對少年康熙皇帝的近距離觀察⑧⑨。然而一直要到耶穌會士法蘭西斯柯・皮曼特（Francisco Pimentel, 1629–1675）的中國報告，才稱得上是第一部以寫實手法介紹中國的專書，因為他曾親自以隨員身分加入一六七〇年的葡萄牙訪華使團⑩。皮曼特報告的開場白仍未脫耶穌會前輩的窠臼，盛讚中國皇帝擁有「廣袤無垠的國土，壯麗的城市碧瓦朱

---

⑦ 譯註：荷使范侯恩與荷商船隊於一六六六年初夏啟航，為荷蘭使節第三次出訪中國，試圖在明清鼎革之際開啟中荷通商的可能。一六六七年抵達中國，遊歷南平、杭州、蘇州等三十餘座中國城市，並覲見當時年僅十三歲的康熙。范侯恩的外交任務並未成功，一六六八年船隊離開中國，返回荷蘭。

⑧ 譯註：即《荷使第二次及第三次出訪大清帝國記》，見 Olfert Dapper, *Gedenkwaerdig bedryf der Nederlandsche Oost-Indische Maetschappye, op de kuste en in het keizerrijk van Taising of Sina* (Amsterdam: by Jacob van Meurs, op de Keisers-gracht, in de Stadt Meurs, 1670)；達波的旅遊著述頗豐，然而他本人其實從未離開故土荷蘭。至於荷蘭使節第一次出訪中國則在一六五五年，歷時兩年。

⑨ Ibid., pp. 78–80.

⑩ 譯註：原書約在一六七二年出版，現代編排見 José Maria Braga e Charles Ralph Boxer, compil. e annot., *Breve relação da jornada que fez a Corte de Pekim o senhor Manoel de Saldanha, embaixador extraordinario del Rey de Portugal ao Emperador da China e Tartaria (1667–1670) escrita pelo Padre Francisco Pimentel e documentos contemporâneos* (Macau: Imprensa Nacional, 1942)。

甍，貿易繁榮興旺，不可勝數的歲收。而且，朝堂之上群臣紛紜，還有皇宮裡的雕闌玉砌、瓊樓玉宇」，凡此種種必使歐洲皇帝「自嘆弗如」。⑪但當他開始討論那些碌碌的俗務——比方，行跪拜叩首的朝禮時，務必要小心不讓帽子掉下來，這真是難上加難——他用這引人發噱的詼諧語調，登時戳破中西雙方道貌岸然的假象。⑫而在談到清廷國宴時——這可是中國外交禮儀上至為關鍵且莊嚴的一刻——他筆下的文字變得更加恣意率性：

> 頭兩次晚宴，他們都在我面前擺著羊頭，那兩隻犄角巨大的程度簡直把我給嚇壞了。我不明白那兩隻大角是怎麼發現我的？或是經由什麼特徵認出我來，因為即便坐在不同的位置，它們還是可以分毫不差地連續兩天把犄角的尖端直直對準我。那顆羊頭沒怎麼經過清理，所以我從上面的毫毛一看就知道那是隻黑羊。希望讀者不要驚訝，我居然用這麼簡單明瞭又不加修飾的文字，談論這麼卑微的事情。因為我自覺有必要抵制某些人的狂熱與迷思，那些人過分膨脹了中國的文明好禮，認為歐洲也應該選擇這一套禮節，並對其頂禮膜拜。……我承認中國人溫文有禮，中國文明富麗輝煌，但其中有些現象實在太卑劣，令

---

⑪ Ibid., p. 203.

⑫ Ibid., p. 203.

人難以忍受。⑬

皮曼特也將矛頭指向被過分吹捧的北京城。早在馬可·波羅時期仍名為汗八里的北京城，就開始不斷因襲歷代美言——城市布局的規劃精細，街衢布置井然，千里都畿，百業興隆。然而，皮曼特另有高見：

> 夏天氣溫狂飆，但更折騰人的是飛塵。這裡的塵土遮天蔽日，風沙又細，只要一上街，我們的頭髮和鬍子就變得和磨坊主人一樣，像是全蓋上一層麵粉似的。這裡的水質很差，每到夜晚，衣服裡還會鑽進一大堆蟲子，我們之中很多人都被蚊蟲叮咬。到處都是繞著人打轉的蒼蠅，蚊子就更惹人厭了。樣樣東西都貴。街道未經鋪砌，據說過去原本是有石板街道，後來韃子下令剷除路面上的石板，以利馬匹行走，這是因為中國人根本不知道馬蹄鐵為何物。所以北京城到處都是飛塵，而且一下雨，就變成讓人叫苦連天的泥濘。

皮曼特也提醒讀者，只要一想到北京，就千萬要注意到自己的文化脈絡裡其實存在許多關於這座城市的錯誤比較：

---

⑬ Ibid., pp. 208–209.

讀者一聽說這座皇城的規制宏偉，很可能會聯想到里斯本、羅馬或巴黎這樣的大城市，但千萬別被誤導了。我必須提出警告，一旦進入此京城，你會以為踏進葡萄牙某處的窮鄉僻壤。由於規定房舍的高度不准超過宮牆，所有屋宇都蓋得很低，品質更是差勁，牆壁幾乎都由泥巴或枝條糊上灰泥築成，極少用上磚頭，窗外也沒有任何景觀。整個中國都是如此。⑭

這些文字也許說明皮曼特所屬的葡萄牙使團，與荷蘭使團不過是半斤八兩的難兄難弟，因為誰也沒有取得貿易保護或關稅優惠，更沒有獲得他們籲請多年的北京居留權。然而十八世紀初期，在彼得大帝（Peter the Great, 1672–1725）治下，一支由里昂・瓦西里維區・伊茲麥洛夫（Leon Vasilievitch Izmailov, 1687–1738）領軍的俄國使團，運氣就好多了；一七二〇年伊茲麥洛夫向清廷提出的請求裡，其中兩項得到當時年事已高的康熙皇帝恩准，即同意使團在北京設立俄羅斯正教會（Russian Orthodox）教堂，並且增加獲准進入中國的貿易車隊數量。其實康熙也沒有完全駁回俄國使團的第三項要求——請求清廷准許俄國領事長駐北京；只不過他自己的官僚組織橫加阻撓，這項提議也因此無疾而終。⑮

---

⑭ Ibid., pp. 212–213.

⑮ John Bell, *A Journey from St. Petersburg to Pekin, 1719–1722*, ed. J[ohn] L[ynn] Stevenson (Edinburgh: Edinburgh University

多虧了使團裡的某位成員——蘇格蘭青年醫師約翰・貝爾（John Bell, 1691–1780），伊茲麥洛夫的使節團在擴展西方世界對於中國的理解上，才能佔穩不可或缺的一席之地。貝爾精力充沛，又有冒險犯難的勇敢情操，一七一四年取得愛丁堡大學（University of Edinburgh）醫學學位後便前往俄國，期望在沙皇彼得的宮廷裡一展鴻圖；他旋即受派加入一個俄國使團，展開前往波斯的漫長出使行程。回國之後，他得知伊茲麥洛夫即將啟程前往北京，於是再度申請擔任隨團醫師，也得到了錄用。⑯貝爾的中國遊記顯示出一項關鍵的轉變⑰，因為根據以往關於中國的描述慣例，無論是直截了當或委婉含蓄，其實都是由天主教的著眼點出發。至於中國人宗教信仰的核心義理為何，或者中國政府各部門在體制上的勢力運作等等，如今對西方人來說已經魅力不再。取而代之的是一種更貼近日常生活、更追根究柢，且具人道精神甚至是質疑宗教信條的懷疑論觀點，完全合乎當時追求理性的時代潮流。

Press, 1965), pp. 12–20.

⑯ Ibid., pp. 1–6.

⑰ 譯註：貝爾的遊記見John Bell, *Travels from St. Petersburg in Russia to Various Parts of Asia*, 2 vols. (Glasgow: printed for the author by Robert and Andrew Foulis, 1763)，其中上卷後半載一七一九至一七二一年中國遊記，下卷前半部續之，載一七二一至一七二二年中國遊記；貝爾中國遊記的單行本，見John Bell, *A Journey from St. Petersburg to Pekin, 1719–1722*, edited with an Introduction by J[ohn] L[ynn] Stevenson (New York: Barnes & Noble, 1966)。

前文引述皮曼特神父出席國宴的描敘，儘管兼具苛刻評論及詼諧風趣，但他並未嘗試更深一層理解經驗。反觀約翰・貝爾，在遭遇同樣的情境時，他筆下不僅止於談論那些令人反感的事情，反而更進一步解釋。貝爾寫道：

> 我不得不留意到此地人宰殺羊隻的非常手段。他們會用刀子在羊的兩根肋骨之間劃開狹長的切口，然後把手伸進切口中，再擠壓羊的心臟直到牠斷氣；這麼一來，所有血液都可留在牲畜的體內。羊才剛剛斷氣，饑餓的人們還等不及羊肉烹調完畢，就直接將胸肉、臀肉連同所有毛皮一起割下，放到炭火上炙烤；接著將燒焦的羊毛刮除乾淨，即可大啖一番。根據個人經驗，我發現只要按照這個方式料理，即使不添加任何調味，也沒有一絲怪味。⑱

由於和俄國使團同行由聖彼得堡前往北京，貝爾走的是陸路，不同於一般西方人習於取道海路，自福州或廣東進入中國；因此他對目的地的第一印象是「那座著名的城牆，在群山頂上蜿蜒，直向東北綿延。團裡有人高喊『陸地』，如同我們一直在海上漂泊般。……層巒疊嶂之間，城牆從這座危嶺延伸至那座高岡，逶迤曲折的塞垣間穿插方形的關隘，即使從這個距離看來，還是懾人

⑱ Ibid., p. 115.

的曠世奇景。」在親眼目睹中國之後，他對這片大地的好感更加深了一層：「舉目所及的一切，對我們來說就像走進另一個世界，」貝爾寫道：

走著走著，我們的路線緊挨著一條小溪的南岸行進，溪中充滿巨石，全是雨天時從岩壁上剝落下來的。山崖上散布點點茅屋，零星的耕地坐落其中，彷彿中國瓷器或其他手工藝品，洋溢著浪漫情懷的山水畫。大部分歐洲人會把這幅景色視為幻想，但其實一切都是不折不扣的天然風光。⑲

當時的風尚盛行縝密的細部觀察，因此對貝爾來說，沒有太過瑣碎而不值得一顧的事物。無論是日常生活的細節，或是他們得以讓工作得心應手，以及解決疑難雜症的機敏才智，都讓貝爾興趣盎然：

我在村子裡落腳的地方恰巧是一位廚師的房舍，這讓我有機會觀察這些人別具心裁的巧思，即使是微不足道的小事也不例外。房東在他店裡的時候，我剛好去拜訪他；我見到六只壺器在火爐上一字排開，每一件壺都個別放在單獨的爐口上，藉以吸收小柴枝和乾

⑲ Ibid., pp. 116–117.

草燃燒出來的火力。他只要一拉爐子的皮帶，一對鼓風爐就會開始膨脹，所有的壺器便在頃刻間沸騰。這些壺器是由鑄鐵製成的薄胎鐵壺，壺身內外均極為平滑。在千家萬戶的大城市附近，燃料有限，促使人們想出最經濟的方法調理，足以在長達兩個月的嚴冬增添溫暖，抵禦寒氣。⑳

就緊湊的細部描寫而言，這位廚子得到的篇幅和皇帝不相上下：

皇帝盤腿端坐在龍椅上。他穿著一件寬鬆的羔皮滾邊貂皮短袍，貂毛外翻㉑。裡面則穿著明黃色絲綢長袍，上面繡著五爪金龍圖騰㉒；只有皇室宗親能佩飾龍紋圖案，沒有其他人可以使用。皇帝頭戴圓帽，帽子的面料是黑狐皮，帽頂上飾有一顆飽滿華麗的梨形珍珠，珍珠下方垂墜紅絲纓絡，這就是這位偉大君主身上僅有的飾品了。御製寶座的構造簡約，純粹以木頭製成，但是精雕細琢。座落於地面的五階之上，穩如泰山，寶座臨視著使

⑳ Ibid., pp. 125–126.

㉑ 譯註：此處或指農曆十一月朔日至次年上元之間，清帝冬季穿著的翻毛外褂「端罩」。圓領，對襟，平袖，毛皮外翻，長至膝下。

㉒ 譯註：龍袍屬「吉服」，在吉日或祭祀穿著，冬季時又常於袍外加穿翻毛貂褂。

團，僅於左右兩側各以一巨幅黑色亮漆屏風為屏障。㉓

伊茲麥洛夫費盡心思籌謀，希望使團不必向康熙行三跪九叩之禮，但由於清廷負責禮儀的官員毫不妥協，他還是被迫讓步。貝爾記述這件事時，既無怨懟，也不渲染：

> 禮儀官陪同大使回來，接著命令全體團員下跪行禮，向皇帝深深叩頭九次。每叩頭三次就要站起來，然後再跪下。我們雖然費盡心思去免除這道禮敬儀式，卻徒勞無功。禮儀官站在一旁，以韃子的語言發號施令，分別是磨固（morgu）和波士（boss）。第一個詞的意思是伏身跪拜，第二個詞則表示起立，這兩個詞讓我久久難以忘懷。㉔

這次備受貶低的經驗並未使貝爾對康熙皇帝的崇敬稍減，他寫道：「不論在什麼樣的場合裡，我都很難不注意這位老皇帝生得慈眉善目以及和藹可親。雖然他年近古稀，在位也已六十年，卻仍然有健全的判斷力，而且耳聰目明；在我看來，他精神矍鑠，猶在諸多皇子之上。」㉕貝爾並沒有因

㉓ Ibid., p. 135.

㉔ Ibid., p. 134.

㉕ Ibid., p. 155.

為經歷叩頭的禮儀而羞憒難安，而且他的文筆與這份能耐相稱；字裡行間流露出奇特的嶄新內容，不僅展現了私人的深入觀察，更表露出他的自信。因為「慈眉善目、和藹可親」這八個字，絕非貝爾之前的朝覲者慣常用來形容中國皇帝的字眼，但是從貝爾嘴中道出，卻是那麼合乎人之常情。

就在上殿朝覲、歷經叩拜朝儀之後，貝爾和使團其他成員旋即應邀參加九皇子的款宴。當天除了宴飲之外，尚有一系列戲曲和特技表演，舞臺上的戲劇場面也輔以鮮活的聲光效果。貝爾再次嚴密觀察，也正是透過他那謹慎的目光，我們才得知原來中國人也開始興致勃勃扮演西方人了；看戲的竟成了唱戲的。晚宴近尾聲時，皇子還安排了：

> 幾齣滑稽劇，雖然有語言障礙，我還是覺得非常有趣。最後登臺的是一位歐洲紳士，衣冠楚楚，服飾綴滿金銀蕾絲。他脫下帽子，向所有過往的人深深致意。我必須讓讀者自己想像，一個中國人這身打扮看起來有多麼笨拙不雅。㉖

想當然耳，這位中國演員把心目中西方人看來滑稽的樣子，表現得非常傳神，而皇子也理解他的客人可能「受到冒犯」，因此揮手示意演員下臺。除去這個嘲弄他們的玩笑，中國的丑角演出，還有特技表演與雜耍藝人的熟練敏捷，都讓貝爾深深著迷：「我深信，說到把戲和技藝的得心

㉖ Ibid., pp. 143–144.

應手，很少國家能和中國人並駕齊驅，更遑論超越了。」㉗

在皇子府邸觀賞表演的時候，貝爾十分納悶：這些迷人的女角究竟是女人，還是由男童或少年扮演女性的角色。他始終覺得雌雄莫辨。貝爾首次銜命出使的目的地是信奉伊斯蘭教的波斯（Muslim Persia），但當使團的隊伍在北京大街上行進，他才頓時驚覺原來沿路注視他們的北京女人，其實是無拘無束「不戴頭巾」（unveiled）的。㉘等到他更深入一探北京究竟後，他寫道：「我發現在大多數店鋪裡，男女都不戴頭巾。他們非常好客，每個店家都會殷勤地奉上一盞茶。」㉙

貝爾曾描寫一段經歷，類似的殷勤待客之禮反倒給他出了個糾結的難題。在北京有位好客的「中國朋友」，招待他們一頓厚酒肥肉的豐盛晚餐，這位朋友「出手闊綽鋪張」，貝爾寫道：「餐後他握住我的手，要我留下來，讓大使先回去；並說我可以從他的妻妾及女兒中，隨意挑選最中意的一位，當作贈送給我的禮物。對於這位朋友的慷慨，我只能敬謝不敏，畢竟我自覺不宜接受這種饋贈。」㉚其實貝爾當時仍未婚（多年後他娶了一位俄國女子為妻，並相偕回到祖國蘇格蘭）。儘管拒絕了朋友的好意，貝爾其實很喜歡中國女人。他認為她們「在美貌之外還有許多優點。她們

㉗ Ibid., p. 146.
㉘ Ibid., pp. 126–127.
㉙ Ibid., p. 152.
㉚ Ibid., pp. 167–168.

的裝束整潔而端莊。秀氣的小眸子黑溜溜的，一笑起來就瞇得看不見了；她們的秀髮烏黑，發散如黑玉般的光澤，俐落地盤成一個髮髻，並且用手工珠花製成的花冠當作頭飾，看來真是賞心悅目。其中較為秀麗的女子由於鮮少拋頭露面，未經風吹日曬，所以有無暇的膚色。」[31]

猶如許多來到中國的前輩，貝爾也提到「女孩子一生下來，就必須用布條緊緊纏起她們柔嫩的雙足，適時更換布條，以免雙足長大」。不過他對纏足的看法，卻讓這個飽受爭議的習俗再一次受到曲解：「各階層的婦女大多時間都待在家裡。纖小的雙足使她們無法行走過長的距離，這也讓她們沒那麼厭惡行動不便而幽居閨房。」[32]

如果那些「較為秀麗」的女子——也許包括朋友口中那些可供他選擇為新娘的女性——面容白皙，那麼對貝爾而言，世間其他女子的面容就「偏向黃褐色」。這些婦女「會精心用白色和紅色的胭脂搽上細緻的妝容」。[33]儘管貝爾煞費苦心指出他接著要談的這個問題只是道聽塗說，但顯然他對北京的下層社會知之甚詳：

> 不難想像，在北京這種人口稠密的城市裡，必然有許多無所事事的男男女女；不過雖

[31] Ibid., p. 183.
[32] Ibid., p. 184.
[33] Ibid., p. 183.

然如此，我相信與世界上其他城市相比，甚至和那些規模小得多的城市相較，這種人在北京算是少數。為了盡可能避免妨害治安的情事發生，政府決定或默許在城郊的特定區域，作為娼妓接客和芳客尋歡之處。這些娼妓皆由住處的房東照管，不得任意離開在外流連。有人告訴我，這些賣笑的女子各有獨立的廂房，而且在房門上以清晰的字體寫上交易的價碼，同時還有她們的容貌與特質，而狎妓的費用則由尋歡的男客親手付清。在這樣的辦法下，交易都在屋內進行，而不會過分張揚驚擾四鄰。㉞

一些十六世紀的觀察家曾描述北京的男妓，例如利瑪竇即為其一，然而貝爾卻絲毫未對此現象加以評論。也許自從一六四四年滿洲人入主中國之後，戒律較為嚴謹，已有效嚴禁這類行為，或至少把他們從街頭驅離。不過西方人的心態此時似乎也發生微妙轉變，套句貝爾自己的話，他們開始認為中國男人普遍來說「游手好閒又沒有男子氣概。」㉟

貝爾對中國的評論，整體而言相當正面，而且認為日後的貿易與外交看似具有成功的前景。在生意上，中國人「崇尚誠實，買進賣出都信用至上，奉行最嚴格的公平原則為圭臬」。也許「他們之中的確有些人耽溺於邪門歪道，精通詐欺之術」，但那也是因為他們「發現許多歐洲人和

㉞ Ibid., p. 183.

㉟ Ibid., p. 169.

自己一樣擅長此道」。由於中文語言的單音節本質，貝爾認為基礎中文「容易學習」，足以應付日常生活中的對話；不過他也承認，「若想達到中國知識分子的程度，就必須勤學苦練，還需有相當的天賦」。諸如茶葉、蠶絲、綢緞、瓷器或棉花生意，都有機會大發利市，因為中國人「做任何事都有始有終，鍥而不舍的耐心值得讚揚」。至於軍事侵略，最好別打中國的主意：「若想征服中國，我想只有一個國家或許有此能耐，」貝爾下此結論：「那就是俄國。」儘管中國偏處世界一隅，貝爾認為沿東南海域進攻中國，也許不失為良策，可是「這個既強盛又樂於敦親睦鄰的民族，安居於自己的疆土」，歐洲的君主們何必「自尋煩惱，同時又打攪別人清夢呢？」㊱

貝爾回到祖國蘇格蘭多年後，鄰居仍可見到他穿著出使中國時獲賜的衣袍，策馬奔馳，橫越大雨澆灌過的曠野泥淖。而從貝爾評論中國的整體氛圍觀之，他此舉也就不那麼令人意外了。他的回憶錄一直是眾所期待的焦點，完稿於一七六三年正式發行時，許多知名人士早已預先訂購，其受歡迎的程度由此可見一斑。

英國海軍准將喬治・安森（George Anson, 1st Baron Anson, 1697–1762）於一七四三年造訪中國，他對清廷及人民的印象與貝爾不同，在各方面都有著截然不同的差異。無可否認，安森此行的背景脈絡，也和貝爾出訪時背道而馳。貝爾為平民出身，這位滿懷豪情壯志的蘇格蘭人不過只是一位大公身旁的隨扈，隨行出訪中國首都，對於大舞臺上的起落毫無個人責任。反觀安森，其叔父為

㊱ Ibid., pp. 181–186. 東方袍子，頁六；訂購者名單，頁二二五～二三一。

英格蘭首席法官，出身名門望族，肩負保障艦隊官兵生命安全的職責，還須妥善保管近期截獲的那艘西班牙大帆船，畢竟他能從中分得五十萬英鎊的獲利。此外，中國沿岸並不歡迎像安森之輩的海上不速之客；反觀貝爾的蒞臨，則是經由正式的批准。

喬治·安森象徵了擴張主義至上的大不列顛，表現出大不列顛近期獨斷獨行的一面：自信、好戰，而且欺負弱小，急於求進。當時他擔任皇家軍艦「百夫長號」（HMS Centurion）指揮官，這艘軍艦有六十門大砲，卻出師不利。在繞行好望角時，船隊中的六艘船艦竟折損了三艘，而從英格蘭颺帆起航的九百六十一名船員，在抵達香港與澳門上游的廣東港尋求庇護和停泊時，全隊竟只剩餘三百三十五人。一七四三年六月二十日，他截獲每年定期由墨西哥阿卡普科（Acapulco）出航，準備返回馬尼拉的大帆船。這是一場出色的海戰，充分展現過人的英勇與航海技能，但百夫長號也身受重創，完全不適宜遠航了。同年七月十四日，百夫長號載著戰利品，即將航行至廣東時，安森一心以為困境將就此結束；孰料真正的問題才正要開始。

在安森的認知裡，戰船並未從事貿易行為，因此無須繳交港口稅；不僅如此，清廷還應提供必要的領港及補充物資等服務，總督更應該親自接待他個人㊲，以示歡迎。不過中國官員卻告知㊳任何船隻都須繳交港口稅，因此將制止他的船艦入港，而總督正好公務纏身（也因為天氣炎熱），

㊲ 譯註：即當時的兩廣總督策楞（?–1756）。

㊳ 譯註：或為東莞知縣任光印（1691–1758）。

無法親自接見他。安森卻不顧一切脅迫一名中國領航員，若不按照他的指令溯江而上，將遭受吊上船艦桁端的後果。不出所料，中國官方並未施予援助，對於他的所有要求更是一概敷衍推拖。到了九月底，眼見補充物資遲遲不來，總督又食言而且始終不接見他，一名軍官上岸閒逛時不僅遭搶劫甚至還被痛打，百夫長號甲板上一根備用船桅又失竊了，這位海軍准將的怒火已經到了一觸即發的地步。[39]

安森的記敘裡還有其他一連串的艱難，也都是以這場僵局為開端，也明白反映出他的個人信念，他深信唯有堅忍不拔與擇善固執，才可能達成他的目標，並讓船隊再次出航；不過真正具有衝擊性的描述並非這些細節的個別描寫，而是他的結論，特別是他捨棄自培雷拉及閔明我以來，一貫將歐洲文化與中國文化相提並論的比較思維成分。雖然安森宣稱他自己深知「不懂得中國習俗與規矩的歐洲人」，不可能分析得出中國人的動機，然而這層限制並未阻礙他做出自己的判斷：

> 誠然，我們可以這麼宣稱：在詐欺、造假及不義之財上分一杯羹這類事情，其他國家的人很難和中國人並駕其驅；不過話說回來，他們在這些事情上的天分，以及隨機應變的能力，遠遠超出外國人的理解範圍。因此，雖然我們可以很有把握地下定論，中國人也許

㊴ George Anson, *A Voyage Around the World in the Years 1740–1744*, ed. Glyndwr Williams (London: Oxford University Press, 1974), pp. 347–349 and 352–354.

樂於巴結艦隊指揮官，但是我們卻不容易分辨，他們這麼做究竟是從何處著眼。㊵

為了加強這樣一言以蔽之的供述，安森羅列出他的親身經歷，中國人在採購上無所不用其極的不肖行為，包括往雞鴨肚子裡填砂土，以及為豬隻灌水膨脹身體。他也據此做出以下結論：「這個遠近馳名的國度常常被引薦給全世界，世間各種值得讚譽的特質，都可以之為典範；我的例子或許可以當作樣本，讓世人看看這個國家的真面目。」似乎為了強調這樣的天壤之別，安森又舉了一個通曉外語的中國人為例——這名譯員受聘代表安森與中方協商，結果卻遊走在中國人和他的臨時僱主之間，兩面三刀詭騙雙方——這位譯員承認，中國人對於自己狡猾的行為根本無能為力，因為那是與生俱來的天性。為了讓前文所述的天壤之別更加明確，安森如實記載此譯員的答覆：那是一種華洋混合的語體，句型結構是中文，然而用字卻是英文（即日後所稱的「洋涇濱」英文）；在當時的中國，只要是有西方商人聚居的地方，就普遍存在這類英語。迄今西方人筆下寫到中國時，都會遵循安森的先例，用流暢、口語的英文詮釋中國人應答的語句，句構上卻是呼應中文原本的正常詞序。安森如此記錄「譯員」對他說的話：「中國人真的很會欺騙，但這是風氣，沒辦法。」（Chinese man very great rogue truly, but have fashion, no can help.）他確實可能只是一五一十記

㊵ Ibid., pp. 351–352.

錄下來，但也因此開創一種表現上的（representational）新局面。㊶

安森在廣東附近觀察了中國軍事防禦，他的說法簡短而鄙夷；他語帶譏諷，指出中國人耀武揚威穿在身上的「盔甲」，並非用鋼鐵打造，而是由一種「特殊材質的閃光紙」製成。由於「當地居民膽小怯懦，再加上缺乏正規的軍事統制」，中國注定「抵擋不了強國的侵犯，恐怕連小規模的入侵都難以招架」。㊷不過他的心思更加留意中國人勤勉的天性，以及缺乏基本創造力的情況：

> 中國人是非常機敏又勤奮的民族，這一點自然是有目共睹：他們大量製作了稀奇精緻的商品，就連最遙遠的國家都熱切遍尋中國製商品，競相爭購。手工藝的熟巧固然是他們最重要的能力，但他們這方面的才華只能稱作二流之輩；這些商品在日本也相當普遍，然而對於日本人的手工藝成就，中國人卻望塵莫及。相較於歐洲人操縱機械的純熟技巧，許多例子都顯示中國人在這方面力有未逮。他們最主要的過人之處似乎就是模仿，所以他們辛苦付出勞力，苦幹的活也只不過是從事創造力貧瘠的營生，這也是所有卑劣的模仿者難逃的宿命。㊸

㊶ Ibid., pp. 355–356 and 361.

㊷ Ibid., pp. 366 and 369.

㊸ Ibid., pp. 366–367.

在藝術方面，安森發現中國人也略遜一籌：「或許可以斬釘截鐵地說，這種藝術上的缺陷是由於他們的乖僻性情所造成，在他們之中挑不出技藝精湛的人。」㊹即便是備受推崇的中國文字也名不符實，遠遠不及想像中的優越，不過是「執拗」與「荒謬」的結晶。安森解釋，當世界其餘地方都忙著學習字母時，唯獨中國人不理睬這種理性的文字系統，顯現出他們一貫的固執：

> 只有**中國人**迄今完全不懂利用這項近乎神聖的發明增益其身，只知道固守粗糙而原始的方法，用反覆無常的符號表達字詞。這種方法必然會創造出太多字符，根本不是人類的記憶可以駕馭，因此寫作成為殫精竭慮的事，沒有人能在寫作之道上游刃有餘。而在閱讀與理解文句時，隨之而來的是無盡的晦澀與困惑，無法盡解其意，因為無論是符號與符號之間的關聯，或者這些符號代表的字詞，皆無法從書本中習知，而必須以講學的授課傳統，代代相傳下去。

安森明確指出他的這番論調，並非深思中國文學與文化之後的收穫。安森安排了幾位通譯與中間人，居中協調他與清朝官吏間你來我往的交鋒，而這正是安森看法的依歸：

㊹ Ibid., pp. 367.

各種語言文字之間的敘述和轉換才透過三、四個人經手，就已經語焉不詳，含糊其詞，複雜的問題難以釐清，凡是置身這場轉譯的人想必深有同感。因此不難想見，由這些令人困惑的符號記載的以往歷史和發明，必然不知所云、讓人費解。因此這個國家的學問，還有他們引以自豪的流風遺俗，想必也是大有問題。㊺

在安森之前，沒有人提出以下這番古怪的論調：中國文字本身就是場龐大的騙局，不僅把他們想要哄騙的對象搞得團團轉，就連中國人自己都莫名其妙，身受其害。若不是安森的遊記於一七四八年發行之後大受歡迎，在歐洲廣為流傳，又影響了諸如孟德斯鳩（Montesquieu [Charles-Louis de Secondat, Baron de la Brède et de Montesquieu], 1689–1755）及赫德（Johann Gottfried von Herder, 1744–1803）等重要思想家，他這番論述恐怕只是微不足道的歷史奇譚而已。

安森的著作也成為喬治・馬戛爾尼伯爵（Lord George Macartney, 1st Earl Macartney, 1737–1806）私人圖書館的藏書，馬戛爾尼曾代表東印度公司及英王喬治三世（George III, 1738–1820），在一七九三年的時候前往中國。馬戛爾尼學識淵博，倘若有人能在貝爾和安森的兩極見解中，疏理出合情合理的綜合觀點，馬戛爾尼堪稱是不二人選；他曾在都柏林的三一學院接受教育，從遊之士有愛德蒙・伯克（Edmund Burke, 1729–1797）、伏爾泰（Voltaire [François-Marie Arouet], 1694–1778）、

㊺ Ibid, pp. 367–368.

薩謬爾・強生（Samuel Johnson, 1709–1784）、約書亞・雷諾（Joshua Reynolds, 1723–1792）等人。他也曾經出使凱瑟琳女皇（Catherine the Great, 1729–1796）治下的聖彼得堡，肩負棘手的外交使命；並且擔任過西印度群島格瑞那達（Grenada）總督，期間經歷了一七七九年法國入侵並遭受俘虜的恥辱；更於一七八〇至一七八六年間，擔任印度馬德拉斯省（Madras）總督。除了讀過安森的記敘，馬戛爾尼或許也曾閱覽過貝爾的著作（但在最早的圖書訂購單上並未列出貝爾的名字），他還研讀了由博學的法國耶穌會士杜赫德（Jean-Baptiste Du Halde, 1674–1743）所編，於一七三五年出版的煌煌四卷中國史[46]；此外，他還涉獵了萊布尼茲（Gottfried Wilhelm Leibniz, 1646–1716）與伏爾泰對於中國哲學的感想。凱瑟琳女皇自己就是中國文化的狂熱仰慕者，她曾下令興建一座中國小鎮；馬戛爾尼出使俄廷時，就曾遊歷過這座十足中國城鎮翻版的小鎮。[47]

---

[46] 譯註：即《中華帝國全志》，見Jean-Baptiste Du Halde, ed. *Description géographique, historique, chronologique, politique, et physique de l'Empire de la Chine et de la Tartarie chinoise, enrichie des cartes générales et particulieres de ces pays, de la carte générale et des cartes particulieres du Thibet, & de la Corée; & ornée d'un grand nombre de figures & de vignettes gravées en tailledouce*, 4 vols. (Paris: chez P. G. Lemercier, Imprimeur-Libraire, rue Saint-Jacques, au livre d'Or, 1735)。其中第二卷的中譯，可參閱〔法〕杜赫德編，石雲龍譯：《中華帝國通史》第二卷（第三版修訂版），收入周寧著／編注：《世紀中國潮》，中國形象：西方的學說與傳說3（北京：學苑出版社，二〇〇四），頁二一〇～五三三。

[47] Lord George Macartney, *An Embassy to China, Being the Journal Kept by Lord Macartney During his Embassy to the Emperor Ch'ien-lung, 1793–1794*, ed. J[ohn] L[auncelot] Cranmer-Byng (London: Longmans, 1962), p.42.〔譯者曾於中央研究院近代史研究所郭廷以圖書館借閱此書，該本乃編者親贈郭廷以先生（1904–1975），書名頁的編者名後有「賓長

廣泛翻閱了持正反兩面意見的資料後，馬戛爾尼變得對中國很有好感；他在一七九三年八月初抵達中國，隨後倉促間在日記裡草草寫下的文句，字裡行間流露出這種好感。他站在船舷，觀看中國人怎麼卸下他隨身帶來的禮品和行李，他發現「中國水手非常強壯，事情也做得很好，工作的時候吆喝聲不斷，但是動作整齊劃一而且井然有序；他們也都有隨機應變的能力和創造的小巧思，也很機靈，懂得隨機應變，每個人似乎都清楚眼下自己分內的工作，也明白下一步該做什麼，並且都克盡職守。」中國婦女看起來也很健康，又容光煥發：

> 她們步履輕盈，不禁讓我們以為她們是否未按中國習俗纏足。據說確實如此，因為這種風俗在下層社會，尤其是北方諸省，已經沒那麼普遍了。這些婦女因為飽經風霜所以面容黝黑，但是並不難看；她們的頭髮又黑又粗，整齊俐落地編成辮子，再以簪子綰在頭頂。孩童比比皆是，而且身上幾乎一絲不掛。

綜觀大大小小的中國印象，馬戛爾尼寫道：

齡」三字，應為此編者的漢文姓名。〕；Barbara Widenor Maggs, *Russia and "le rêve chinois": China in Eighteenth Century Russian Literature*, Studies on Voltaire (Genève: Institut et musée Voltaire; Oxford: Voltaire Foundation, 1984), p. 133.

見到他們，我深感震撼，不禁放聲朗誦莎士比亞《暴風雨》（*The Tempest*）裡米蘭達（Miranda）的臺詞：

> 哦，多奇妙啊！
> 這裡竟有這麼多討人喜歡的人兒！
> 人類是多麼美好！啊，美麗的新世界
> 竟有這樣出色的人們！[48][49]

馬戛爾尼代表喬治三世，帶來大批致贈給乾隆皇帝的贄禮——其中包括望遠鏡、天象儀、地球與行星模型、一大塊透鏡、氣壓計、枝狀吊燈、時鐘、氣槍、寶劍、德比花瓶（Derbyshire vases）、瓷像，以及一輛馬車；他還希望乾隆應允重要的幾項優惠特許，包括：取消廣東的貿易禁令，以及當地只通行一小群領有執照的中國商人行商的限制，增開可讓不列顛船艦駐泊的新港口，簽定長

---

[48] Macartney, *Journal*, pp. 2, 72 and 74.

[49] 譯註：在V.i.181–184，行碼據G[wynne] Blakemore Evans and J. J. M. Tobin, gen. ed., *The Riverside Shakespeare*, 2nd ed. (Boston: Houghton Mifflin, 1997)，下文同。莎劇譯文參考方平譯：《暴風雨》，新莎士比亞全集三六（新北：木馬文化，二〇〇一），頁一三五。

期的關稅協定，以及可在北京設立常駐英國大使館的權利。[50]相較於七十三年前約翰・貝爾隨行的伊茲麥洛夫使團，這些要求其實大同小異，但是馬戛爾尼代表大英皇權，並自視為大英帝國尊嚴的維護者，因此在某些關鍵之處，尤其是他嚴拒在叩頭這類有辱國格的事情上讓步，他的態度就比較接近安森而非伊茲麥洛夫了。

馬戛爾尼的中國記事十分貼切地反映出在他心中何事為重：他花了極大篇幅，詳述他與中國及滿洲官員如何就叩頭問題折衝口舌，進退周旋，直到達成英方可以接受的安排。根據馬戛爾尼的記載，清廷官員在一七九三年八月十五日初次提起這個話題，言談間夾雜的「如簧巧舌」、「談吐風度」和「明言暗語」，讓人「不由得佩服之至」[51]：

> 話鋒一轉，他們談起各國普及的服裝樣式各有特色。然後特地假意細看我們的服裝，

[50] 關於贄禮，詳 Ibid., pp. 79, 96, 99 and 123。

[51] 譯註：民國五年春，詩人劉半農（1891–1934）翻譯完成馬戛爾尼的著作《乾隆英使覲見記》。此事劉氏譯述如下：「……彼等乃侈談他事，然意中仍有所歸束，並非與正文絕無關係者。吾於此乃不得不深嘆，華官談話時，具有開合擒縱之能力，初非亂說亂道者比也。」劉譯詳見《康熙與羅馬使節關係文書》（合刊《乾隆英使覲見記》），收入《中國史學叢書・續編》第二十三冊（臺北：臺灣學生書局民，一九七三）；原上海中華書局一九一六年排印本，另收入四川大學圖書館編：《中國野史集成續編：先秦—清末民初》第二十七冊（成都：巴蜀書社，二〇〇〇），頁八四四～八九一。

並且說他們還是比較喜歡自己的服裝，因為穿起來寬鬆而且沒有繩帶的束縛，在屈膝或俯伏時，也不會礙手礙腳。依照中國禮俗，任誰見了皇帝都得這麼跪拜行禮，他們因此擔憂我們膝上的搭扣和襪帶會帶來諸多不便，並暗示我們進宮之前，最好還是除去這些給自己增添煩惱的束縛。[52][53]

馬戛爾尼和隨員們很快就對這些口舌上的明槍暗箭煩不勝煩，儘管一些「身段極為柔軟」[54]的滿洲高官早就清楚示範了叩頭過程。[55]這個問題仍然經過幾個星期的唇槍舌戰才獲得解決，馬戛爾尼同意單膝下跪並俯首鞠躬——滿清官員則要他雙膝下跪。後來，雙方都同意可以免去單膝下跪禮

---

52 Ibid., p. 84–85.

53 譯註：劉半農譯文作：「彼等乃復談各國服製之同異，談過半，行至吾旁，執吾衣襟袖細觀之，因言：『貴使之衣窄小輕便，吾中國之衣則寬大舒適，二者相較，似中國之衣為善。』余頷之。彼等復言：『無中國皇帝見臣下時，衣服必取一律；因貴欽使之衣與華人不同，似於觀瞻有礙。』言至此，據指吾所縛蔽膝曰：『此物於行禮大不方便，貴欽使覲見之時，先宜去之。』」

54 馬戛爾尼也話中有話，原文 "wonderfully supple" 亦暗指奴顏婢膝的媚骨。

55 Macartney, *Journal*, p. 90.

附加的吻手這一環節。[56]

馬戛爾尼終於等到八十三歲的乾隆皇帝接見[57]，進獻贄禮，正式提出改善貿易待遇的要求，得到的回應儘管禮貌周到卻含糊不清。馬戛爾尼並未因此洩氣，反倒在日記中記述清帝：「他的舉止有堂堂威嚴，但和藹可親，也沒有擺出高高在上的架子，接見我們的時候也非常仁慈謙和，這樣的接待我們深感滿意。這位慈藹的老紳士身體依然硬朗，精神矍鑠，看來甚至不像是六十多歲的人。」[58][59]貝爾也曾同樣以「和藹可親」四個字形容乾隆的祖父康熙，而馬戛爾尼之所以如此形容乾隆，可能與十二歲侍童喬治．斯當東（Sir George Thomas Staunton, 2nd Baronet, 1781–1859）受到的

---

[56] Ibid., p. 119。有關此次朝覲禮儀折衷方式及禮儀爭議其他面向的完整討論，另參 Joseph Esherick, "Cherishing Sources from Afar," *Modern China* 24:2 (1998), pp. 135–161。

[57] 譯註：時在一七九三年九月十四日。

[58] 譯註：劉半農譯文作：「……氣概尊嚴，若有神聖不可侵犯之狀，然眉宇間仍流露其藹然可親之本色。余靜觀其人，實一老成長者，形狀與吾英老年紳士相若，精神亦頗壯健，八十老翁，望之猶如六十許人也。」

[59] Macartney, *Journal*, p. 123.

恩寵有關[60]。數月航程間，小斯當東曾跟隨私人教師在船上[61]學習中文，因而正式覲見時，得以在大庭廣眾之下，與清帝簡短交談。乾隆大表讚賞，並親自從腰帶上取下繡花錦囊，賜給小斯當東。

儘管日記中隨處可見對於中國的溢美之詞，但在出使之行接近尾聲時，馬戛爾尼最強烈的感覺卻是戒慎恐懼，備感筋疲力竭，甚至遊走在反感的邊緣，舉步維艱。他對於中國的生活與社會習俗，由衷地求知若渴，然而他發現這不僅一點也沒受到中國人贊賞，反而被懷疑「居心叵測」。[62]他很清楚自己一直受到「嚴密監視，還窺探我們的風俗、習慣、行為舉止，即便是最瑣碎的類別，都受到一種好打聽、甚至是嫉妒的方式，窺伺刺探，這絕非我們過去在史冊裡讀到的中國」。[63]當馬戛爾尼向一名清廷大臣表示，自己對中國歷史的某些方面頗有研究時，這位大臣「只對我們的好

[60] 譯註：副使斯當東（Sir George Leonard Staunton, 1st Baronet, 1737–1801）之子。在正使馬戛爾尼的中國日記之外，副使斯當東也記載了他的出使中國之行，見於 George Leonard Staunton, *An Authentic Account of and Embassy from the King of Great Britain to the Emperor of China* (London: Printed by W. Bulmer and Co., for C. Nicol, Bookseller to His Majesty, Pall-Mall, 1797)，中譯參見〔英〕喬治・斯當東著，葉篤義譯：《英使謁見乾隆紀實》（北京：商務印書館，一九六三），劉半農翻譯的《乾隆英使覲見記》也常以此書參互考尋事蹟原委，稱「史但頓《出使中國記》」。

[61] 譯註：皇家軍艦獅子號（HMS Lion）。

[62] Ibid., p. 113.

[63] Ibid., pp. 87–88.

奇心感到納悶，卻對我們的學識絲毫沒有尊敬之情」。中國人尚且宣稱，英國人汲汲營營於求索的知識，「對他們來說不著邊際，對我們來說毫無用處。」㊹馬戛爾尼有個說法日後頗為人知，他將清朝中國比喻作「年老瘋癲的一流戰士」，長年以「他的巍峨及風采」震懾四鄰，卻注定要在無能的領導者手上毀滅，「在海岸上支離破碎」。㊺

不過馬戛爾尼仍有持平之論，他認為以廣東為例，這種地方是中英雙方得以接觸的少數地點，英方在修補雙方裂痕上，從未做對過一件事：

> 我們對中國人敬而遠之。我們的穿著和他們大相徑庭。對於他們的語言，我們一無所知（我想這種語言應該不至於太難，因為小喬治・斯當東早就學會說寫自如了，並且在許多場合發揮極大效用）。因此，我們幾乎完全仰賴自行僱用的少數老實又脾氣好的中國人，但我們說的話在他們聽來只是七零八落的胡言亂語，他們壓根就弄不清楚我們在說什麼。我懷疑像潘啟官（Puan-khe-qua）㊻或穆罕默德・蘇仁（Mahomet Soulem）這樣的巨賈，

㊹ Ibid., p. 127.

㊺ Ibid., pp. 212–213.

㊻ 譯註：本名潘振承（1714–1788），福建富商，西方人慣稱「潘啟官」。青年習商，自閩入粵，行商菲律賓，販賣絲綢茶葉等中國商品給西、葡、英等歐洲國家商人，並習得西方語言。後在廣州設立「同文行」，由於

他們到英國「皇家交易所」（Royal Exchange）談生意的時候，若是身穿一層又一層、有如襯裙的長袍，頭上還頂著無邊圓帽或頭巾（turban），嘴裡一句英文也說不出口，只能講中文或阿拉伯文，可以談出什麼樣的名堂來？[67]

憶及朝覲乾隆以及清廷群臣，又慮及使團經歷的冗長談判與出使中國的鉅額開銷，最後卻一事無成，無功而返；對於這位長壽的中國皇帝，馬戛爾尼也下了他自己的硃筆定評：「那一刻我見到了『榮耀的所羅門王』。之所以這麼形容，是因為那畫面讓我想起一齣同名傀儡戲。我記得小時候看過那齣戲，在我心裡留下非常深刻的印記，因為那時候的我，覺得木偶表演的故事就是人類成就與幸福的極致表現。」[68]

把所羅門王威風凜凜的宏偉形象與微不足道的小木偶相提並論，馬戛爾尼暗示這場東西方的相會，不過是一眼就可識破的裝模作樣罷了；而這點正與貝爾的觀察不謀而合。馬戛爾尼的敘述

潘氏可直接以英文談判生意，秉持誠信原則行商之外，也首先以匯票結帳，故西方商人多願與其往來，他的商行也幾乎壟斷當時英國在華所有生絲與茶葉的生意，使他成為乾隆年間洋商首富。潘啟官其人其事，另詳陳國棟：《東亞海域一千年》，增訂版，臺灣史與海洋史〇三（臺北：遠流出版事業公司，二〇一三）。

[67] Ibid., p. 210.

[68] Ibid., p. 124.

裡另記有更鮮明的例子：他回憶初抵中國時，有人拿了一張在天津油印的大幅傳單給他看，上面羅列著他此行要進獻給乾隆贄禮的中文版清冊。他的船艦才剛靠岸，這張荒誕奇詭的禮物清單早就在城裡四處流傳了。據聞，英國人的贄禮包括：

> 幾個身長不足十二吋的侏儒或矮人，體能及智勇都不輸御林軍衛隊的士兵；一頭比貓還小的大象；一匹老鼠般大的馬；一隻母雞般身型的鳴鳥，以木炭為食，通常每天要吃光五十磅木炭；最後是一只施過魔法的枕頭，不論何人，只要把頭枕上，立刻進入夢鄉，夢中之鄉倘在遠方，諸如廣東、福爾摩莎、歐洲，均可在彈指之間身臨其境，毫無旅途之困頓。[69] [70]

經由這般記述，可知中國與來訪諸國之間的鴻溝和歧見已然成形，雙方若想開誠布公地交流意見，已是困難重重。在此來龍去脈之下，儘管國際貿易與外交往來的重大議題仍然存在，但顯然

---

[69] Ibid., p. 114.

[70] 譯註：劉半農譯文作：「其中有小人數名，長不及十二英寸，然作軍裝，勇氣知識與長大之人無異。有一大象不逾貓；一馬其形如鼠；一唱歌之鳥其大如雞，食木炭為活，日需五十磅。此外則有一魔枕，臥之可得奇夢，遠至廣東、臺灣、歐洲等處，均可於夢中至之，不勞跋涉。」

雙方都心知肚明：更深一層的交往已淪為虛無飄渺和不切實際的空談。

第 IV 章

別有用心的虛構

震古鑠今的帝國
京畿所在，
始於大都汗八里的城牆，
契丹可汗的治地……
蜿蜒至帕金，
中國歷代諸王的領土。

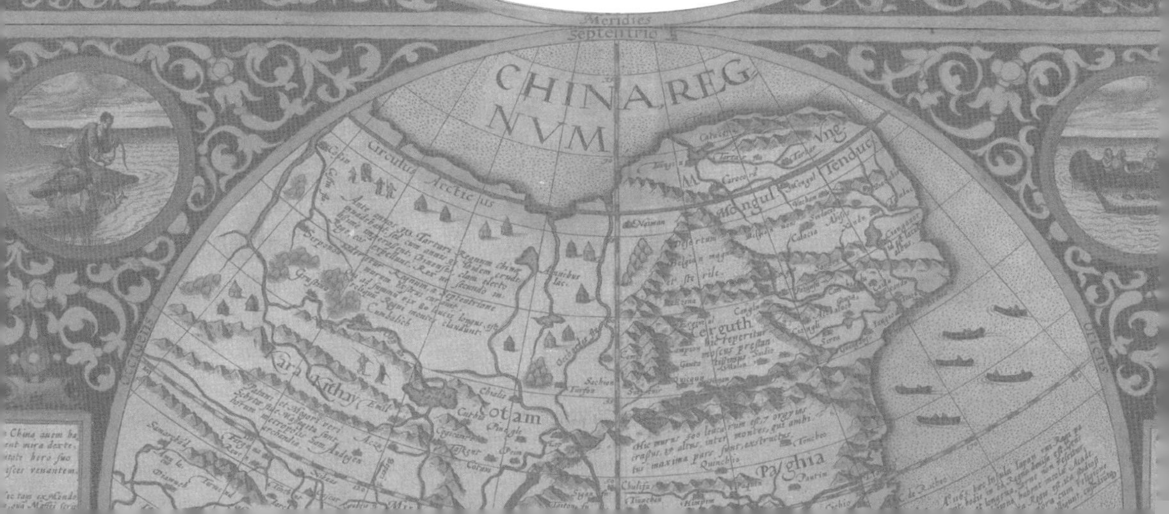

馬戛爾尼的外交任務，一路走來，最終卻通往虛無飄渺的空中樓閣；而從馬戛爾尼身上，也可一窺十八世紀歐洲人看待中國的一種主流觀點。當時席卷歐洲的「中國風／瘋」（Chinoiserie）熱潮，指的是以強調華美裝飾的洛可可風格，經由虛幻又不切實際的手法，拙劣模仿中國藝術與文化。這種風潮鋪天蓋地，幾乎籠罩當時全歐洲生活的大小層面：壁紙、垂柳花樣的盤子、壁爐架、木頭飛簷、格狀綺窗、家具、雲亭、寶塔（好比倫敦邱園內的那座）①，以及最重要的「園藝」。古典的西式園林設計講求精確嚴謹的幾何結構，可見於凡爾賽宮或是由克里斯多福．雷恩（Sir Christopher Wren, 1632–1723）設計的格林威治海軍醫院等處，這些園林的線條多為直角，而舉目常見的由兩排筆直樹木延展而出的線性狹長景觀（linear vista），如今已不復見，取而代之的是當時所謂的中國式思維——在清幽寂靜的曲徑間漫步閑談，舒心暢遊，那棄塵絕俗的隱密空間轉身即見柳暗花明，親密的感覺油然而生。馬戛爾尼在他出使中國的日記末尾，用一段話貼切點評了這股風尚：

> 中國園藝師是大自然的畫家，雖然對於透視法的科學概念一無所知，卻能駕馭距離的遠近，空間疏密有致，營造最賞心悅目的視覺效果，請容我充分表達清楚，他們彷彿是用

① 譯註：邱園（Kew Gardens）即皇家植物園（Royal Botanic Garden, Kew），其中的中國園林內有中式寶塔一座，一七六二年興建，或謂此塔模仿南京大報恩寺的琉璃塔風格而建造。

鉛筆打素描草稿；他們刻意凸顯或是淡化景象中的某些特色；他們以樹木的明亮光線對比出葉子的昏暗；依據植物的穠纖和風姿，堆砌前後的景觀布局；其間錯落大小不一的亭閣臺榭在景象間，烘托出鮮明的色彩，或者，刻意不加雕飾，映襯出樸質含蓄的意趣。②

馬戛爾尼記錄的這段敘述，宣告了一個周期的結束：舊時代的風格與品味變換了，而且在革命情懷的推波助瀾之下，爆發法國與美國的革命，然而出乎意料之外的是這些思潮一方面引領古典概念的復興，另一方面又在哥德式風格（Gothic）的新熱潮席卷之下，全然屏棄古典及中國的風格。

十七世紀初期，能夠開風氣之先而見證中國風熱潮的人，其中之一便是英國日記文學作家約翰．艾弗林（John Evelyn, 1620–1706）。艾弗林於一六六四年六月二十二日寫道，「一位名叫湯生（Tomson）的耶穌會士」給他看了一批「日本及中國耶穌會士寄來的珍品」，這些珍品的目的地雖在巴黎，但因為是由英國東印度公司的商船負責運送事宜，故此際暫時放置於倫敦。艾弗林自述他這輩子還沒見過類似的物件，而那份熠燿生輝的珍品清單如下：

> 最醒目的物件是肥碩龐大的犀牛角，以及璀璨絢麗的坎肩。那些坎肩的面料彩繡織

---

② Macartney, *Journal*, pp. 116–117.

錦，以金色的絲線鑲滾花邊，勾勒出五彩斑斕、紋飾栩栩如生的別緻圖樣，歐洲根本無物可與之比擬。還有一條以各色寶石為釘飾的腰帶，上面鑲嵌著瑪瑙和沉重的紅寶石，尺寸與價值都非比尋常；以及不可觸及的銳利匕首，刀刃的金屬鋒芒也絕非我們常見，而是偏淡偏青。至於扇子倒像是我們歐洲仕女慣用的樣式，只是大上許多，飾有雕琢雅致的長柄，扇面上題寫了中國文字。

艾弗林接著寫道，有些物件簡直像從法蘭西斯・培根（Francis Bacon, 1st Viscount St. Alban, 1561–1626）的烏托邦小說《新亞特蘭提斯》（*New Atlantis*, 1627）裡走出來似的，其中璀璨的黃色羊皮紙脫穎而出。但另一批散發一絲神秘詭異的物件沖淡了這批奇珍異寶的雅致情調：

> 圖片上面畫著山水風景、神像、聖人、寶塔，有些則圖繪醜陋的毒蛇，模樣兇惡猙獰，讓人毛骨悚然，卻都是他們的膜拜對象；還有人物和田園風光，以嫻熟的工法畫在玻璃般透明的棉布上；另外就是花卉、樹木、野獸、飛鳥等，以高超的技巧描繪在天然的絲料上。而各式各樣的藥劑，根本不是我們的藥師和醫生所能調配；特別是其中一種藥材，耶穌會士稱之為「虎乳」（Lac Tygridis）③，樣子長得像真菌類植物，重量卻如同金屬，但

③ 譯註：即虎乳靈芝（Lignosus rhinocerus, commonly known as tiger milk mushroom）。

其實那是某種物質凝結之後形成的固體。另外還有不少古籍的抄本。④

至於其他曾經造訪中國的西方旅行家（其中至少有一位喜歡以「東方裝扮」接待賓客），他們以中國故事的饗宴款待艾弗林，還會展示新近入手的珍寶，幾座「裱褙中國人生活剪影及鄉村景致圖畫的山水屏風。」⑤

然而，無論是艾弗林在清單上羅列的珍品，或是英國人鍾愛穿著的東方長袍，抑或是格格不入於堅實粗曠的英式鄉村莊院，那登堂入室的中國山水畫，其實都是其他英國人的眼中釘，特別是那些自詡為傳統中產階級美德的守護者。他們眼見斯圖亞特（Stuart）的宮廷瀰漫一股鬆散放蕩的道德氛圍，早已感覺簡樸生活的價值觀受到嚴重威脅。

在十七世紀的進程中，當時中國正慢慢浸染英國人的生活。莎士比亞（William Shakespeare, 1564–1616）對這股風潮視而不見，只在作品中兩次簡略提及「契丹人」（Cataians），而且態度頗為輕蔑。⑥而法蘭西斯・高德溫（Francis Godwin, 1562–1633）一六二八年的社會諷刺小說《月中

---

④ John Evelyn, *The Diary of John Evelyn*, ed. E[smund] S[amuel] de Beer (Oxford: Oxford University Press, 1959), pp. 460–461.

⑤ Ibid., pp. 689 and 728.

⑥ 在《溫莎的風流娘兒們》（*Merry Wives of Windsor*, c. 1601–1602）〔譯註：在 II.i.144，「裴琪（自語）：『我

人》（*Man in the Moon: or, A Discourse of a Voyage thither*, 1628）裡⑦，英勇的太空旅人重返地球時，降落地點正是中國，旅人在那裡受到妥善照料，並發現中國人（the "mandarins"）仁慈厚道、好奇心強而且才智過人。十七世紀中期，由彌爾頓（John Milton, 1608–1674）諸作中可看出他對於中國的確切位置與前塵往事，仍是如墜五里霧中恍惚。以《失樂園》（*Paradise Lost*, 1667, 1674）為例，亞當從樂園中最高的山上遠眺：

震古鑠今的帝國
京畿所在，始於大都汗八里（Cambalu）

可不能相信這種「卡瑞人」（Cataian），儘管城裡的牧師還說他是個好人。』」行碼據《河岸本莎士比亞》（*The Riverside Shakespeare*, 2nd ed., 1997），下同；中譯取自方平譯：《溫莎的風流娘兒們》，最新校訂版新莎士比亞全集十九（新北：木馬文化，二〇〇三，頁五四。）及《第十二夜》（*The Twelfth Night, or What You Will*, c. 1601–1602）

譯註：在II.iii.75，「托比：『伯爵小姐是個中國人（Cataian），只當她說話是假的。』」中譯取自方平譯：《第十二夜（悉聽尊便）》，最新校訂版新莎士比亞全集二三（新北：木馬文化，二〇〇一，頁五四。）。

⑦ 譯註：此書的正式出版在作者身後，封面所題為高氏筆名：*The Man in the Moone: or, A Discourse of a Voyage thither*, by Domingo Gonsales the Speedy Messenger (London: Printed by John Norton, and Are to Be Sold by Ioshua Kirton, and Thomas Warren, 1638)。

的城牆，契丹可汗（Cathaian Can）的治地……

蜿蜒至帕金（Paquin），中國歷代諸王（Sinean Kings）的領土。⑧⑨

既然這裡的"Cambalu"顯然就是馬可．波羅筆下鍾情的"Kambalik"，而「帕金」亦即「北京」的另一種拼法，因此彌爾頓的詩行就字面上理解，亞當的目光其實一直在同一座城市裡逡巡。約翰．艾弗林在一六六四年列出他的珍品清單，才不過五年光景，英籍學者約翰．韋伯（John Webb, 1611–1672）就苦心孤詣，完成他畢生最偉大的事業，證明了中文是第一種基本世界語言⑩，隨後於一六八五年，中國人沈福宗（Shen Fu-tsung, 1657–1692）成為第一位踏上英格蘭土地的中國人⑪，

---

⑧ John Milton, *Paradise Lost*, XI, lines 387–390.

⑨ 譯註：中譯參見朱維之譯，梁欣榮導讀：《失樂園》，桂冠世界文學名著五四（臺北：桂冠，一九九四），頁六八一，行三八七～三九〇。

⑩ 譯註：見John Webb, *An Historical Essay Endeavoring a Probability That the Language of the Empire of China Is the Primitive Language* (London: Printed for Nath. Brook, 1669；關於韋伯此論，另參張隆溪：〈約翰．韋布的中國想像與復辟時代英國政治〉，在張隆溪著：《一轂集》，收入韓晗主編：《張隆溪文集》第三卷，文學視界四九（臺北：秀威資訊出版社，二〇一三），頁三二三～三三一。

⑪ 譯註：一、康熙二十年（一六八一），沈福宗隨比利時耶穌會士柏應理（Philippe Couplet, SJ, 1623–1663）自濠境啟航赴歐，次年抵達葡京里斯本。事見顧衛民：《中國天主教編年史》（上海：上海書店出版社，二

在法籍耶穌會士護送前往法國的途中，這位皈依天主的青年曾轉往英王詹姆士二世（King James II of England, 1633–1701）的天主教宮廷拜訪[12]。沈氏備受禮遇，英王命令宮廷畫師嘉德弗瑞・奈勒爵士（Sir Godfrey Kneller, 1st Baronet, 1646–1723）為他繪製肖像，牛津大學尊崇他為榮譽訪客。他還在牛津大學與英國大儒湯瑪士・海德（Thomas Hyde, 1636–1703）切磋往來——雙方使用的共同語言是拉丁文[13]。[14]

〇〇三），一六八二年條。二、關於柏應理事蹟，另參〔法〕費賴之（Louis Pfister, 1833–1891）著，馮承鈞譯，中華教育文化基金董事會編譯委員會編輯：《在華耶穌會士列傳及書目》，二冊，中外關係史名著譯叢（北京：中華書局，一九九五），1:311–318。

[12] 譯註：一六八四年，沈福宗拜會教宗依諾森十一世（Beatus Innocentius XI, 1611–1689），後與柏應理受邀從羅馬啟程訪問法國，成為第一位覲見法王路易十四（Louis XIV of France, 1638–1715）的中國人。

[13] 譯註：關於沈福宗，另詳方豪：《中國天主教史人物傳》，三卷（香港：公理真教學會；臺中：光啟出版社，一九六七～一九七三；北京：中華書局，一九八八），2:200–202；新近的論述還有 William Poole, "The Letters of Shen Fuzong to Thomas Hyde, 1687–88," in *Electronic British Library Journal* 2015，該文檢索網址：http://www.bl.uk/eblj/2015articles/pdf/ebljarticle92015.pdf，檢索日期：二〇一七年十二月十日。

[14] 關於沈福宗，另詳 Theodore N[icholas] Foss, "The European Sojourn of Philippe Couplet and Michael Shen Fuzong, 1683–1692," in *Philippe Couplet, S. J. (1623–1663), the Man Who Brought China to Europe*, ed. Jerome Heyndrickx, Monumenta Serica Monograph Series 22 (Nettetal, Germany: Steyler-Verlag, 1990), pp. 121–142。

到了十七世紀末期，中國熱潮風靡的程度，甚至在莎翁《仲夏夜之夢》（*A Midsummer Night's Dream*, 1600）的歌劇改編版本中都可窺見一斑。劇本中有一段舞臺指示是這麼寫的：

沒有燈光的漆黑舞臺上，演員們一同踏著舞步進場。接著交響樂響起，霎時燈光大亮，一座中國花園在舞臺上清楚現形，園中之建築、樹木、植物、水果、飛鳥、走獸，截然不同於我們在世界的這個角落的見聞。花園的盡頭是座拱門，從中間看進去的端景，還可望見其他拱門以及扶疏的喬木，成排的樹木延伸至視線的止境。這座花園裡有幾條上坡路，通往舞臺的頂端，那是另一座懸空的花園；空中花園的兩端都是宜人的涼亭及各式嘉木，空中還有珍奇的鳥兒盤旋飛舞。上舞臺的位置還有一座噴泉，汩汩噴湧著水，流進下面的大池子裡。

在這如夢似幻的場景裡，中國戀人對唱出普賽爾（Henry Purcell, 1659–1695）譜寫的優揚和聲，六隻猴子從樹林中現身起舞，舞臺指示此時也進入情緒的最高潮：

六個中式工法的基座從舞臺下升起，基座上盛放著六只巨大的瓷瓶，瓶裡栽種六株中國柑橘樹……基座緩緩朝向舞臺前方移動，此時二十四人的大型舞團開始舞動。接著婚姻女神海曼（Hymen）現身於臺上，設法勸解仙王歐伯朗（Oberon）及仙后蒂坦妮雅

（Titania）和好如初，並撮合了一對中國佳偶。眾人齊聲歌詠五重唱，歌劇至此落幕。⑮⑯

上述這種盡情抒發的中國情懷，毫無節制地贊許所有中國事物，這種狂熱的喜愛在小說家兼政治諷刺小冊作家狄福（Daniel Defoe, c. 1660–1731）筆下，終於出現對立的論調。狄福一六六〇年出生於倫敦的肉販家庭，在虔誠的新教（nonconformist）⑰環境中長大。三十歲那年他賺進人生的第一桶金，卻因為自己的躁進及生意夥伴狡詭欺詐的行徑，賠得蕩然無存，此後他憑藉寫作，過著沒有固定收入的飄忽生活。他先以諷刺文〈道地的英國人〉（"The True-Born Englishman," 1701）闖出文名，接著又鼓吹英國應該開闢疆土，接管西班牙帝國日漸式微的海外勢力。狄福惡毒的政治小

---

⑮ 轉引自 Hugh Honour, *Chinoiserie: The Vision of Cathay* (London: J. Murray, 1961; New York: Harper & Row, 1973), p. 78〔譯註：中譯參見〔英〕休・昂納（1927–2016）著，劉愛英、秦紅譯：《中國風：遺失在西方八〇〇年的中國元素》（北京：北京大學出版社，二〇一七）。〕亦見論於 B. Sprague Allen, *Tides in English Taste (1619–1800): A Background for the Study of Literature*, 2 vols. (Cambridge, Mass: Harvard University Press, 1937), II:20。

⑯ 譯註：普賽爾的這齣五幕歌劇名為 The Fairy-Queen，一六九二年演出，劇本見 Henry Purcell, *The Fairy-Queen: An Opera. Represented at the Queen's Theatre by Their Majesties Servants* (London: Printed for Jacob Tonson, at the Judges-Head, in Chancer-Lane, 1692)，或見 Henry Purcell, *The Fairy Queen: In Full Score* (Mineola, NY: Dover, 2000)。

⑰ 譯註：指不信奉英國國教的其餘基督教徒。

冊子充滿敵意⑱，不斷給自己招惹麻煩，最後他被判處枷刑，立囚於頸手枷架上，遊街示眾數日，成為「新門監獄」（Newgate Prison）的囚徒。

狄福在他發表於一七〇五年的奇幻托喻中——〈聯合飛行器〉（"The Consolidator"，別題〈月球世界〉〔"World in the Moon"〕），首次談到了中國⑲。當時狄福似乎能夠從善如流，採用一些有利於中國人的論點，指他們是「歷史久遠、彬彬有禮，而且是聰慧又足智多謀的民族」，他們在手工藝方面的造詣之高，正好彌補他們對於「歐洲科學知識的驚人無知和缺陷」。⑳不過到了

---

⑱ 譯註：這裡應指〈懲治不從國教者的捷徑〉（"The Shortest Way with the Dissenters," 1702）。

⑲ 譯註："Consolidator"為小說中的飛行器名稱；原書題見 Daniel Defoe, *The Consolidator: or, Memoirs of Sundry Transactions from the World in the Moon, translated from the Lunar Language, by the Author of "The True-Born English Man"* (London: Printed, and Are to Be Sold by Benj. Bragg at the Blue Ball in Ave-Mary-Lane, 1705)。

⑳ Allen, *Tides*, II:34；另詳陳受頤（1899–1978）在《南開社會經濟季刊》的論文：Ch'en Shou-yi, "Daniel Defoe, China's Severe Critic," in *Nankai Social and Economic Quarterly* 8, no. 3 (October 1935), pp. 511–550。譯註：一、陳受頤此文另收錄於夏瑞春（Adrian Hsia, 1938–2010）所編，*The Vision of China in the English Literature of the Seventeenth and Eighteenth Centuries, Academic Monographs on Chinese Literature* (Hong Kong: The Chinese University Press, 1998), pp. 215–247。另參陳受頤：〈魯濱遜的中國文化觀〉，《嶺南學報》第一卷第三期（一九二九），頁1–31。二、本章所論英國文學，另可參閱范存忠：《中國文化在啟蒙時期的英國》（*Chinese Culture in Britain during the Period of Enlightenment*）（上海：上海外語教育出版社，一九九一；南京：譯林出版社，二〇一〇）；或參姜智芹：《文學想像與文化利用：英國文學中的中國形象》（北京：中國社會科學出版社，二〇〇五），

一七一九年，當他出版《魯賓遜飄流記》（*Robinson Crusoe*）第二部時，卻毅然而然轉移陣地，站在敵對的那一方，這當然可能出於他個人的道德信念出現轉折，也可能因為他確信這樣的立場最能迎合英國的中產階級讀者。

一七一九年八月，狄福倉卒間將《魯賓遜漂流記》第二部付梓㉑，希望挾著四月出版第一部漂流記的暢銷聲勢，乘勝追擊。如此匆促完成作品，導致第二部的情節鋪設稍嫌簡要，用語也過於尖刻，倘若狄福有充裕的時間寫作，可能不致於會有這樣的結果。因此，雖然魯賓遜登陸中國時的流浪冒險本質像是回到了一百五十年前的小說場景——品篤書中的主人翁意外進入中國的情節；狄福筆下卻缺乏品篤那分從容不迫、娓娓道來的筆調，也未曾嘗試用比較性的思維，細膩抒發自己的感想。

其中論笛福之一節即題作〈笛福：中國的嚴厲批評者〉，頁一八九～二〇一。

㉑ 中譯參見英國達孚原著，曾宗鞏（生卒年不詳）口譯，林紓（1852–1924）筆譯：《魯濱孫漂流續記》（上海：商務印書館，一九〇六）。當時商務印書館在《新聞報》有廣告如下：「此書仍系英國達孚原著，閩縣林君琴南所譯，與前記蓋出一手。書敘魯濱孫返國後第二次復出航海，重蒞前島，詢知西班牙人督眾與生番鏖戰，獲男、婦凡數輩。又舟行抵馬達加斯島，舟人因挑少婦啟釁，襲擊土人，焚毀村舍等事。摹寫戰時情狀，均極生動酣烈，有聲有色。其後兼敘魯濱孫遊歷至我國，采風紀俗，語含諷刺，雖多失實，亦未始不可借為針砭。外此瑣事，旁見側出，亦俱點染有致。」在林紓與曾宗鞏合譯《魯濱孫漂流記》（上海：商務印書館，一九〇五）後，中文世界便習以「魯濱孫／魯賓遜」（Robinson）指稱故事主人翁，而非如西人姓名的翻譯慣例以姓氏「柯洛蘇／克羅索」（Crusoe）稱之。本譯循習，文中之"Crusoe"皆取今人常用的「魯賓遜」為譯名。

魯賓遜與幾名夥伴意外飄流至中國南方海岸後，他們開始往內陸前進；由魯賓遜當時的第一印象看來，他對中國頗為讚許：

> 我們首先花了十天工夫抵達南京，那確實是值得一觀的城市；據說城內住了一百萬居民，其實我不太相信。南京城興建得井井有條，街道筆直且經緯交織，這樣的格局為南京城的規劃帶來不少有利條件。㉒

然而接下來的長篇謾罵，立刻就將這樣的第一印象破壞無遺。原先所述的點點滴滴的正面中國，這下全都一筆勾銷，遭到了否定；而所有負面的中國情事，狄福更是不遺餘力對英國讀者大肆渲染：

> 但當我將這些國家裡悽慘的人民，與我們自己相比時，他們社會結構的生活模式，以及他們的政府、宗教和資源，甚至是有些人口中所謂的昌盛，說實話，我覺得根本不值一提、不值得我費涓滴筆墨去寫，也不值讀者們一讀……

㉒ Daniel Defoe, *The Life and Strange Adventures of Robinson Crusoe, Part II*, in *The Works of Daniel Defoe*, vol. 2, ed. G[ustavus] H[oward] Meynadier (Boston: David Nickerson, 1903), p. 256.

……相較於歐洲的宮殿和皇室建築，他們的房舍相形見絀，而英國、荷蘭、法國、西班牙在四海經商，相比之下，中國人的買賣遜色多了。我們城市裡的財富、氣勢、華麗的服裝、富麗堂皇的家具和數不盡的繁榮景象，都是中國城市所無法企及的成就。與我們航運、商船隊及強大的海軍相比，他們港口上寥寥可數的破爛舢舨和帆船只能望其項背。

自從培雷拉把中國在軍事上的不堪一擊拿出來做文章，這已經成了西方記述中司空見慣的老生常談。但是說到觀點之狠毒、鉅細靡遺援引資料，佐證其論據，狄福遠在他的前輩們之上：

我已談論過他們的船艦，容我再談談他們的步兵與騎兵。就他們帝國的整體戰力而言，儘管他們可以徵召兩百萬將士同時投入戰場，但是除了毀掉自己的國家並且害得路有餓殍之外，這些軍人什麼事也辦不成。如果他們打算圍攻法蘭德斯（Flanders）固若金湯的城池，或與訓練有素的軍隊交戰，只消一縱隊的德國胸甲兵（cuirassiers），或是法國騎兵，就可以把中國所有的騎兵一鼓作氣殲滅。縱使他們有一百萬步兵的陣勢，在我們一支嚴陣以待的步兵團面前，即便他們以二十比一的比例列於陣前，也對我們的陣勢莫可奈何；不，就算我說三萬德國或英國步兵，甚至一萬法國騎兵就可輕易擊敗所有中國部隊，也絕對沒有誇大其詞……不錯，他們有軍火，但都是一些不合用、不靈光的玩意兒，能不能射擊都是問題；他們有火藥，但是毫無威力；他們在戰場上沒有紀律，不知如何運用武器，他們既無進攻時應有的韜略，也沒有撤退時該有的沉著冷靜。

對狄福而言，這其實是真實與想像之間不一致的結果，誠如他引用魯賓遜的話：「我必須承認，當我回到家鄉，聽到大家談論中國的種種美好事物時，就覺得真不可思議。人們傳述中國的偉大、富饒、光榮、輝煌和商業貿易，但我認為中國人只不過是一票卑劣的死老百姓，一群無知賤民，齷齪的奴隸，臣服於一個只配治理這種民族的政府之下。」[23]

在同樣簡短而激進的段落裡，狄福筆下的魯賓遜，將中國所謂的學者斥為「無知得很荒謬，難登大雅之堂」，甚至認為與歐洲相較，中國農民在「農務」上堪稱「拙劣而無能」。在憤世嫉俗的情緒下，狄福不僅貶低中國農民勤勞的性格，更言過其實地謬讚英國農業興旺的程度；而在他一七二四年的作品中，狄福再一次翻轉話鋒；這套名為《大英帝國全島遊》（*Tour Thro' the Whole Island of Great Britain*）的三卷本旅遊記述，距他前一本同樣譁眾取寵的小說《瘟疫年之誌》（*Journal of the Plague Year*, 1722）[24]，才不過兩年光景。書中看似最讓狄福光火的是中國人根深柢固的優越感，他們根本不瞭解時事，不知道西方在其他許多領域早就遠遠凌駕他們，不單單只有軍事裝備而已。而他認為「荒謬至極」的是「他們除了自己，誰都瞧不起」。[25]

㉓ Ibid., pp. 256–258.

㉔ 譯註：中譯參見〔英〕丹尼爾·狄福著，謝佳真譯：《大疫年紀事》，麥田水星七（臺北：麥田出版；城邦文化發行，二〇〇四）。

㉕ Ibid., pp. 260–261.

魯賓遜在途中曾偶遇一名中國統治階級的菁英，而對於此人的文字描繪，恐怕是狄福最火力全開的憤怒筆調：

> 他騎在馬上的那副尊容，十足是堂吉訶德再世，揉合了浮華與貧窘的調調。這位渾身油膩膩的老爺是個髒胚子，看來簡直是個膽小、愛吹牛的丑角，不然也像是跑龍套的江湖人物；從他身上的外套，分明看得出蠢驢的俗麗與寒澀，比如捲起的袖子、流蘇，以及到處可見的開口和衩子。他在衣服外頭還穿上一件錦緞坎肩，髒得就像油膩膩的屠夫，這些足以說明他的一身官榮勢必來自「誰能愈細緻地闡發懶漢的神髓，誰的官就愈大」，這種敘才授官的方式。他的馬既羸瘦又可憐，因為餓壞了所以步伐蹣跚，這樣的馬匹在英國只值三、四十先令；他還有兩名奴隸在他身旁亦步亦趨，一邊驅趕著那頭可憐的牲畜。㉖

在狄福看來，這個中國男人的飲食習慣和家庭生活，就和他出遊的方式一樣厚顏無恥。為了強調這點，狄福再次用誇張滑稽的諷刺手法（caricature）描繪這位中國老爺，突顯以下與英國中產階級完全背道而馳的價值觀：

㉖ Ibid., p. 261.

當我們順道途經這位大人物的鄉間居所，見著他正在門前一小塊地方用餐……他坐在一棵樹下，看來像是菜棕（palmetto-tree）之類的樹木，樹蔭遮蔽了他的頭以及朝南的方位；但樹下同時還擺設了一把大傘，讓遮蔭這件事看起來比較講究。這位蠢胖瓠肥的大人物，懶洋洋倚在一張精緻的扶手椅上，兩名婢女把肥肉送到他嘴邊餵食。還有另外兩名婢女在他身旁打點一切，而我相信歐洲紳士裡很少有人願意接受這樣的服侍：一名婢女用湯匙餵這位老爺吃東西，另一名則一手端著盤子，一手拂去落在老爺閣下鬍子及錦緞坎肩上的碎屑。類似的瑣事就連國君王侯都不願假手他人，以免笨手笨腳的僕人給自己添麻煩，但這腦滿腸肥的畜生根本不屑於勞駕自己的雙手，覺得如此一來便有失身分。㉗

也許狄福這段文字確實有多方資料為據，但也許不過是憑空編造，然而字句之間浮現幾分十四世紀約翰．曼德維爾的影子，卻不容我們視而不見。曼德維爾這樣描述可汗治下一位富人的生活：

這位大人享受著絕妙的生活。五十位少女在飲食床第之間侍候他，吃飯、睡覺都任由他隨心所欲差遣。而且他坐下用餐時，少女們會先端上佳餚，一次上齊五盤肉，上菜時還

㉗ Ibid., p. 262.

一邊吟唱美妙的歌曲。在他面前，她們會切好肉塊，才送入他口中，就好像他是個孩子；他完全不用手切食物，也不碰任何東西，雙手只靜靜擱在餐桌前……等他吃夠了第一道菜，她們再端上另外五盤佳餚，從頭到尾都唱著歌。她們就持續這樣侍奉這位大人直到這頓飯吃完。這位大人就過著這種日子，完全依循先祖留下來的規矩，而他的兒孫也會繼續依循這樣的祖制。因此，飽食終日就是他們奉行的至高真理，他們沒有絲毫值得敬重或勇氣可嘉的成就，只為了肉體的歡愉享樂而活，就像豬欄裡的豬一樣。㉘

從波羅、品篤、利瑪竇到閔明我，先前的每一位旅行家都會想方設法盡力勾勒中國之行的路線，而且混合使用各種拉丁字母的拼音模式，盡可能將沿途經過的中國城市及省分名稱拼寫出來。但狄福的魯賓遜卻反其道而行，似乎對這項苦差事不勝其煩，所以只胡亂編了沒什麼殺傷力而且又說得過去的理由，解釋他為何無法如讀者所願確切記錄這些細節，就草草將讀者搪塞過去了。他解釋說，當他從一條小河的淺灘涉水而過時，不慎從馬匹上跌下來，全身都溼透了：「我之所以提起這件事，是因為我的筆記本全給糟蹋了，本子裡都是我在旅途中有機會記下的人名和地名。都怪我沒有細心保存，這下紙頁全都泡爛了，所有的字跡再也無法辨讀。對我來說真是損失慘重，因為裡

㉘ John Mandeville, *Travels*, ed. Moseley, p. 187.

面的地名都是我此行曾經造訪的地方。」㉙儘管信口胡謅丟失了筆記本，但其實對魯賓遜來說根本毫無損失可言，因為他早就厭煩了中國那可笑的一切，巴不得能早點離開，再也不回來。

在幾段貶抑的敘述之後，這篇尖酸刻薄的評論總算進入尾聲；譬如，人們過分吹捧的中國「陶瓷建築」，除了「稀有罕見」之外，根本一無可取。長城也許「工程浩大」，卻「大而無當」，因為那裡的地勢「巖石嶙峋，根本無法通行，而且峭壁險峻，敵人也不可能上得來。而且，如果他們真的攀爬了上來，那麼築再高的牆也抵擋不住他們」。除了以「大而無當」形容長城，魯賓遜還表示，只要英國的工程師願意，「十天之內就可拆毀長城」，不在原址「留下任何痕跡」。㉚

狄福運用中國的各種負面案例，變相歌頌他的祖國英國，一如二十年後安森的計策；這種別有用心的手法，總讓他的小說帶有幾分肆意好辯的色彩，但事實上這也全然與當時的普遍趨勢背道而馳。當時的主流傾向於善用亞洲專屬的優點，彰顯西方社會內在的弊病。在所有主題涉及中國的此類小說中，約翰·曼德維爾的遊記堪稱是其中的開山之作；他以遙遠的異國社會為例，批判當時十四世紀中期薄弱的基督宗教價值觀。曼德維爾構思了一段場景，讓故事中的敘述者和「法語流利無比」的和藹蘇丹展開一場「私人對話」，而借由這種方式，曼德維爾傳達了他自己渴望破

㉙ Defoe, *Crusoe*, p. 263.

㉚ Ibid., p. 271.

除舊習的宗教觀：

等他們全都離開了，蘇丹問我，在我們國家裡，基督徒約束自己的修身工夫做得如何。我回答：「君上，他們都嚴以律己。感謝主。」蘇丹卻說：「不對，完全不是這麼回事。因為你們的教士並沒有正確的侍奉主，他們應當過著秉持公義的生活，他們卻沒有；他們應當為那些比他們無知的人樹立典範，示範健全的生活方式；他們卻立下最壞的榜樣，表露出人性的各種軟弱。」

之所以出現負面的例子，完全是因為這個所謂的基督教社會充斥了嗜酒、貪口腹之欲和逞凶鬥狠的人，如同「缺乏理性的野獸」：

「大多數基督徒會互相欺騙，立下重誓卻出爾反爾。而且，他們因為自負與虛榮而極度自命不凡，從不知道何謂得體的裝束；有時候他們穿著短式服裝，有時候則著長衣，間或穿著寬鬆、合身的款式。你們應該質樸、溫良、真誠、慈悲為懷並且樂善好施，效法你們口中信仰的基督。但是事實正好相反，因為基督徒太傲慢善妒，可說是縱情於聲色的貪饞之徒，他們甚至貪得無厭，甘願為了一點銀兩，把自己的女兒、姊妹、甚至妻子，兜售

給覬覦她們的男人。」㉛

這類的虛構技巧，在十六世紀的烏托邦小說中變得屢見不鮮，其中包括湯瑪士・摩爾（Sir Thomas More, 1478–1535）的《烏托邦》（*Utopia*, 1516）（從此確立「烏托邦小說」此一文類），法蘭西斯・培根的《新亞特蘭提斯》（前文約翰・艾弗林曾提及）以及湯瑪士・坎帕尼拉（*Thomas Campanella*, OP, 1568–1639）的《太陽之城》（*City of the Sun*, 1602 in Italian, 1623 and 1638 in Latin）。就在狄福倉促將負面的中國的評論付梓之際，孟德斯鳩也正在法國撰寫《波斯人信札》（*The Persian Letters* [*Lettres persanes*]）；一七二一年，這部著作在阿姆斯特丹出版後，一時之間洛陽紙貴。㉜孟德斯鳩此書仿照曼德維爾模式，藉由兩名在法國遊歷的中東訪客，批判法國社會層出不窮的荒謬事件，直言不諱的同時，也盡可能呈現出中東社會的不堪現實，而這些內容是他博覽群書後

㉛ Mandeville, pp. 107–108.
譯註：曼德維爾此處點出的基督徒罪行，都出自七罪宗（Seven Deadly Sins），據天主教義，即一切罪惡的根源。若按七者字首組成的中世紀拉丁文縮寫“SALIGIA”，則七罪宗之順序為：驕傲（superbia/pride）、慳吝（avaritia/avarice）、迷色（luxuria/lust）、嫉妒（invidia/envy）、貪饕（gula/gluttony）、忿怒（ira/wrath）、懶惰（acedia/ sloth）。曼德維爾的論點中涵蓋前五種。

㉜ 譯註：中譯參見〔法〕孟德斯鳩著，梁守鏘譯《波斯人信札》（北京：商務印書館，二〇〇六）；另可見羅大岡譯本（北京：中國文聯出版社，二〇〇四）或陸元昶譯本（北京：北京聯合出版公司，二〇一四）。

去無存菁的結果。㉝不出幾年，其他法國作家陸續開始援引中國為鑑，而不再利用中東為自我文化批判的手段。而在英國，自由投稿作家奧利佛・戈德斯密（Oliver Goldsmith, 1728–1774）極欲在文壇闖出一番名堂，他也決定從同一條礦脈裡挖掘寫作素材。

認為奧利佛・戈德斯密是親中勢力裡的一員，這個看法或許不太可靠；他嫌惡中國、中國人、中國商品及中國哲學的言行，反而很容易讓人把他和狄福聯想在一起。一七二八年，戈德斯密誕生於愛爾蘭的神職人員家庭，經過一番努力後順利進入都柏林三一學院（Trinity College）就讀。不過之後他遭遇一連串災難；譬如，他錯過了原本要搭乘的船隻，而無法前往美洲殖民地一試運氣，又賭光了好心親戚們籌措給他去研讀法律的經費。由於這些遭遇，戈德斯密決定加入愛爾蘭人大量遷徙的移民潮。他的第一站是蘇格蘭，並前往愛丁堡學醫，隨後他計畫遠赴歐洲大陸，不過卻因為某些誤會而在紐卡索（Newcastle）遭到逮捕，並再次錯過船隻，致使他的歐陸之行落空。到了一七五〇年代末期，他在醫生資格考試失利後定居倫敦，靠著寫作隨筆小品與評論，勉強餬口。㉞

身為職業作家，戈德斯密一直對文學市場保持敏銳的洞察力，而根據一封他寫給友人布萊頓（Robert Bryanton）的信，到了一七五八年八月的時候，他決定寫一本有關於中國哲學的著作。這

㉝ Montesquieu [Charles-Louis de Secondat], *The Persian Letters*, ed., trans., and introd. J[ohn] Robert Loy (Cleveland: World, 1969), pp. 15–16 可見其資料來源。

㉞ John Forster, *The Life and Times of Oliver Goldsmith*, 2 vols. (London: Bickers & Son, 1877), chaps. 1–4.

封筆調愉悅的信在行文中挾帶著嘲諷，正是戈德斯密此刻的心境寫照：他告訴布萊頓自己被束縛在命運的轉輪上，就像「綁在車輪上受刑的妓女」，然而現在對他的作品嗤之以鼻的人，遲早有一天會認同他的「才情」。戈德斯密和其他人一樣，對中國語言穿鑿附會——「只要看我使用的中國名字，就知道我博學多聞了」，而且他還讓筆下的「中國人像英國人一樣說得一口漂亮英文」。為了逗朋友們開心，戈德斯密甚至編造他逝世之後，中國文人為了褒揚他的蓋世之才而寫的誄辭：

奧利佛．戈德斯密活躍於十八世紀和十九世紀的文壇，享壽一百零三歲……（此處以刪節號標示，乃因手稿毀損而無法辨識字跡，並非戈德斯密原文。）可被世人尊稱為……的旭日、歐洲的孔老夫子……學術領域，作品卻被訛傳為出自於無名氏之手，甚至很可能湮沒於書海之中，因為世人擅自將他的著作穿鑿附會為別人的作品。〈論現階段歐洲的文學與品味〉（“Essay on the Present State of Taste and Literature in Europe,” 1759）是他聞名於世的第一本著述——此論著的價值和分量堪稱為文壇寶石。文中剖析了何謂學識，以及辨別何謂非學識，他還證明了呆子不是才思敏捷的人，富有才智者其實反而是癡人。

在這封寫給布萊頓的信件末尾，戈德斯密露出他的真實面目：

那麼，讓我停止幻想，看看我自己的未來；正如男孩們常說的話：下馬來看清楚馬背上的自己。好了，現在我從馬上下來了，但這鬼地方是哪裡？噢，主啊！主啊！原來我在一

間閣樓上，為了填飽肚子在稿紙上爬格子，估計一會兒還有人來催討賒欠的牛奶錢呢！㉟

不出一年光景，戈德斯密就按照計畫開始動筆，以中國為寫作題材，支付他住的閣樓的租金。一七五九年，戈德斯密寫了第一篇以中國為主題的文章，用書評的形式討論一齣以中國戲曲《趙氏孤兒》（*The Orphan of Chao*）為藍本的新戲㊱元人雜劇《趙氏孤兒大報讎》的成書年代，正是波

㉟ 引自 Ibid., I:139–140，一七五八年八月十四日信件。

㊱ 譯註：一、《趙氏孤兒》故事在歐洲中國熱時期的傳播，無論就比較文學或翻譯史，甚至是形象學（Image Study）的角度觀之，都是脈絡複雜的課題，前人的深入研究頗多，可參陳受頤（1899–1978）：〈十八世紀歐洲文學裡的《趙氏孤兒》〉，收入陳受頤著：《中歐文化交流史事論叢》（臺北：臺灣商務印書館，一九七〇），頁一四五～一八〇；范存忠（1903–1987）：〈《趙氏孤兒》雜劇在啟蒙時期的英國〉，收入張隆溪、溫儒敏選編：《比較文學論文集》，北京大學比較文學研究叢書（北京：北京大學出版社，一九八四），頁八〇～一二〇等篇。翻譯學界近期仍有不少討論，此處不贅述。

二、《趙氏孤兒》劇本的首次西傳，為法國耶穌會士馬若瑟（Joseph de Prémare, 1666–1736）據臧懋循（1550–1620）所編《元曲選》（另題《元人百種曲》），將輯中所錄元人紀君祥（生卒年不詳）的雜劇《趙氏孤兒大報讎》節譯為法文《趙氏孤兒》（*Tchao Chi Cou Ell, ou Le petit orphelin de la Maison de Tchao, tragedie Chinoise*），後見錄於耶穌會士杜赫德（Jean-Baptiste Du Halde, 1674–1743）所編《中華帝國全志·卷三》（*Description géographique, historique, chronologique, politique, et physique de l'Empire de la Chine et de la Tartarie chinoise*, 1735）而風行歐洲，乃中國戲曲譯入歐語之先。馬若瑟譯文見 Joseph de Prémare, *Tchao Chi Cou Ell, ou Le petit-Orphelin de la Maison de Tchao, tragedie Chinoise*, in *Description géographique, historique, chronologique, politique, et physique de l'Empire de la Chine et de la Tartarie*

羅家族在中國探險的蒙元帝國時期，不過並無證據顯示戈德斯密清楚其中的來龍去脈。戈德斯密評論的這部英文版為愛爾蘭劇作家亞瑟・莫菲（Arthur Murphy, 1727–1805）所作㊲，並以威廉・懷海德（William Whitehead, 1715–1785, Poet Laureate in 1757）的一首詩當作開場，目的在歌詠當時英國所崇尚的中國——不過此舉有虛情假意之嫌：

希臘和羅馬的長日將盡。這兩國
油盡燈枯，往日魅力不再；
即使偶有起色卻徒勞無功，
眾目睽睽下，我們的榮光日漸凋萎；

---

chinoise, enrichie des cartes générales et particulieres de ces pays, de la carte générale et des cartes particulieres du Thibet, & de la Corée; & ornée d'un grand nombre de figures & de vignettes gravées en tailledouce, edited by Jean-Baptiste Du Halde, 4 vols. (Paris: chez P. G. Lemercier, Imprimeur-Libraire, rue Saint-Jacques, au livre d'Or, 1735), 3:339–378。

三、啟蒙運動時期，伏爾泰對儒家的道德觀推崇備至，一七五三年他據馬若瑟的節譯本改編，創作了他自己的《中國孤兒：五幕儒家道德劇》（*L'Orphelin de la Chine: la morale de Confucius en cinq actes*），兩年後於巴黎首演。

㊲ 譯註：莫菲的改編版本之前已有數種英譯版面世，主要以馬若瑟的法譯為依據。而莫菲除提及馬若瑟的節譯本外，他的《中國孤兒》與伏爾泰的《中國孤兒》也有近似之處。前人的研究可參見柳無忌（1907–2002）論文，Liu Wu-chi, "The Original Orphan of China," *Comparative Literature* 5, no. 3 (Summer 1953), pp. 193–212。

今夜的詩人乘著巨鷹之翅
為了追求新的美德朝光源飛騰而去，
到達中國東域；大膽將
孔夫子的教誨傳回不列顛耳中。
請接受這遠來的恩賜；如同仿效希臘
從周遊闖蕩的豪傑手上接下金羊毛；
受惠的國度不僅因此更加富裕，
還要讚美冒險犯難的年輕人，將它們攜回。[38]

儘管得到如此高的贊頌，戈德斯密的評論還是相當謹慎；當時某些作家力倡揚棄古典風格，此舉他並不全然贊同。他反而認為，儘管莫菲的改編不如原譯那般「平淡乏味」——即收錄於法國耶穌會士杜赫德一七三五年編纂且風行於歐陸的煌煌四卷《中華帝國全志》譯本——戈德斯密自認其評論優於莫菲的劇作。[39]

戈德斯密此時顯然依循中國這個主軸，開始一系列「中國書信」的寫作，而他筆下中國主人

[38] 引自 Allen, *Tides*, II:25。

[39] Ibid., II:26; and Forster, *Goldsmith*, I:173.

翁的名字，都取自於他曾翻閱過的中國小說或簡冊。[40]這些信件後來集結成為書信體小說，內容涉及一位中國學者在倫敦的經歷、學者之子的冒險見聞，及其在亞洲的情人。一七六〇年至一七六一年間，這些書信一週兩次在《公簿報》（*The Public Ledger*）上發表，總共九十八封，廣受讀者喜愛。在這九十八封書信之外，戈德斯密另外加上幾篇主題不一的隨筆文章，集結成為一部上下兩冊的小說《世界公民》（*The Citizen of the World, or Letters from a Chinese Philosopher Residing in London to His Friends in the East*），於一七六二年刊行[41]。這部小說比他先前發表的單篇書信體小說更受歡迎，並真正成就了他的文名。接下來幾年他乘勝追擊，又陸續發表了幾部作品，終至鞏固自己在英國文壇的

[40] 瓦爾波曾撰寫一篇以單行本形式發行的短篇故事，題名作〈倫敦的中國哲學家叔和致北京友人連濟的一封信〉（"A Letter from Xu Ho, a Chinese Philosopher at London, to His Friend Lien Chi at Peking," 1757）〔譯註：考證一七五七年倫敦刊行的各個版本，瓦爾波原書封面均作 Xo Ho 而非 Xu Ho。〕。法國通俗作家茝列特（Thomas-Simon Gueulette, 1683–1766）在他的《中國故事集》（*Chinese Tales [or, The Marvelous Adventures of the Mandarin Fum-Hoam]*）裡，就使用「福鴻」（Fum Hoam）作為書裡中國人的名字。譯註：茝列特的著作見於 Thomas-Simon Gueulette, *Les aventures merveilleuses du mandarin Fum-Hoam, contes chinois* (Paris: Chez Denis Mouchet, Grande Salle du Palais, à la Justice, 1723; Paris: Chez Pierre Prault, à l'entrée du Quay de Gêvres, au Paradis, 1723)。中譯參見〔法〕托馬—西蒙・格萊特著，劉雲虹譯：《達官馮皇的奇遇：中國故事集》，走近中國文化譯叢（上海：上海書店出版社，二〇〇六）。

[41] 譯註：中文選譯參見〔英〕哥爾德斯密著，王梅譯：《世界公民的來信》，收入周寧著／編注：《孔教烏托邦》，中國形象：西方的學說與傳說六（北京：學苑出版社，二〇〇四），頁三八七～四一二。

主流作家地位：小說《威克斐牧師傳》（*The Vicar of Wakefield*, 1766），長篇敘事詩《荒村》（*The Deserted Village*, 1770），以及劇本《屈身求愛》（*She Stoops to Conquer*, 1771）㊷。由於一連串的成功，到了一七七二年，他甚至受人委託撰寫一部中國史；不過他將這份差事發包給一位舊識，而此人的手筆錯誤百出，以致於這部書的校樣稿必須悉數銷毀。戈德斯密最後於一七七四年辭世。㊸

戈德斯密對當時十八世紀中期歐洲瀰漫的中國熱潮頗為質疑，這本《世界公民》的〈序言〉篇幅儘管簡短，卻可視為他對於自己的懷疑論觀點所做的言簡意賅的精采提要。戈德斯密在〈序言〉中化身為一位中國學者書信集的「編輯」，還說若要品評這位學者，其學識之淵博及治學之嚴謹，根本沒有尺度得以丈量。接著他話鋒一轉，以詼諧的口吻評論他自己採用的比較研究方法：

> 事實上，中國人和我們大同小異。人類之間的差異，取決於涵養的深淺，而非距離的

㊷ 譯註：中譯參見〔英〕高士密著，張靜二譯：《屈身求愛》，收入張靜二譯著：《屈身求愛與造謠學校：十八世紀英國劇壇雙璧》（臺北：書林，一九九三），頁二一～八六。

㊸ 前注㊾所引用的 Forster, *Goldsmith* 一書，對這幾部作品多有敘述。更多詳細的背景介紹，另詳陳受頤在《天下》月刊的論文：Ch'en Shou-yi, "Oliver Goldsmith and his Chinese Letters," in *Tien-hsia Monthly* 8, no. 1 (January 1939), pp. 34–52。

譯註：陳受頤此文另收錄於 Adrian Hsia, *The Vision of China in the English Literature of the Seventeenth and Eighteenth Centuries*, pp. 283–300。

遠近。儘管生活在氣候極端相反的氣候帶，寒熱帶的野蠻民族都有一種共通性格，就是缺乏遠見又強取豪奪。反觀文明開化的國家，無論彼此相隔多遠，都採用相似的方法尋求精緻優雅的享受。

知書達禮的國家間的區隔很有限，然而由後文中的書信往返中不難發現，在這一點上中國人確實有與眾不同之處。書中所有的隱喻和典故都取自東方；本書作者周密地保留他們的禮俗，也詳細闡述許多他們重視的道德教條。這位中國學者有中國人一向言簡意賅和樸質坦率的特質，也像一般中國人一樣嚴肅而好說教。但有一點他們特別相似，那就是：他就像大多數中國人一樣單調乏味。[44]

正當他為中國的道德問題百思不得其解時，戈德斯密做了一個夢。他寫道：

夢境中的泰晤士河結冰了，我只好站在河岸上。冰面上設了幾個貨攤，一名旁觀者告訴我，風氣博覽會（Fashion Fair）就要開始了。他接著說，每位帶著作品參展的作者都會受到熱誠接待。然而我決定從岸上的安全地點觀望這究竟是怎樣的場合；一方面唯恐冰封

㊹ Oliver Goldsmith, *The Citizen of the World, or Letters from a Chinese Philosopher Residing in London to his Friends in the East*, 2 vols. (London: Printed for Wm. Otridge and Son, John Walker, James Scatchard, Vernor & Hood, D. Ogilvy and Son, and Darton & Harvey, 1800), I.iii.

不夠堅固，二方面在夢中我向來膽怯。㊺

從這個安全的有利位置上，戈德斯密看著馬車一輛一輛駛過，許多車中滿載「中國家具、俗麗飾品及火藥」，馬車冒險在冰上來去，安然無恙，很快就將貨品賣個精光。戈德斯密因此膽量大增，決定推著一輛小型獨輪車緩步前進，到冰上販賣「中國道德」。但是冰面就連一小車道德思想都承受不了，頓時斷裂開來，「獨輪車和所有東西都沉到了水底」，戈德斯密也同時從夢中驚醒。

戈德斯密書中杜撰的中國學者連濟（Lien Chi）的信件，處處機鋒，隨處可見針對英國風氣、欺詐、荒謬和政治的針貶；這部書大受歡迎，堪稱是當之無愧。戈德斯密的〈序言〉針對道德的模糊性大加議論，而《世界公民》中最能與之相呼應的兩封信件，當數第十一和三十三封信。在這本流浪冒險的書信體小說中，系列書信的第十一封是連濟寫給他在北京的朋友福鴻（Fum Hoam），信中論及奢華、美德與快樂之間的關聯。對狄福來說，奢華使人墮落是不滅的真理，而戈德斯密〈序言〉中的嘲弄無疑是針對那些無關宏旨的奢華。但是當連濟徵詢他的朋友：「相較於清心寡欲的生活，享樂難道不會使我更加快樂？」連濟接著議論：

回顧歷史上所有因富裕與智慧而聲名卓著的國家，你會發現，如果沒有先經歷過奢

㊺ Ibid., I:iii.

華，他們不會成就聰明才智；你會發現舉凡詩人、哲學家甚至愛國志士，都在奢華的隊伍中行進。道理很簡單：只有當我發現知識與感官的享樂環環相扣，才會汲汲營營於求知。我們會先依照感官的知覺行事，然後再依照知覺的反映，對感官的發現做出判斷。如果你告訴戈壁沙漠裡的土著關於月亮運行的視差（parallax），他一定覺得這樣的資訊毫無用處，他還會納悶為什麼有人要在這種事情上勞神，還花費大把銀子解決這種毫無用處的難題。但是如果你把這件事與快樂連結起來，告訴他視差的測量不僅可以改善航海的精確，並得以勘查更遠的地方，還可因此獲得更暖和的外套、更強大的槍枝及更鋒利的刀子，那麼他一定立刻對於如此偉大的進步興高采烈。簡而言之，我們只會對渴望擁有的東西產生求知的興趣；不論我們如何否定，奢華刺激我們的好奇心，並激發出我們的渴望——一種變得更有智慧的渴望。㊻

當大家共享奢華時，會助長政治上的結盟；當大家共享私利時，會培育更多優秀的公民；而高度的消費能力，更可促進完全就業。因此，連濟引用孔子的話說：「只要不傷及己身，我們應該盡量享受生活中的奢侈品。」㊼

㊻ Ibid., I:34–35.

㊼ Ibid., I:36.

不過在第三十三封信中，連濟嚴厲指出，在生活上他自有一套令人信服的個人見解，但如果期望英國人能夠接受，那就必須先準確吻合英國人的刻板成規。連濟用修辭學上的頓呼法為這絕妙的一章開頭：「真是噁心啊！噢福鴻！簡直噁心到讓人想吐！」連濟抱怨英國佬「裝模作樣，指導我中國禮儀。」連濟受邀參加一位「知名的英國女士」的晚宴，但從他進門的那一刻起，每一件事情都出了差錯。這位女士非常驚訝，連濟竟沒有隨身帶鴉片或煙草以自娛；雖然她為所有客人安排了座椅，她卻在地上幫連濟擺了張墊子；她也不顧連濟點了烤牛肉，反而接連為連濟送上燕窩和熊掌；當連濟拿起刀叉而非筷子時，她更加入其他客人行列，齊聲議論。也許有人會說，女主人和客人完全是出於禮貌，不願強迫他們的貴賓入境隨俗，但是戈德斯密筆下的連濟卻排斥這種說法；因為這些英國人不只告訴連濟該怎麼坐、該吃什麼，座上受邀的一位學者甚至大放厥詞，愚昧無知地長篇大論，批評中國的城市、山巒、動物、中國人容貌的特徵、語言和隱喻的運用等，直到連濟適時說：「他差點讓我相信那不是我的祖國」。㊽

連濟的回應在修辭與哲學上都強而有力，他指出這位自命不凡的學者根本對於中國歷史、語言及文化一無所知，同時也完全不理解中國人很可能早就對於歐洲哲學和社會生活的精妙之處，瞭如指掌了。連濟作出結論說：

㊽ Ibid., I:133.

每一個國家固有的事物基本上是相似的，我們的孔老夫子和你們的提拉生（Tillotson），幾乎沒有任何具體的差異。微不足道的熱情、牽強附會的典故和令人反感的華服，這些都是只要你想擁有，就能輕易獲致的事物；無論何時想藉此博得滿堂采，往往只是昭告了自己的無知和愚蠢。[49]

但當連濟的言論接近尾聲時，他發現在場的人早已轉移了注意力：有些人竊竊私語，有些人在研究扇子，另外有些人則呵欠連連，甚至早已進入夢鄉。這位中國貴賓自行默默退席，沒有人送他離開，此後也沒有人再邀請他作客。

到了戈德斯密長篇小說的結尾，連濟的兒子興波（Hingpo）已遍遊亞洲及中東，在經歷無數冒險之後，終於返回倫敦，與父親歡欣團圓。本書也出現十八世紀小說中常見的機緣巧合情節：興波的愛人澤莉絲（Zelis）早年遭海盜挾持至波斯後，寄居於波斯某處的後宮，此刻也與興波重逢；原來這位少女竟是連濟英國至交的姪女。於是在一片歡樂中，這對年輕人舉行了一場中英聯姻的婚禮，並安身在「鄉間的一處小莊園」。[50]

戈德斯密的小說出版後不久，約翰·貝爾出使中國的記述延宕多時之後，也終告發行。戈德

㊾ Ibid., I:134–135.

㊿ Ibid., II:239.

斯密並不在第一批訂閱書籍的讀者群中，而貴族美學家赫瑞斯．瓦爾波（Horace Walpole, 4th Earl of Orford, 1717–1797）倒是名列其中。一七五七年，瓦爾波以一封中國男士的信件為形式，創作了一篇政治諷刺短文，題為〈致北京友人連濟〉（"To His Friend Lien Chi at Peking"）∶從篇名看來，戈德斯密顯然借用了瓦爾波主角連濟的姓名。風水輪流轉，領略戈德斯密的小說和貝爾的回憶錄之後，很可能啟發了瓦爾波的靈感，促使他在著名小說《象形文字的故事》（*Hieroglyphic Tales*, 1785）裡再次運用了中國意象。[51]

為了取悅家族中一位年輕的女性友人，瓦爾波撰寫了〈密立，中國童話故事〉（"Mi Li, A Chinese Fairy Tale"），一七八五年時以袖珍版發行∶瓦爾波在書中把他毫無節制崇尚中國的情懷發揮到淋漓極致，目的在於讓這種仰慕之情在荒謬中瓦解。故事內容敘述一位中國王子密立〔難道瓦爾波期望讀者將 Mi Li 發音為 My Lie（我的謊言）?〕周遊世界尋找未來的妻子。而他之所以成行，只因為仙界教母的一則神秘預言∶他必須尋找一位公主為妻，「這位公主與她父王的治地同名」。[52] 為了尋覓這位芳蹤不知在何處的新娘，幾經乖蹇的命運，密立輾轉由北京到了廣東，再由廣東轉赴愛爾蘭，最終抵達英格蘭。他在那裡雇了一輛驛馬車，動身前往牛津，求教於博德利安圖

[51] John Bell, *Journey*, p. 229. 認購者名單中可見瓦爾波，署銜「歐福伯爵」（Earl of Orford）。

[52] Horace Walpole, "Mi Lai, a Chinese Fairy Tale," in his *Hieroglyphic Tales* ([Strawberry-Hill,] London: Printed By T. Kirgate, 1785), p. 342.

書館（Bodleian Library）裡的智者們。但是驛馬車在漢利（Henley）的路上卻損壞了，密立只好向當地地主的大莊園求救。這也讓瓦爾波有機會把密立安插在英國貴族的生活場景，嘲弄當時仍極受歡迎的鋪張華麗的中國式花園。

瓦爾波的故事裡，中國訪客密立由一位殷勤有禮的花匠帶路穿過蔥鬱的樹林，途經野生的珍奇獸欄和陰暗的灌木叢，橫越如波浪起伏的草原上，欣賞如畫的景致，最後進入人造的廢墟。他們再度出現的場景是一座谿谷的斜坡，密立遠遠看見一位身邊有朋友相伴的迷人少女，他於是拔足狂奔，一面衝向她一面大喊著：「她誰（Who she）？她誰？」密立的問題得了個文靜的回答：「怎麼啦，她就是卡洛琳．坎貝爾（Caroline Campbell）小姐啊，也就是威廉．坎貝爾爵士的女兒；我們爵士是國王陛下屬地卡洛琳那（Carolina）的前任總督。」喜出望外的密立這下知道他的尋覓就此結束，預言已經實現了。故事至此，在瓦爾波貼切的簡潔安排下，這位少女「成為了中國王妃」。[53] 一如戈德斯密筆下的興波，密立也找到了幸福。於是在浪漫結合的溫柔氛圍裡，在歡愉的片刻間，不同文化間歧異的現實似乎又再次被掩蓋了。

由於十八世紀政治與學問世界（world of letters）裡東西頻繁的交互作用，我們看見這兩個領域產生許多重疊的驅動力，而對此我們也毋須太過意外。一個異想天開的故事結局竟然串連起兩位富有創意的作家，我們在本章不只一次看到這樣的案例：狄福的英國作風（Englishness）與安森頗

[53] Ibid., p. 347.

為雷同；而戈德斯密的觀點也大致與貝爾如出一轍，而且反之亦然；理性時代末期的兩位貴族馬戛爾尼和瓦爾波，則都在自己可能引發爭議的言論之外，結合較輕鬆的角度看待人類的處境。中國，再次提供了精確的焦點，使形形色色的意向得以聚合於一，也提供了至為寬廣的光譜，兼容並包截然相反的動機。

第 V 章

啟蒙時代的議題

自十六世紀末以來，
愈來愈多西方學者鑽研中文文法及書寫字體，
嘗試探索出基本結構及原理。
這股風潮的結果，
是數量不勝枚舉的學術報告，
內容常常讓人匪夷所思。

在貝爾看來，中文會話想必並非難事，因為那是一種單音節的語言；安森則認為中國語言是一種精心設計的矯飾；而馬戛爾尼指出，西方孩童學習中文可說是毫無困難。他們涉入的是一場已持續數百年的論戰：一場關於中國語言的論戰。波羅曾自述他通曉數種語言，但從未確切說明這其中是否包括中文。孟德維爾則避重就輕，未攖話鋒，因為在他筆下，與之交談的君王們都懂法文。品篤則以一貫漫不經心的筆調，不過才數頁篇幅之間，他一下自稱懂得中文，一下卻又表明「不知如何與中國人溝通」。魯賓遜則直截了當表明他全靠一位葡萄牙通譯，而此人「通曉這個國家的語言，而且法語流利，還能說幾句英文」。[1] 自十六世紀末以來，愈來愈多西方學者鑽研中文文法及書寫字體，嘗試探索出基本結構及原理。這股風潮的結果是數量不勝枚舉的學術報告，內容常常讓人匪夷所思；甚至有人聲稱已經覓得學習中文的「關鍵」，其中說得最天花亂墜的就是保證只需幾個星期的工夫，就能讓這些開了竅的（the enlightened）人學會中文——可是這位自負的發明者，卻從未實際在別人身上證實自己的方法可行。[2]

學者們試圖勘測隱含的「關鍵」以理解中文，此舉反映了從笛卡兒（René Descartes, 1596–1650）及法蘭西斯・培根的思想論述發表以來——十七世紀西方知識界的中心思想，他們志氣高昂，

[1] Pinto, *Travels*, ed. Catz, pp. 164 and 166; Defoe, *Crusoe*, II: 264.

[2] 關於這些發展，龍伯格（Knud Lundbaek, 1912–1995）有出色的研究，見 Knud Lundbaek, *T. S. Bayer (1694–1738): Pioneer Sinologist*, Scandinavian Institute of Asian Studies Monograph Series 54 (London and Malmo: Curzon, 1986)。

相信萬事萬物之中自有系統（system）存在。既然深信中國語言必然隱含關鍵，那麼下一步自然而然便是找出領略整個中國社會的關鍵，進而探索是否存在某個系統足以解釋這個國家的一切，如同我們以其他系統去解釋我們對於物質世界（physical universe）的認知。因此如果想深入瞭解中國，一定得先探索出這個系統，而後深入分析這個系統，最後再以精確的詞彙詮釋此一系統。

這條研究路徑的偉大催生者可說是萊布尼茲（Gottfried Wilhelm Leibniz, 1646–1716），以他在數學研究上的超凡天分，與他對宗教和邏輯的熱忱，他會走上追索中國語言系統這條道路並不意外。萊布尼茲生於一六四六年，正好是三十年戰爭（1618–1648）的夢魘結束前夕。一六七〇年代，他先赴巴黎讀了幾年書，隨後回到漢諾瓦（Hanover）開始一段忙碌的文官職涯，最後接受委派，擔任法庭圖書館員；由於這份工作，他總算有時間追求自己在知識上的廣泛興趣，其中包括二進位算術和幾何學。在這段時間裡，萊布尼茲也接觸了耶穌會士對六爻卦性質的描述③；《易經》中令人肅然起敬的內容（據稱由孔子編纂）由六爻卦所構成，這部書為中國人占卜的依據，並且為哲學思考

---

③ 譯註：即前章譯註所提及的比利時耶穌會士柏應理（Philippe Couplet, SJ, 1623–1663）的著作。一六八七年，柏應理與義大利耶穌會士殷鐸澤（Prospero Intorcetta, 1626–1696）等人合撰之《中國哲學家孔子》（*Confucius sinarum philosophus, sive, Scientia sinensis latine exposita*）在巴黎出版（Parisiis: Apud Danielem Horthemels, viâ Jacobæâ, sub Mæcenaye, 1687），其中有柏應理譯述的〈兩儀〉（"Duo rerum principia"）及〈周易六十四卦圖〉（"Tabula sexaginta quatuor Figurarum, seu Liber mutationum Ye kim dictus"）等對於伏羲八卦的解說。相關考證見胡陽、李長鐸著：《萊布尼茨二進制與伏羲八卦圖考》，人文社科新著叢書（上海：上海人民出版社，二〇〇六）。

的重要來源。六十四個六爻卦以數學式的精確順序排列，每個爻位上都有一長槓或二短槓。④

由於六爻卦類似於二進位算術的編制原則，使得萊布尼茲沉浸其中著迷不已，於是開始與居住在中國或是從中國返回歐洲的耶穌會士通信⑤，長期以書信往來深入探討。他同時開始研究一些學者們探索中文「關鍵」的文章，其中包括了約翰・韋伯（John Webb, 1611–1672）的論述——即嘗試證明中文或許為世界上第一種或是「最原始」（primitive）的語言，也是之後其他語言的源頭⑥。自利瑪竇開始，來華耶穌會士們鍥而不舍在中國墳典的字裡行間，追溯一神信仰的蛛絲馬跡，萊布尼茲也耗費心神熟讀了這些論據。⑦

---

④ Gottfried Wilhelm Leibniz, *Writings on China*, ed. and trans. Daniel J. Cook and Henry Rosemont, Jr. (Chicago and La Salle: Open Court, 1994), pp. 133–138.

⑤ 譯註：法王路易十四（Louis XIV of France, 1638–1715）派往中國的國王數學家白晉（Joachim Bouvet, 1656–1730）即為其中之一。詳見於〔德〕柯蘭霓（Claudia von Collani, 1951–）著，李岩譯，張西平、〔奧〕雷立柏（Leopold Leeb, 1967–）審校：《耶穌會士白晉的生平與著作》，國家清史編纂委員會・編譯叢刊（鄭州：大象出版社，二〇〇九），頁三五～四七（2.2.2 與萊布尼茨的通信）。

⑥ 譯註：見前章頁一二二譯註。

⑦ 有關「關鍵」〔譯註：即 *Clavis Sinica* [*Key to Chinese*] 一書。〕，見 Leibniz, p. 56；關於《易經》索隱（Figurism），見 David E[mil] Mungello, *Curious Land: Jesuit Accommodation and the Origins of Sinology*, Studia Leibnitiana. Supplementa 25 (Stuttgart: F. Steiner Verlag Wiesbaden, 1985)〔譯註：中譯參見〔美〕孟德衛（1943–）著，陳怡

激烈慘毒的神學爭論與政治傾軋嚴重傷害了萊布尼茲的時代，因此他以致力於療癒社會的傷口為終生職志。他相信事物的多元性，也相信事物的本質之間存在和諧性，更相信唯有透過有機哲學（organic philosophy），純粹的理性才有足夠力量掌握至高無上的真理。唯有經由這種探索，我們才能看清楚在多如恆河沙數的世間萬物或「單子」（monad），事實上都在「早已建構的和諧」（pre-established harmony）裡翩然共舞，而這正是上帝的核心旨意。⑧對萊布尼茲而言，中國也許在追求世間萬物的道理上，正扮演了重要角色；因為他認為自己調和極端事物的理念，正可與中國思想比量齊觀。因此，若想尋覓天主教信仰與新教信仰（Protestantism）得以兼容並蓄的中間立場，借助中國人的信仰必然卓有成效。也只有這種統合，才有可能使世界臻至和平且和諧的新紀元。當萊布尼茲在一六九二年聽說康熙皇帝頒布容教的弛禁諭令，放寬中國對天主教的限制時⑨，他的中國

譯：《奇異的國度：耶穌會適應政策及漢學的起源》，當代海外漢學名著譯叢（鄭州：大象出版社，二〇一〇）。」。有關科學與中國，特別參見 Catherine Jami and Hubert Delahaye, *L'Europe en Chine: interactions scientifiques, religieuses et culturelles aux XVIIe et XVIIIe siècles*, Mémoires de l'Institut des hautes études chinoises 34 (Paris: Institut des hautes études chinoises, Collège de France, 1994)。

⑧ Leibniz, p. 88.

⑨ 譯註：見《熙朝定案》所錄，康熙三十一年正月三十日與二月初二日上諭，在韓琦、吳旻校注：《熙朝崇正集‧熙朝定案（外三種）》，中外交通史籍叢刊十九（北京：中華書局，二〇〇六），頁一八四～一八六。或參見顧衛民：《中國天主教編年史》（上海：上海書店出版社，二〇〇三），一六九二年條。

中心論似乎得到了證實：〈南特詔書〉（Édit de Nantes [Edict of Nantes]）保護新教徒在法國的權利已將近一個世紀[10]，路易十四卻在一六八五年頒布〈南特詔書撤銷令〉（révocation de l'édit de Nantes [Revocation of the Edict of Nantes]）[11]，路易十四此舉與康熙背道而馳，兩人之間高下立判。

放眼萊布尼茲所有關於中國的著作，其中最廣博通達的論述當屬他於一六九九年編纂的《中國近情》（*Novissima Sinica: historiam nostri temporis illustratura* [*Latest News from China*]）〈序言〉[12]。在這卷書裡，針對中國禮儀之爭[13]，萊布尼茲提出最恰當的和平解決辦法，同時倡議開闢一條自俄羅斯通往

---

⑩ 譯註：亨利四世（Henry IV of France, 1553–1610）於一五九八年頒行，近代史上第一紙保護宗教信仰自由的敕令。

⑪ 譯註：即〈楓丹白露詔書〉（Édit de Fontainebleau [Edict of Fontainebleau]），意在統一法蘭西王國的宗教，迫使新教徒大量移居歐洲其餘新教地區。

⑫ 譯註：即正文前〈致讀者〉（"Benevolo Lectori"）。中譯參見〔德〕萊布尼茨著，〔法〕梅謙立（Thierry Meynard, 1963–）、楊保筠譯：《中國近事：為了照亮我們這個時代的歷史》，西方早期漢學經典譯叢（鄭州：大象出版社，二〇〇五）。或見陳愛政譯：〈《中國近事》序言：以中國最近情況闡釋〉，收入〔德〕夏瑞春（Adrian Hsia, 1938–2010）編，陳愛政等譯：《德國思想家論中國》，海外中國研究叢書（南京：江蘇人民出版社，一九八九），頁三～十六。

⑬ 編註：禮儀之爭：明末清初，天主教教廷與中國朝廷之間為了「中國禮儀是否違悖天主教教義」，展開爭議，尤其是針對祭孔、祭祖的問題，引發探討。

中國的常設陸路路線，並且派遣新教傳教士至中國，與天主教徒攜手合作。在稍後，封致給彼得大帝的信函裡，萊布尼茲直言不諱並勸諫這位統治者，開放與中國的往來至為重要，維持雙方資訊交流更不可輕忽；唯有如此，才能預防中國人從歐洲那裡獲取一些符合他們意圖的素材之後，隨即便掩上大門。⑭

萊布尼茲在這篇〈序言〉裡指稱，到了十七世紀末期，「人類的開化文明與高雅修養」都集中在「這片大陸的兩端」——亦即歐洲與中國。「同樣高度教化卻山高水遠的兩個民族，只要願意彼此伸出雙臂」，那麼「身處兩者之間的人們必定會因此受惠，漸漸走向更美好的生活模式」，而「神的恩寵」（Devine Providence）就可望降臨人間。目前的情勢是中國和西方「幾乎旗鼓相當，輪番爭得上風」，然而萊布尼茲認為雙方若達到完全平衡的局面，也不盡理想，因為「整體而言，從實用藝術以及對於自然事物的實用經驗來看，我們幾乎與他們不相上下」，所以「只有各民族擁有獨特的知識，才得以在雙方往來之際獲利。」⑮不過話才說完，萊布尼茲就嘗試談論他先前迴避的平衡狀態：

⑭ Ibid., p. 10，見編輯評語；另見 David E[mil] Mungello, *Leibniz and Confucianism: The Search for Accord* (Honolulu: University Press of Hawai'i, 1977)
譯註：中譯參見〔美〕孟德衛著，張學智譯：《萊布尼茲和儒學》，海外中國研究叢書（南京：江蘇人民出版社，一九九八）。

⑮ Ibid., pp. 45–46.

若論思考的深刻及理論的訓練，我們顯然更勝一籌。關於邏輯學、形上學以及精神層面的主題，我們更可理直氣壯宣稱吾人專具擅場。此外還有些知識，是從具體事物之中以理性萃取精煉的抽象觀念，亦即與數學有關的主題，另外，還有千真萬確已在世人面前演示者，亦即我們與中國在天文學上的一較長短；在這些方面我們都遙遙領先，中國難望吾人項背。由此可見，中國人對於理性之光的啟發與論證的技藝一無所知，他們仍然心滿意足於那些經由經驗而得的幾何概念，但這些就連我們的工匠都普遍瞭若指掌。他們在軍事科學上也遠遜於我們，這點並非他們無知不能，而是刻意不為：任何可能招致或助長人類殘暴行為的事物，他們都不屑一顧，而且幾乎效法了基督的崇高教誨（有些人誤以為此行徑出自於焦慮，然而並非如此）——他們厭惡戰爭。他們若在世上獨存，那麼他們確實識明智審。不過話說回來，明擺在眼前的事實是，即使是良善的一方也必須培養戰爭的技藝，邪惡的一方才不會無往不勝。因此在這些事情上，我們確實較為優越。⑯

不過萊布尼茲相信，中國人在他所謂「公民生活的規範」（the precepts of civil life）上，卻是遙遙領先。

⑯ Ibid., p. 46; Donald Lach, ed. (commentary, translation, and text), *The Preface to Leibniz' Novissima Sinica* (Honolulu: University Press of Hawai'i, 1957).

……在實用哲學（Pragmatism）的範疇——也就是把倫理和政治的規範運用到目前的生活和一般人身上——儘管說出來頗令人汗顏，但我必須承認中國人在這方面的能力凌駕我們之上。我們確實難以用筆墨描繪中國人的律法是多麼美好；與其他民族相較，中國律法促成群眾平穩安謐的生活，建構了社會的和諧秩序，以至人與人之間的紛爭可以降至最低。⑰

中國人對於宗教採取寬容的態度，這一事實從一六九二年的詔書即已昭然若揭；而這樣的寬容胸襟正是教養與道德的明證，當時的中國皇帝康熙也完美展現了這種襟懷，「他的美德幾可謂舉世無雙」。萊布尼茲也為剛從中國捎來的一封信息興奮莫名，因為未來將繼承康熙王位的皇子也具備了父皇的開闊胸襟及善於變通的彈性，「並已經學會一些歐語知識」。當前的歐洲仍然無法擺脫把傳教士成群結隊送往中國的執念，而由上述中國的局勢來推敲，歐洲應該權衡利害，並且改弦易轍。如果西方一成不變，持續相信這就是他們當務之急的事，萊布尼茲也只有為西方擔憂：「我們在各方面的知識很快都要追不上中國了。」⑱

西方當行之事是向中國開放門戶，用意在於吸取壯大西方社會的養分。其中包括中國人日常生

⑰ Ibid., pp. 46–47.

⑱ Ibid., pp. 48, 51, and 57. 康熙的皇子之中，也許的確有人從受聘為宮廷所用、精通數國語言的耶穌會士那裡，習得幾句歐洲語言。

活的「實用哲學」，如此才能拯救西方社會免於陷入萊布尼茲眼中的「腐化深淵」。另外則是中國人憑直覺而來的道德意識，這點在儒家思想和其他的價值觀中表露無遺；關於這點，萊布尼茲認為那已形成「自然宗教」（natural religion）。西方的基督信仰似乎無法完成決定性的使命，敦促大眾齊心邁向道德化的生活。萊布尼茲寫道，對他來說，「我們才需要中國來的傳教士。」⑲

這個美夢並未成真。十七世紀末及十八世紀初零星抵達歐洲的中國人，都是改宗的天主教徒，因此不可能如萊布尼茲的期待，把他們對於中國社會價值系統的深刻認知傳遞到歐洲。⑳在萊布尼茲晚期有關中國的論著裡，已不再抱持這樣宏大的思考框架，不過他卻更深入探討他所謂的「平民百姓的孔子崇拜」（the civil cult of Confucianism）。萊布尼茲之所以訴諸這樣的論點，在於他支持耶穌會士在禮儀之爭中的論辯立場——耶穌會士認為儒家思想（Confucianism）是一種道德層面的信仰系

⑲ Ibid., p. 51.

⑳ See Heyndrickx, ed., Philippe Couplet, S. J. (1623–1693); Jonathan D[ermot] Spence, *The Question of Hu* (New York: Knopf, 1988)〔譯註：中譯參見〔美〕史景遷著，陳信宏譯：《胡若望的疑問》，歷史與現場二〇〇（臺北：時報文化，二〇〇一）；或見呂玉新譯：《胡若望的困惑之旅：十八世紀中國天主教徒法國蒙難記》，美國史學大師史景遷中國研究系列（上海：上海遠東出版社，二〇〇六）。〕, and "The Paris Years of Arcadio Huang," in *Chinese Roundabout: Essays in History and Culture* (New York: W.W. Norton, 1992), pp. 11–24〔譯註：中譯參見〔美〕史景遷著：〈黃嘉略的巴黎歲月〉，在夏俊霞、龐玉潔譯：《中國縱橫：一個漢學家的學術探索之旅》，美國史學大師史景遷中國研究系列（上海：上海遠東出版社，二〇〇五），頁三～二〇。〕

統，而非宗教層面的信仰系統，因此與教會內的基本教義不相衝突。他承認閔明我所稱「許多中國人為這場盛典披上迷信的外衣」，這種觀點也許是正確的，不過萊布尼茲也認為這些儀式本身「無傷大雅」，而迷信也不是其中最主要的因素。利瑪竇的方向十分正確，只不過詮釋時犯了些錯誤——這點倒很像早期教父（Church fathers）嘗試由基督教的框架詮釋柏拉圖。「就算我們把原先不屬於孔門學說的內容強加其上」，萊布尼茲寫道，「那也是虔誠的基督教信仰無意間招致的不實，實際上完全無害：因為對於被誤解的學說而言，並不存在危害；傳授這樣謬誤觀點的人出於無意，並非意在觸怒。」[21]萊布尼茲甚至提出以下觀點：像利瑪竇這樣的人，對中國典籍的瞭解程度有時甚至還在中國學者之上。因為「外國人對這個國家的歷史和偉業，經常比本國國民更有透徹的見解！」[22]

到了一七〇八年之後，萊布尼茲在他有關於中國的論述中，又稍微改變了立場。當時他投注最多心思的概念是西方也許能將哲學技巧傳授給中國，特別是在替他們詮釋自己的經典方面：「我相信無論是歷史、評論或哲學，中國人都未充分發展。至今沒有中國人寫出一部中國文學史，也無人曾將實際的作品、作品的意義以及其中蘊含的智慧見解，如實歸屬於每一位作者本人。我同時擔心，中國上古的文本可能都遭受過竄改和增補。」[23]過去他曾期望中國學者前往歐洲，擔負起對西

㉑ Leibniz, p. 63.

㉒ Ibid., p. 64.

㉓ Ibid., p. 71.

方人詮釋西方古典著作的責任，但如今他已不再執著於此見。

萊布尼茲在一七一六年故去，那一年，他完成生平最後一本以中國為主題的關門之作，全書以他自稱的「中國人的自然神學」（the Natural Theology of Chinese）為範疇，萊布尼茲以精闢透徹的見解，漫遊於其間。文中他喻歐洲文明以孺子般的稚嫩，對比中國文明的老成智慧，而他的結論是：「我們不過初出茅廬而已，甚至尚未完全脫離民智未開的野蠻狀態，卻想與他們一較高下；甚至只因為他們源遠流長的信念乍看之下不合乎我們平庸學者的脾胃，便欲以此譴責之，此等放肆實在愚蠢至極。」[24] 他進而為中國人的道德立場積極辯護：

我們稱之為人類理性的啟發，他們則稱作上天的誡敕與律法。我們遵從公義的原則，將此視為精神層面的履行義務，不敢稍有違背，凡此種種中國人都（我們也一樣）視之為上帝（Xangti）賦予的神啟（亦即來自唯一真神）。違反天意就是不依循理性行事，請求上天原諒就是洗心革面，在言語及行為上回歸原點——即服從理性的規則。對我而言，以上所述甚為精妙，與**自然神學**（natural theology）不謀而合。這其中找不出任何扭曲的見解，而我相信若要批判這個觀點，那只有牽強附會的詮釋和刻意竄改才有可能。中國人的道德立場復興了銘刻在我們心中的自然法則，由此觀之，這完全就是基督信仰的要義；

[24] Ibid., p. 78.

略有不同之處只在於基督信仰中是以神的啟示與恩典，使我們的本性益加良善。㉕

評論中國人的道德優越性時，萊布尼提及了一個問題。雖然中國人的紀律、服從，以及諸如孝道這類的價值觀念確實高度發展，但有些人可能覺得中國人的行為模式「頗具奴性」。㉖萊布尼茲駁斥這樣的觀點，在他看來，抱持如此負面眼光的西方人「尚未習慣於依循理性和規範行事」。不過他確實觸及了一個敏感議題，日後狄福在探討中國人的「奴性」（slavishness）時，就曾在這個議題上大作文章。而到了孟德斯鳩筆下，萊布尼茲這樣毫不起眼的評注，卻搖身一變成為西方世界普遍接受的系統（universal system）裡的主要成分。

設若萊布尼茲的建議成真，中國學者在十八世紀初期就遠赴歐洲宣揚中國文化價值，那麼實在很難推測這對於歐洲文化會帶來怎樣的效應。不過一七一三年，孟德斯鳩的例子卻說明這樣的衝擊也許是含糊不清的，也可能被運用在意料之外的層面。孟德斯鳩當時是二十四歲的年輕人，正積極拓展自己的視野，同時在巴黎從事法律相關工作；他聽說有位學識淵博的中國人黃某（Hoange）

㉕ Ibid., p. 105.

㉖ Ibid., p. 47.

在巴黎落腳㉗，於是透過中間人安排了一次會面。法國天主教傳教士㉘把這位黃嘉略從中國帶來歐洲，原本是希望他能皈依天主教會，不過黃嘉略後來決定離棄聖召，另外找到一份中國圖書編目的工作，並為法國宮廷編纂中法字典。孟德斯鳩與黃嘉略曾多次面談——他只說多次卻並未指出確切次數——這位法國貴族的心智充滿活潑生氣，向黃某提出各式問題，而從他的筆記裡我們也可窺測一位中國人是如何應對這樣的提問。㉙

孟德斯鳩提出的第一個問題是關於「中國宗教的本質」。黃嘉略回答，中國宗教主要有三個派別：儒教、道教和佛教。孔子並不主張靈魂不滅，而是認為人有精氣或魂魄充盈於體內，死亡

㉗ 譯註：即原注⑳中的黃嘉略（Arcade Huang, 1679–1716），本名黃日昇，「嘉略」為教名。關於其人以及後文所引編纂中法字典（《漢語語法》及《漢語字典》）的史事，另詳見許明龍：《黃嘉略與早期法國漢學》，修訂版（北京：商務印書館，二〇一四）。

㉘ 譯註：巴黎外方傳教會（Missions étrangères de Paris）的傳教士梁弘仁（Artus de Lionne, MEP, 1655–1713）。

㉙ Montesquieu (Baron Charles de Secondat), "Geographica," in André Masson, ed., *Montesquieu, oeuvres completes*, 3 vols. (Paris: Nagel, 1955), II: 927; Danielle Elisseeff, *Moi Arcade, interprète chinois du roi-soleil* (Paris: Arthaud, 1985); and Nicolas Fréret (1688–1749): *Reflexions d'un humaniste du XVIIIe siècle sur la Chine* (Paris: Institut des hautes études chinoises, Collège de France, 1978); Spence, "Paris Years." 讀書筆記《地理》（"Geographica"）（譯註：孟德斯鳩遍覽各種遊記的心得。）的手稿是於二次大戰後，由英國學者莎克萊頓（Robert Shackleton, 1919–1986）在孟德斯鳩早年的別墅中發現的。

之際這股精氣或魂魄就會慢慢消散。正因為如此，中國的社會菁英在面對死刑時總會選擇繯首，而非斬刑，以免身首異處致使魂魄一分為二。中國學者也向先人獻祭，他們相信在祭祖的場合，體內的精氣將和先祖魂魄的精氣欣悅地合而為一。在教義上，他們持無神之論，或傾向於史賓諾莎（Baruch de Spinoza, 1632–1677）的神學見解，視天堂為俗世的精華。至於在社會習俗的實踐上，婦女完全被排除在外，就連大部分的姻親也是這樣對待她們；刑罰則是非常殘酷，就連朝廷裡向皇帝諍諫的大臣，也難逃刑戮。日常生活上的大小細節幾乎全都受到風水相術的制約，因此歪曲事實甚至鬥毆已是家常便飯——情況嚴重至此，孟德斯鳩寫道，他懷疑「是否有可能完全瞭解中國人」。穿著打扮已不再受限於禁奢令的規定，而可依個人意願選擇衣著。家族內資產共享，若有家族成員犯罪，其他家人也必須共同承擔罪名與刑罰，因此也就形成了舉世聞名的刻苦耐勞及家族凝聚力。㉚

孟德斯鳩與這位黃先生花了很多時間討論中國語言的本質。中文的文法簡單，而且除了一些特殊的發音外——比方聽起來像法國「車夫趕馬」的「驅」聲（qu）——其他沒什麼特別的問題。最難應付的應該是數量龐大的中國字，總共超過八萬字；儘管只要大約一萬八至二萬個字就足以應付日常生活，然而歐洲人大約要耗費三年的時間學習中文，才能閱讀無礙。

孟德斯鳩推測這種文字系統可能起源於古時某個祕密團體，如同他所處的年代也有「猶太祕法家」（cabalists），排斥簡單的象形文字系統，反而採用比較抽象的文字形式。黃嘉略向孟德斯鳩

㉚ Montesquieu, “Geographica,” pp. 927–930.

解釋，若針對康熙皇帝大力推廣的語言革新而言，中文字的基礎結構是由二百一十四個部首再加上筆劃——最多約三十三個筆劃——搭配組合而成。他並以一位字典編纂者的嚴謹修為，為孟德斯鳩示範一些字體組合的方法，並且吟誦了〈主禱文〉（The Lord's Prayer），又唱了一首歌，示範聲調之間的差異。黃嘉略和孟德斯鳩也討論到以中國人的世界為主題去撰寫一部有趣的小說，有何困難，因為在中國「男女授受不親……女子必須費盡心思才能瞄一眼心上人，接下來還得再等個四、五年，才有機會相互交談」。㉛

中國人在議論或演說時看似輕聲細語、溫文有禮，然而實際上「身分地位高的人可以出手毆打身分地位低的人，而且被打的那個人還不敢還擊。」接下來，孟德斯鳩和黃嘉略自然而然從社會及法律上的各項特點，轉而談到中國的文官系統、武官考試，以及這兩者各自的階級制度，最後談論到國家的體制。黃嘉略解釋，中國的國家體制並非亙古不變。很久以前，即基督紀元開始之前，由於國家經常處於分裂狀態，曾經出現三王並立的局面，某些時期甚至還出現共和政府。如今已是第二度由韃靼人（Tartar）統治中國，「雖然未將中國政府制度破壞殆盡，卻也修改得面目全非」，「國家最神聖的律法已遭褻瀆」，而中國人民「依然在暴政下呻吟」。皇帝的權力高漲，已達空前絕後的程度，由於受到長城、荒涼邊疆及沙漠的屏障，國家仍得以偏安一隅。不過，顯然早在外族入侵之前中國政府就已積弱不振，因為從來沒有一個泱泱大國像一六四四年的中國一樣，那麼迅速

㉛ Ibid., pp. 930–930.

就被征服了。孟德斯鳩進一步補充，他繼續針對中國政府的本質與黃嘉略深入探討，而得到以下結論：「那裡的統治者擁有無限權威，他集天上、人間的權力於一身，因為皇帝也是知識界的主宰。於是，在他統治之下，臣民的生命和財產完全操控於帝王的手中，任憑暴君的喜怒哀樂和一時的興致處置一切。」㉜

在結束最後談話之前，他們還深入探究其他廣泛議題：嚴峻的司法制度、淨身的太監、選妃制度、滿洲軍隊的編制和中國科學發展的侷限，以及行禮時的荒謬手勢和動作，還有中國人對談時習慣夾雜一些繁文縟節，以及中國歷史悠久且繁雜的文獻記載。在談話的尾聲，黃嘉略向孟德斯鳩補奏一段佳音：滿洲人已經稍微放寬先前對婦女的壓抑，如果開放滿漢通婚，那麼放寬的腳步勢必會更快，只是當時的禁令仍在。㉝黃嘉略自己不久前才與法國妻子完婚，信奉天主教的孟德斯鳩也即將迎娶新教徒為妻；相較於中國市井小民，他們顯然有較多選擇的自由。

孟德斯鳩與黃嘉略對談時，年紀尚輕，他花了很多年時間才完全消化當時的談話內容，並構想出《法意》（*The Spirit of the Laws* [*De l'esprit des loix*]）的大綱㉞這部書直到一七四八年才告竣。這

㉜ Ibid., pp. 934–937.

㉝ Ibid., pp. 940–941.

㉞ 譯註：中譯參見〔法〕孟德斯鳩著，嚴復（1854–1921）譯：《法意》，第一版，七冊（上海：商務印書館，1904–1910）；《法意》，第二版，二冊，嚴復先生翻譯名著叢刊（臺北：臺灣商務印書館，二〇一〇）。或

段期間內，他也完成了《波斯人信札》（*The Persian Letters* [*Lettres persanes*],1721）㉟和歷史書《羅馬興亡史》（*The Roman Greatness and Decline* [*Considérations sur les causes de la grandeur des Romains et de leur décadence*], 1734），並在英國四處遊歷，成家立業，經營他的資產，還大量研讀關於人類政治史及法律史的各類書籍。孟德斯鳩的目標是以實際經驗為依據，剖析出明確的法律原則，而不是仰賴自然法（natural law）及普遍原則（universal principle）的一般理論；顯然，黃嘉略的見解在這方面對他助益良多。

《法意》一書中，孟德斯鳩將政府區分為三大類型——君主制（Monarchies）、專制（Despotism）及共和制（Republics）㊱——而這三種政體的治理方向分別為榮譽、恐懼，以及訴諸道德的小規模政府。由於君主制以榮譽為治理原則，造就嚴明的體制階級；專制政體則是以恐懼為治理原則，導致統治者形單影隻，成為自己政治狂熱下的奴隸；至於共和政體則因其小規模及以道德為導向，啟發了公民之間人人平等。在此論證的附帶說明中，孟德斯鳩繼續探討某些社會的權力平衡，例如：英國的君主制是由立法、司法和行政三權分立所組成。他還分析了氣候、民族氣

㉟ 譯註：中譯書目資訊詳參前章頁一三六，註㉜。見張雁深譯：《論法的精神》，OPEN 2/7（臺北：臺灣商務印書館，一九九八）。嚴譯據英文版迻譯，張譯則據法文原版。

㊱ 譯註：嚴復譯為「立國三制」：「治國政府。其形質有三。曰公制。曰君主。曰專制。」

質、家庭結構、商業、宗教及歷史等因素對政府類型的影響。他還討論了經常遭人混淆的三股力量，其間的關聯：一為社會共有的道德觀（mores）[37]，乃社會內部的自我規範力量，無法由上而下強加於民，亦不可或缺於社會；二為風氣規矩（manners）[38]，用以約束外在的舉止；三為法律，用來規範特定的個人行為。[39]

孟德斯鳩對於中國的評論多數散見於《法意》這部精心構思的鉅作之中，而這些見解也逐漸累積成為他對於中國的嚴厲指控。起初，孟德斯鳩描述耶穌會士讚許中國的論點，不過後來他漸行漸遠，最後反而更偏向於狄福小說中的嚴厲批評——他應該讀過《魯賓遜漂流記》，也肯定曾經翻閱過安森的報告。關於這些面向的論述，大多匯合在第一卷第八章「論三種政體原則之淪喪」（"On the Corruption of Principles of the Three Governments"）的結論，即該章第二十一節——孟德斯鳩題為〈論中華帝國〉（"On the Chinese Empire"）。文章開頭，孟德斯鳩首先提問，中國的案例是否牴觸他自己廣泛的理論：「我們的傳教士提到廣闊的中華帝國時，都對這個帝國的統治方式讚譽有加，稱它集恐懼、榮譽、道德等信念於一身。如此看來，我建構出來的這三種類型的政府區分

[37] 譯註：嚴譯作「行誼」，張譯作「風俗」。

[38] 譯註：嚴譯作「風俗」，張譯作「習慣」。

[39] Montesquieu, *The Spirit of the Laws*, ed. and trans. Anne M. Cohler, Basia Carolyn Miller, and Harold Samuel Stone (Cambridge: Cambridge University Press, 1994), especially pp. 314 and 317.

原則，似乎不過是泛泛之談而已。」但他以現實為根據，駁斥傳教士的詮釋：榮譽感在君主制的社會裡是不可或缺的中心價值，然而中國社會卻展現出榮譽感匱乏的現象：「對於一個習於奴役沒有被抽幾鞭子就做不了事的民族，我不知道該怎麼跟他們開口談榮譽感？」此外，共和政府特有的道德感，中國也同樣付之闕如，因為「由我們商人的口中，完全聽不到我們傳教士所謂的道德，反倒是中國人的盜匪行徑時有所聞。關於這點，從偉大的安森男爵那裡可見其詳」。傳教士的書信中也詳述因為冊立太子而引發的喋血政爭，孟德斯鳩認為這更加鞏固了他的論點。在他看來，「傳教士讓表面上的安定假象給蒙騙住了」，並未見到事情的真相。㊵

孟德斯鳩也承認中國具有獨一無二的特性，這也解釋了中國當前的局面，而令人覺得諷刺的是：「中國的特質或是舉世無雙的境遇，造就了今日的中國，所以這個統治者才沒有如預期中的腐化。這個國度裡發生的一切大多數取決於氣候這個自然現象，並且推動了道德理想，在某種意義上造就非凡的盛況。」中國得天獨厚的風土條件繁衍出大量的人口，「當地婦女生育率之高，世上絕無僅有。再殘酷的暴君也不能阻止人口繁衍」。但是人口過剩導致饑荒接二連三地爆發，於是盜匪猖狂橫行。儘管朝廷剿滅了大多數盜匪，但偶爾也有逃過一劫的盜匪結伙成隊，居然日益壯大，甚至進逼京師，推翻王朝的統治者。這樣的結果演變出一種畸形的宿命論，因為中國皇帝「不像我們的君王那般體察民情，深知如果治績不彰，不僅來世幸福不再，今生的權力更會因此削弱，財富

㊵ Ibid., pp. 126–127.

也會縮水；中國皇帝只知曉一件事，那就是如果政府無能，除了他的江山不保，連他的腦袋也得搬家」。㊶

皇帝因這座皇位終日惴惴不安，人民則為生計奔波奮鬥，天子與人民成為了脣齒相依的共生體。這個系統的輪廓也開始逐漸清晰：

> 儘管不時可見父母遺棄骨肉，中國人口的數量還是太多，以致於他們必須胼手胝足地耕作才能填飽肚皮；政府特別關注這部分的問題。只要人人一年四季都有工作可以勞動，不必擔心辛苦耕耘卻沒有收穫，那麼，統治者就能坐收最大利益。這不是公民政府，充其量只能稱之為家族政府。
>
> 正因如此，才育孕了備受議論的政治制度。有些人希望法治和專制政治並存，但只要專制涉入其中，任何制度都不再發揮功效。儘管已經受困於各種災禍，專制政治還是沒能懸崖勒馬，它只能利用更多規範的枷鎖來武裝自己，因此而變得更加駭人。
>
> 故而，中國是一個專制國家，以恐懼作為統治的原則。也許當中國剛開始以王朝的面目出現時，帝國幅員有限，政府的極權意識尚不強烈。但是今日的局面已非如此。㊷

㊶ Ibid., pp. 127–128.

㊷ Ibid., p. 128.

在《法意》其他章節的剖析中，孟德斯鳩研究了中國的地理與環境條件如何以獨特的方式合而為一，致使中國不太有機會像歐洲一樣健全發展。在亞洲，強國與弱國比鄰而居，「驍勇善戰的民族直接與柔弱、散漫又怯懦的民族接壤，於是註定了一方將成為霸主，而另一方則變作被征服者。」反觀歐洲，鄰國之間有著相似的鬥志。「歐洲的自由與亞洲的奴役」這兩股趨勢於焉成形，孟德斯鳩也自豪地表示，「至今尚未有人探得這樣的觀察。這也就是為何自由的權利一直無法在亞洲擴張，而在歐洲則由於局勢的變化而有所增減。」㊸

萊布尼茲殫精竭慮，就中國的禮儀（rites）問題深入探討；而在這個問題上，孟德斯鳩的結論則是中國人無可救藥混淆了四股重要的驅力——宗教、法律、習俗（mores, or customs）及風氣（manners）——這四股力量積年累月，形塑了社會的道德結構。中國人將這四種觀念混為一談，並且統稱為禮儀，在某種層面上堪稱「國家的勝利；中國人投注年輕歲月，孜孜不倦於學習禮儀，再以一生的時間身體力行。夫子們殷殷傳授聖賢之道，地方父母官則反覆宣誡此道」。由於中文典籍艱深晦澀，中國青年學子必須埋首於書中，才能熟讀經典；相較之下，學子在熟讀經典之際建構的價值觀念總和，讓道德倫理的學習顯得輕而易舉。這也讓中國社會出現一種潛藏於表面之下的永久性（spurious permanence），因為即使征服了中國的土地或擊潰他們的軍隊，也永遠無法取代構成禮儀的這四項要素。「不是征服者必須改變，就是被征服的那一方必須改變，但在中國，征服者

㊸ Ibid., p. 280.

永遠是改變的一方；因為征服者的風俗習慣不合乎其他地方的習俗，他們的習俗也不能迎合其他地方的法律，他們的法律更不是其他地方的宗教。因此，征服者自己慢慢融入被征服者的禮儀中，自然比改變被征服者來得容易」。同樣道理，基督教傳教士在說服中國人皈依時，也遭遇和外族軍事征服者一樣的困境。㊹

孟德斯鳩對中國價值觀的批判，並未在同時代小他幾歲的伏爾泰筆下獲得共鳴。伏爾泰慧黠譏諷的小說《憨第德》（*Candide*）寫於一七五八或一七五九年間，書中他嘲諷萊布尼茲過度樂觀，他並不苟同「在萬千可能世界（possible worlds）中最美好之處，一切都會朝向最美好的結局發展」這樣的看法。其實當他從小跟隨耶穌會教師讀書開始，伏爾泰就浸淫在中國禮義道德的典籍，以及有關中國文明稟性美德的禮讚。然而伏爾泰獨具慧眼，看出其中的端倪：倘從基督信仰的脈絡中抽離這些贊頌的詞句，並以「非基督教的中國其實也能具備這樣的美德」為論點，一來可說明道德本身的相對性，二來也可以說明這樣的道德系統，不一定非得借助基督教體制才得以成就。從一七四〇年代開始，伏爾泰便依循兩條平行的途徑，探索他對於中國的想法——著眼於戲劇及歷史的領域——皆意在批判當代對於中國的詮釋。

在戲劇方面，他聚焦於一部新近翻譯的中國戲劇《趙氏孤兒》；這是一部以忠君愛國和異族入侵為主旨的道德及家庭悲劇，背景設定在蒙元時期（戈德斯密也評論了稍後的英文改編譯本）。

㊹ Ibid., pp. 318–319.

伏爾泰寫道，他從這部戲劇裡認識到的中國，比他在其他史書裡讀到的中國更加深刻。一七五五年，伏爾泰以此劇為藍本完成的舞臺劇《中國孤兒》（*Orphelin de la Chine*）㊺，儘管把劇中背景設定為十三世紀，但是完全重新鑄造了原劇的角色，兩相比較之下，藉以證明中國人的道德觀遠比生性凶殘又所向披靡的蒙古大汗成吉思汗優勝。伏爾泰同時濃縮劇情，強調蒙古人介於暴力與懺悔之間的矛盾與掙扎——這也是整部劇本的重頭戲之一，成吉思汗的大將奧克塔（Octar）激切陳詞，請求可汗徹底報復中國人，因為他們藐視蒙古人的意志：

> 您怎能讚賞這個民族的軟弱？
> 他們嘴裡吹噓的技藝，只不過是奢華與惡習的
> 孱弱後代，難道能夠拯救他們
> 於奴役與死亡嗎？驍勇雄壯的民族
> 生來就要統治，而怯懦者只得服從。㊻

㊺ 譯註：一七五五年八月二十日於巴黎法蘭西劇院（Comédie Française）首演。中譯書目資訊詳參前章頁一三九～一四〇，註㊱。

㊻ François Arouet Voltaire, *Collected Works*, ed. John Morley, 42 vols. (Paris and London: E. R. DuMont, 1901); vol. XXIV, "Ancient and Modern History" (Essais sur les moeurs); vol. XV, "Orphan of China." 此處引用 XV: 217。譯註：在第四幕第二景。伏爾泰《中國孤兒》的臺詞以亞歷山大體（Alexandrian）六音步對句寫成，即每行

然而成吉思汗心中飽受折磨，一來他對中國女主角伊達美（Idamé）用情甚深，二來也讚佩她的勇氣與她丈夫的忠貞，幾經掙扎，才回心轉意，決定不用粗暴殘忍的方式強逼他們就範，最後終於認同中國道德的優越性。

你們以寬大公義待我，現在
該由我回報：我欽佩你夫婦二人，
你們征服了我的心，我無顏坐在
華夏（Cathay）的寶座上，那裡有與你們同樣高貴的靈魂
遠勝於我；我試圖
以彪炳戰功名揚四海，

十二音節，兩行一韻。范希衡先生的譯本試圖保留伏爾泰原本的詩劇韻文風格，以每行十四個中文字對應法文的十二個音節，茲錄於下，供讀者參考：
這個文弱的民族，你怎能加以讚賞？／文藝都生於萎靡，它能有什麼用場？／文藝可能使他們免於殺戮、俘囚？／弱者命定的就是要為最強者服務。
見〔法〕伏爾泰著，范希衡譯：《中國孤兒》（全譯本），收入氏著：《〈趙氏孤兒〉與〈中國孤兒〉》（上海：上海古籍出版社，二〇一〇），頁一五七。

結果卻是一場空；你們讓我自慚形穢，
但願我能和你們一樣：我不知道
原來凡人也可以做自己的主人；
從你們身上我才懂得這無上的光榮：
我已非昔日之我；是你們為我帶來
這奇妙的轉變……
你們最後會知道成吉思汗可以信任；過去
我只是征服者，如今我才是君王。㊼

在《中國孤兒》的獻詞中，伏爾泰直言他的版本遠遠凌駕中文原版。不過中國人並不在乎，

㊼ Ibid., XV: 236.
譯註：在第五幕第六景。茲錄范希衡韻體譯文如下：
你們既對我公平，我也對你們公道。／我在這裡所見的，我簡直不敢相信，／你們倆我都欽佩，你們服了我的心。／勝利之神曾把我擁上了這個王位，／光榮反不及你們，真教我好生慚愧！／儘管我身經百戰，放出了光芒萬丈；／你們使我遜色了，我要和你們爭光。／我原不知一個人會能征服他自己，／這個無上的光榮，我學到了，謝謝你。／你們把我變革了……／你們將看到是否我的話真實無訛。／你們把我征服者已經化成了王者。
見〔法〕伏爾泰著，范希衡譯：《中國孤兒》（全譯本），頁一九二～一九三。

他們不僅拒絕效法西方人，他們還可能「根本不知道我們是否有歷史」。[48]中國人對於西方歷史的冷漠，相較於伏爾泰對中國歷史不感興趣的態度，有過之而無不及。時值一七五〇年代中期，伏爾泰即將完成他論述世界歷史的巨作；他從一七四〇年開始著手撰寫這部《各國風俗與精神史》（*An Essay on Universal History, the Manners, and Spirit of Nations: From the Reign of Charlemaign to the Age of Lewis XIV* [*Essais sur les moeurs et l'esprit des nations et sur les principaux faits de l'histoire, depuis Charlemagne jusqu'à Louis XIII*]）[49]，並於一七五六年完成最後修訂本刊行。這部史乘卷帙浩繁，伏爾泰在〈序言〉中曾抒發己見：「自從歐洲商人成功開闢通商路線之後，就持續不斷順著海路，造訪一些國家」，而西方人有責任學習「這些國家的優越天賦」。[50]伏爾泰說到做到，《各國風俗與精神史》開章就以中國為序幕，而這樣的做法，也為西方歷史編纂方法開啟了新的一頁。

儘管他把中國放在最重要的位置，他的讚美卻含蓄且名實相符。伏爾泰在書中寫道，中國一直以來都擴展得既悠久又穩定，享有高度的繁榮；滿洲人於一六四四年征服中國之後（類似《中

---

[48] Ibid., XV: 179.

[49] 譯註：中譯參見〔法〕伏爾泰著，梁守鏘等譯：《風俗論：論各民族的精神與風俗以及自查理曼至路易十三的歷史》，漢譯世界學術名著叢書（北京：商務印書館，一九九五～一九九七）。

[50] Voltaire, XXIV: 11.

國孤兒》裡的成吉思汗），已經「奉上手中的利劍，臣服於他們侵略之國的律法之下」。[51]中國人有許多偉大的發明，但他們卻沒有全力以赴，把他們幽深悠久的歷史發揚光大：

> 說來頗讓人訝異，這麼喜好發明的民族，卻無法突破幾何學的基本原理；在音樂方面，他們就連半音都一無所知；而他們的天文學，就如同他們其他的科學，既過時落伍又問題百出。上天賜予這支民族的天賦，似乎與歐洲人截然不同；他們的感官敏銳，擅於發現使他們快樂的一切事物，卻沒有能力更進一步發展；反觀我們自己，在發現新事物上雖然非常遲鈍，但卻能很快就讓每件事物臻於完美。[52]

為了追溯造成這種停滯不前的原由，伏爾泰將分析聚焦於兩個方面分析：一、尊古崇古之情充塞於中華文化；二、關於中國語言的本質。這兩個部分阻礙了中國向前進步的力量，而且目前看來，這股力量正是促進西方社會不斷向前發展的主要原因：

> 儘管中國人從未中斷藝術與科學方面的薰陶，然而長久以來，他們的成就卻微不足

---

[51] Ibid., XXIV: 25.

[52] Ibid., XXIV: 28–29.

道；如果我們一探究竟，就會發現有兩個因素阻礙了他們的進展。其一，就是中國人對於祖輩流傳下來的所有事物，都致上無比的敬意；而這分尊崇使得所有古老的事物在他們眼中都帶有美好的格調。其次就是他們語言的本質，那是領略所有知識的第一要件；藉由文字書寫的工具傳遞思想，這門技藝本應該簡單明瞭，但對他們而言，卻是艱澀難懂的苦差事。每一個字彙都由獨特的字符代表，而認識字符的多寡因此成為博學與否的判定標準。[53]

在接下來幾頁的篇幅中，伏爾泰引用安森准將（此時已經成為海軍上將）的觀點，談論中國貿易，又援引了閔明我的觀點，討論中國人的靈魂概念。為了避免盲目附和之嫌，他小心翼翼不被這兩人的看法牽著鼻子走，也很清楚必須以比較性的推論，釐清他關注的事。伏爾泰質疑安森的見解，因為他「以邊疆地區百姓的品格，作為評價一個偉大政府的依據」，似乎有欠公允。[54]至於「著名的紅衣主教閔明我」——閔明我從中國返回歐洲後，也獲得升遷——伏爾泰對他以神學立場嚴詞譴責中國，提出高雅又尖銳的反駁：

> 我們對中國人嚴加詆毀，只不過因為他們形而上的思考系統不同於我們。我們其實更

[53] Ibid., XXIV: 29.
[54] Ibid., XXIV: 30.

應該讚賞他們的兩項優點，如此既聲討異教徒的迷信，也譴責基督徒的操守。他們那種由知識分子主導的宗教信仰，從未因無稽的傳說而蒙羞，更未由於齟齬或內戰而染血。當我們指控這個巨大帝國的政府採行無神論的觀點時，卻又前後矛盾，譴責他們崇拜偶像；如此非難議罪，可謂函矢相攻。我們對中國人祭拜禮儀的普遍誤解，其實源自於我們拿自己的觀點去臆斷他國的習俗。即使我們來到大地的另外一端，還是會帶著偏見及好辯的心態看待一切。[55]

十八世紀末期，將中國置於「統系的世界」（world of systems）之中的言論日漸扎根；而孟德斯鳩與伏爾泰各自以不同方式，嘗試對這種論點提出修正，卻反而日漸式微，最後終於銷聲匿跡。對於中國發展的看法，從原先的停滯不前、缺乏進展，至此已演變成油盡燈枯甚至僵化（petrification）等論調。孟德斯鳩曾說「奴役始於昏昏欲睡」，而博學的德國歷史學家約翰·戈特弗萊·赫爾德（Johann Gottfried von Herder, 1744–1803）或許從這條古怪的警句找到靈感，形容中華帝國就像「睡鼠冬眠時的體內循環系統」。[56] 這句話出現在赫爾德畢生最重要的著作《人類歷史哲學

---

[55] Ibid, XXIV: 33–34.

[56] Montesquieu, *Spirit of the Laws*, p. 243; Johann Gottfried Herder, *Outlines of a Philosophy of the History of Man*, trans. T. Churchill (London: Printed for J. Johnson, St. Paul's Church-Yard, by Luke Hansard, Great Turnstile, Lincoln's-Inn Field,

大綱》（*The Outline of a Philosophy of the History of Man*）：這本書刊行於一七八四年，當時成書的本意在於匯整他對於人類本質的思考，以及他個人的歷史經驗。對赫爾德而言，中國就像「一具塗滿防腐香藥的木乃伊，包裹在層層的絲布裡，而最外層的絲布上寫滿象形文字」，由「一成不變的幼稚政府管轄」。[57]中國人已無能為力扭轉命運，他們「註定世世代代都要窩在世界的一個角落」，即便他們有意願，「也無法成為希臘人或羅馬人。中國人永遠都是中國人，生來就是小眼睛、短鼻子、扁額頭、大耳朵、稀疏的鬍鬚、凸凸的肚子」。而統御這個空洞社會的皇帝已經「被軀具駕馭」，軀具的兩頭是模仿與膚淺，因此這位皇帝註定只能「像個成不了氣候的小士官實行他的統治」。[58]

赫爾德接著轉而譴責中國人的語言，以及他們的貪婪和狡猾——所有西方前輩壓抑的滿腹牢騷，似乎都在他的體內翻騰，然而，他抨擊的一字一句似乎都有明確的根據和脈絡可依循，讓人無法否認他的博學和勤奮：

> 在大處缺乏創造力，於小處又過分講究枝微末節的細節，正是這種語言的最佳寫照。數量多達八萬的複合字符，只由幾個粗糙的象形文字發展而來，再加上總共六種以上的書

1800), p. 296.

[57] Herder, p. 296.

[58] Ibid., pp. 293 and 295.

寫字體，使中文完全不同於世界上其他任何一種語言。他們畫出異獸和蟠龍的圖像，一筆一畫謹慎描繪人物的工筆畫卻缺乏章法。中國的建築物不是空蕩蕩的毫無擺設，就是太講究雕琢，而隨意拼湊的庭園為他們帶來閒散的視覺享受。中國人身上穿戴華而不實的服飾，生活中還有車馬侍從、娛樂消遣、元宵慶典及煙火。中國人習於蓄養長長的指甲，並且裹小腳。而他們野蠻粗俗的隨從一列排開，哈腰鞠躬、行禮如儀，按級別區分，嚴守打恭作揖等繁文縟節，只有蒙古軍隊才需要這樣的編制。對事物真正的本質品味拙劣，也鮮少有內在的滿足感及美感、價值的鑒賞能力；任何人只要能在這些事情占上風，即使散漫輕佻的人，也可以在仕途上平步青雲，讓自己的行為舉止被塑造成上述的模樣。中國人毫無節制地喜歡金箔和漆器，也喜歡一筆一畫工整寫下的繁複中國字符，以及音韻鏗鏘有致的詩句；而他們的心神如同這些漆器和金箔，也神似這些中文字及抑揚頓挫的音調。59

赫爾德寫道，他的文字之中絕無「因為敵意或輕視而致的渲染扭曲」。他說的每一件事，中國的「熱衷擁護者」早就已經說過。因此，他認為自己的分析完全中立，只想不偏不倚如實表達「上述案例的本質」。任何人都可以繼續尊崇孔夫子，一如其他人那樣，赫爾德也指明「孔夫子是我眼中的偉人」。然而問題在於孔夫子早已在「鐐銬」的桎梏中，「出於良善的用意，他牢牢固

59 Ibid., p. 293.

定在這個迷信於他的民族之上」，給中國及其人民留下「刻板僵化的道德教條，並以此做為心靈成長的準據」。結果，再也沒有出現第二位「孔夫子」督促他們更上一層樓，而「古老的中國就像座廢墟，站在世界的邊緣」。⑥⓪這裡的弦外之音已經昭然若揭，完全切中了要害——只要向站在邊緣的中國人施加壓力，他們就會墮入深淵。

⑥⓪ Ibid., pp. 297–298.

第 VI 章

女性觀察者

當她第一眼見到北京紫禁城，
屋頂的黃色琉璃瓦就成為她心中最深沉的恐懼；
她筆下最讓人意想不到的隱喻就回蕩出這種懼怕……
「恐怖故事的陰森氣息飄越宮牆，向我們襲來。
等我生下不列顛小寶寶……我的小寶貝神秘地失蹤了，
消失在宮苑後那片寂靜又擁擠的迷宮，永遠回不到我身邊。」

馬戛爾尼爵士的中國經驗對許多西方人而言，提煉出朦朧不清又光怪陸離的中國樣貌，囊括了壓迫與財富，以及傲慢與奉承。珍・奧斯汀（Jane Austen, 1775–1817）出版於一八一四年的小說《曼斯菲爾德莊園》（*Mansfield Park*），也讓我們清楚看見，馬戛爾尼的中國經驗還可套用在更廣闊的人生舞臺上：這些經驗凝聚成一個隱喻，暗示權力與人格之間的拉鋸；馬戛爾尼最終拒絕向乾隆叩頭，展現出典型的風骨。在小說的關鍵時刻，奧斯汀筆下的女主角芬妮・普萊思（Fanny Price），她書房東室的書桌上就擺了一本馬戛爾尼的使華日記，心煩意亂的表哥愛德蒙（Edmund Bertam）匆匆翻閱這本巨作後，對芬妮傾訴他的心思：「我猜，**妳**一會兒就要神遊中國了吧。馬戛爾尼爵士的旅途一路都順利嗎？」芬妮已經讀過這本書，自然清楚馬戛爾尼的決心。但她也能夠像馬戛爾尼一樣抗拒嗎？「這麼熱烈的探問和期盼，她這樣一口回絕**是對的嗎**？那些人下定決心要完成這個計畫，而其中還有幾位是她連感激都來不及的，這件事情對整個計畫來說如此不可或缺，可她非但沒有殷勤以待，反而拒之門外，這是不是居心不良——她的自私在作祟——還是怕自己獻醜呢？」①

珍・奧斯汀對於中國的認識並不全然囿於書籍所載。一八〇九年，她的兄長法蘭克（Sir Francis William Austen, 1774–1865）因為海軍艦隊的任務，曾派駐中國將近半年，馬戛爾尼經歷錯綜

---

① Jane Austen, *Mansfield Park* (New York: New American Library, 1964), pp. 121 and 124. 中國的主題穿插於小說第十六章，另見 Peter Knox-Shaw, "Fanny Price Refuses to Kowtow," in *Review of English Studies*, new series XLVII, no. 186 (1996), pp. 212–217。（謹此感謝 Julia Kang 提供我此條資料。）

複雜的威脅和延宕，法蘭克一樣也沒少過。怒火中燒的法蘭克．奧斯汀忍無可忍，一氣之下調頭離開廣東總督府，只撂下一句狠話——一如他的前輩安森——中國人如果想找他，那他們自己知道該上哪兒去。[2] 一八一〇年回國之後，他的故事想必成為家人津津樂道的話題。

十九世紀初期，西方對於中國女子和她們的婦女生活，變得興致盎然；而首開風氣廣泛討論此議題的人，依舊是馬戛爾尼。在他出使中國的日記尾聲，附加了一篇他對中國的觀察，其中有一段涉及中國社交圈的描述完全不見女性蹤影，也一併談到排擠女性會對社交生活有何影響。「缺少女性的場合」，他寫道，「所有微妙的風雅與情感、柔和細膩的談吐、雍容大方的風度、涓涓愛慕之情以及純真的愛情與友情，全都消失無蹤。取而代之的是恣意妄為的狎昵，縱情於粗鄙的戲謔和明嘲暗諷，也就見不到有時在我們自己的社交場合裡，油然而生的坦率與心靈交會。」他指出由於女性在社交場合中缺席，結果造成中國男人品行虛偽，擺出一副「裝腔作勢的樣子」。正由於這種空洞的德性，中國男人養成兩種惡習：沉溺於賭博和嗜抽鴉片。[3]

儘管馬戛爾尼表面上的言論針對中國人，他筆下的敘述其實也涉及居住在中國的西方人；這

---

② J[ohn] H[enry] Hubback and Edith C[harlotte] Hubback, *Jane Austen's Sailor Brothers: Being the Adventures of Sir Francis Austen, G.C.B., Admiral of the Fleet, and Rear-Admiral Charles Austen* (London: J. Lane, 1906; reprint Folcroft, PA: Folcroft Library Editions, 1976), pp. 219–223.

③ Macartney, *Journal*, p. 223.

一小群以英國人為主的西方人，正逐漸在中國帝國東南角落的廣州城牆外，開拓自己的生活。中國朝廷限制他們居住之地，還禁止他們進入廣州城，更嚴禁他們攜帶女眷，而且每當行商的貿易季結束，朝廷就強迫他們回到澳門或其他更遠的行館；為了保持理智，這個純粹由男性組成的社群培養出獨特的行為模式。他們熱切的宗教信仰背後，往往包藏著貪得無饜的禍心，而且當他們湧入軍事前哨的小禮拜堂時，甚至還一面盤算著如何增加鴉片銷量——那是迅速致富的最可靠途徑。

早在奧利佛．戈德斯密一七六〇年的《世界公民》故事就曾敘述一位禮數周到的英國夫人，由於希望登門拜訪的中國客人感到賓至如歸，特意請求他能帶上自己的鴉片或菸草盒；當時社交應酬時似乎癖好同時吸食鴉片和抽菸草。④但其實十六世紀末菸草從拉丁美洲引進之後，這種植物就在中國廣受歡迎；到了一七二〇年，約翰．貝爾也注意到北京到處都是菸草店，然而在戈德斯密那時，甚至是馬戛爾尼的時代，鴉片仍然是相當罕見的東西，而且價格不斐。但是到了一八四〇年代，中國沿海地區的生活節奏驟然轉變。經過一八三九到一八四二年間那場猶如疾風暴雨的激烈戰爭中，英國迫使中國放棄舊有的閉關自守政策，允許西方人（無論男女）在五個特定港口定居、通商、傳教，也得以自由通行於港口附近的鄉下地區。此外，英國還強行佔領當時幾乎仍是荒島的香港，設置海軍及商業基地⑤。

④ Goldsmith, *Citizen of the World*, I:131（第三十三封信）。

⑤ 譯註：指道光十九年林則徐（1785–1850）在虎門銷煙引發的第一次鴉片戰爭。清廷戰敗後簽訂《南京條

自從英國國會終止東印度公司的貿易壟斷權⑥，當時主要產地在印度的鴉片立刻大量銷往中國⑦。此時，在新一代新教傳教士的努力奔走之下——尤其是來自英美兩國的傳教士——皈依基督新教的中國信徒人數也以驚人的速度增加。結果導致西方人、中國基督徒、中國僱員和清廷之間為了新型態的法律與司法官轄權，衝突愈演愈烈，而與此同時，中國內部前所未見的社會問題也浮上檯面。例如，一八四〇年代，一名中國基督徒在東南沿海創立「拜上帝會」（sect of "God-worshippers"），在接下來十年間掀起鋪天蓋地的政治宗教起義，甚至攻克長江沿岸的南京，並改稱南京為「天都」，幾乎把清朝推向滅亡邊緣。⑧

中國經歷如此劇烈的變化，為數不少的西方女性——無論已婚或未婚——有可能居留在中國，寫下西方女性首次寄居中國的歷史。如前文描述，早在十四世紀中期就有一小群以義大利人為主的西方人，定居於大運河途經的揚州，以便進行貿易；而在這群商團中，就曾經出現過一名叫作

約》，割讓香港並開放廣州、福州、廈門、寧波及上海五口通商。

⑥ 譯註：參見〈印度政府法案〉（The Saint Helena Act 1833, or The Government of India Act 1833）。

⑦ 譯註：此舉是為了解決對中國茶葉貿易的逆差。

⑧ Jonathan D[ermot] Spence, *God's Chinese Son: The Taiping Heavenly Kingdom of Hong Xiuquan* (New York: W.W. Norton, 1994).〔譯註：中譯參見〔美〕史景遷著，朱慶葆等譯：《太平天國》，二冊，歷史與現場一五一～一五二（臺北：時報文化，二〇〇三）。〕

加大利納・依里歐尼（Katerina Ylioni）的年輕女性⑨；即便這些成群聚集的西方人在中國隨處可見，但隨著蒙元王朝在一三六八年滅亡，也就銷聲匿跡了。直至滿清王朝統治下的前兩百年，這類西方人的足跡仍未重新出現在中國，當時唯一會造訪中國的西方女性，若非堅毅果敢的旅行家，就是商人的妻子；她們無視清廷禁令，經常喬裝為男性以避清廷耳目，悄悄溜進廣州城外西方人居留的地區。一八三〇年代初期，西方女性開始以中文與馬來文撰寫道德與基督教義為主題的書籍，例如：伊莉莎白・麥都思（Elisabeth Medhurst, née Martin, 1794–1874）⑩及她的妹妹蘇菲亞（Sophia Martin, ob. c. 1809）⑪就曾經撰寫過這類書籍。⑫但是第一位長期在中國各地居住並詳細記

⑨ 譯註：一九五一年揚州築路，拆除舊城南門時發現此加大利納的墓碑。據碑文記載，這名年輕女子即道明・維里歐尼（Domenico de Vilioni）的女兒，逝世於一三六二年六月。

⑩ 譯註：倫敦傳道會（London Missionary Society）傳教士墨海老人麥都思（Walter Henry Medhurst, LMS, 1796–1857）的妻子，跟隨丈夫至馬六甲、檳城與巴達維亞（Batavia）等地傳教。一八三二年，麥都思夫人將英人洛伊德氏（W[illiam] F[reeman] Lloyd, 1791–1853）的《聖經教理問答》（*The Scripture Catechism, Arranged in Forty Divisions: All the Answers to the Questions Being in the Exact Words of Scripture: Intended for the Religious Instruction of the Young, Both in Families and Schools*, 1822）翻譯為馬來文，在巴達維亞（今雅加達）出版。

⑪ 譯註：蘇菲亞即馬典娘娘。蘇菲亞曾跟隨麥都思夫婦遠赴南洋傳教，一八二九年因為健康因素移居新加坡，在當地華文學校服務。一八三二年在新加坡刊行《訓女三字經》，封面題「馬典娘娘著」。

⑫ Alexander Wylie, comp., *Memorials of Protestant Missionaries to the Chinese: Giving a List of Their Publications and Obituary Notices*

錄個人觀感的西方女性，則是美國人伊莉莎・珍・吉莉（Eliza Jane Gillett, TEC, 1805–1871）⑬；她在一八四五年春天抵達香港，同一年稍晚即嫁給在中國傳教資歷豐富的傳教士兼政府傳譯裨治文（Elijah Coleman Bridgman, ABCFM, 1801–1861）⑭。接下來的二十年，她一直追隨著丈夫，在廣東與上海兩地開拓傳教事業。⑮，她的第一本書《中國女兒》（*Daughters of China: or, Sketches of Domestic Life in the Celestial Empire*）一八五二年在美國出版。⑯

---

of the Deceased (Shanghae [sic]: American Presbyterian Mission Press, 1867), p. 40.
譯註：中譯參見〔英〕偉烈亞力（1815–1887）著，趙康英譯，顧鈞審校：《基督教新教在華傳教士名錄：附傳教士略傳及著述目錄》，國家清史編纂委員會・編譯叢刊（天津：天津人民出版社，二〇一三）；或見倪文君譯：《一八六七年以前來華基督教傳教士列傳及著作目錄》，來華基督教傳教士傳記叢書（桂林：廣西師範大學出版社，二〇一一）。

⑬ 譯註：伊莉莎・珍・吉莉原為美國聖公會（The Episcopal Church）女傳教士。

⑭ 譯註：一八二九年底，美部會（American Board of Commissioners for Foreign Missions）響應第一位來華英國新教傳教士馬禮遜（Robert Morrison, LMS, 1782–1834）的邀請，派遣傳教士到中國。裨治文即當時第一位到中國的美國新教傳教士，一八三〇年一月抵達澳門，二月轉赴廣州，從馬禮遜學習中文。

⑮ 譯註：一八五〇年四月，裨治文夫妻在上海創辦裨文女塾（Bridgman Memorial School for Girls），為中國歷史上第一間女子學校。

⑯ Ibid., pp. 65–69 and 72.

所有前輩男性旅行家與中國分析家都摒棄伊莉莎．珍寫作的資料來源，也就是無視佔據中國人口半數的中國婦女。伊莉莎．珍寫作的過程可謂一波三折，因為剛開始她只覺得中國女性和她們的男性同胞一樣，「談話內容相當愚蠢沒用」，但是隨著語言能力日益進步，也開始有能力突破中國女性防備外人的心防，漸漸發現中國女性對待她的態度變得「格外信任又親切」，談話時更開始表現得「活潑而有朝氣」。她大致敘述了自己早期的印象：

> ……當這位中國女士發現居然和一位與自己相同性別的外國人有情感上的共鳴與交流時，她的眼睛頓時散發光芒，內心也充滿喜悅。但她眼中閃爍的光芒並不同於溫文儒雅的知識分子——這多麼讓人遺憾！因為中國人認為女性不應該耗費精力、時間與金錢，學習讀書識字。但是中國女性有聰慧的靈性，她們內心深處藏著一道泉水，只要她們的處境容許，她們就會流露出母愛和姊妹的情誼。⑰

但她也直言不諱中國婦女的陰暗面，然而她把這個面向歸咎於她們的信仰，而非她們的本性：

---

⑰ Eliza J[ane] Gillett Bridgman, *Daughters of China: or, Sketches of Domestic Life in the Celestial Empire* (New York: Robert Carter & Bros., 1853), pp. 29–30.

……罪惡之泉也同時存在，流淌出既深刻又廣泛的問題。她們一發不可收拾的脾氣時常釀成家庭的紛爭，而崇拜偶像的迷信桎梏，更使她孱弱的下一代受到詛咒，神壇上的偽神（false deities）成為他們一生的束縛。⑱

這樣的段落儘管摻雜了未審先判的偏見，但仍比從前的任何一段敘述，更加細微勾勒出中國婦女的風采。特別值得一提的是伊莉莎・裨治文並未追隨前輩旅行家的腳步，只在服裝、頭髮、雙足等外貌的描繪上打轉。她也沒有落入窠臼，把中國婦女塑造成十八世紀作家筆下虛構出來的兩大女性刻板角色。其中一種刻板形象以《中國孤兒》裡的伊達美（Idamè）最具代表性，不過伏爾泰並非始作俑者，他先前的作家筆下已如此定調：中國女性善良貞潔，道德勇氣無懈可擊，甚至連成吉思汗的心都可以融化。另外一種中國女性的形象則被描摹成莊重堅韌的樣貌，對所有的男人滿心疑懼，其中又以威尼斯劇作家卡羅・戈齊（Carlo Gozzi, 1720–1806）的《中國公主杜蘭朵》（*Turandot, Princess of China*, 1762）最能戲劇性地演繹出這種寫照（此劇與戈德斯密的《世界公民》於同年刊行）。就像杜蘭朵對某一位追求者說——她一點也不「卑鄙、殘忍」，她只是「不願受到束縛，也不想表現出柔順的樣子」。對她而言，「所有男人都是不專情的騙子，只知始亂終棄。他們擅用假裝愛慕我們的技倆，擄獲女人心，然而一旦擁有我們，男人就會拋棄我們」。於是，她

⑱ Ibid., p. 30.

以「孔子」之名立誓，永遠保持自由之身。⑲

虛構的描繪只不過短暫探訪了劇中女主角的內心世界，然而伊莉莎・裨治文卻在現實世界裡重現這樣的場景：她謙和有禮，使得與她交談的中國婦女放下戒心，暢所欲言。在她們的談話裡，她先用自己的年齡和子女打開話匣子，再來就是談她自己的服裝及髮飾，第三個必談的話題則是她的「大腳丫子」。每一個話題都輕而易舉、自然而然引導中國女性對類似問題的看法。她還會訪談一連串關於家庭及宗教的議題，有時甚至會涉及殺害女棄嬰等人性黑暗面的議題。⑳

想要從這些對話中穿針引線，獲得滿意的答覆，就必須對中國語言有相當程度的認識；雖然這個問題曾在伊莉莎・珍以前的西方男性前輩們都努力嘗試解決，她則提出了新的觀點，意圖為這個他們認為「難以克服」的問題找到解決的良方。她把語言學習區分為三個層次：首先是通行的口語，這必須透過持續不斷的紮實演練及實際對談，才能獲得成效，要像學生一樣，只要有人可以對話並且願意回應，就要隨時把握機會，「一點一滴累積中文的生字及片語」。其次就是「當地用語」（local phraseology），由於推展傳教工作時常要在不同地方間遷徙，因此這方面的基本能力便「不可或缺」；只要願意「融入當地人的生活，多聽他們談話，如同幼兒牙牙學語」，便可達成學

⑲ Carlo Gozzi, *La Princesse Turandot: conte tragi-comique en cinq actes*, trans. Jean-Jacques Olivier, 4e édition (Paris: Éditions de la Nouvelle Revue Française, 1923), pp. 28, 38, and 51.

⑳ Bridgman, *Daughters*, pp. 29 and 56.

習目標。最後則是書寫的語言，而這個問題又可以從兩個角度來分析。從傳教士的觀點來說，他們的主要目標是「傳授福音中的簡明真理」，因此對於「浩如煙海」的中文書寫字符，他們僅須認識「一半甚至四分之一」，就已經綽綽有餘。而為了能如願到達這個程度，「每天得花幾個小時研讀中文字符」——只要時間不是拖延太久——「應該是相當有趣的，還可提供很多不同的消遣」。她也發現，好幾位十分傑出的基督新教宣教者「對於中文字符的理解非常有限」。㉑有些人深為中文所苦，那是因為他們妄想在短時間內企及博大精深的水準：

> 有幾個人健康嚴重受損，其中幾個人甚至一病不起，因為在移居東方的頭一、兩年，他們閉門苦學中文，但是如果一開始就備受挫折感侵襲，就會像一場夢魇——他們最後只養成鎮日枯坐讀書的習慣，而這時常讓人覺得灰心喪志，日漸消沉，抑鬱到生病，只好整裝歸國。㉒

伊莉莎·裨治文直率的言論，道破了西方人在進階語言學習時遭遇最嚴重的幾種問題。一八四六年七月底炎熱的某一天，她租了一艘小船到廣州城外的鄉下地方郊遊；當時人暗地裡

㉑ Ibid., pp. 31–34.
㉒ Ibid., pp. 34–35.

「憎惡並敵視有權勢的外國人」，而透過她高明的敘事技巧，這股在中國內部蔓延的暗流也如實呈現在我們眼前。

剛開始的時候，中國平民看似散發自內心待人友善親切，所以這一小群旅客完全放鬆戒備。儘管他們很清楚這個區域的西方商人和當地中國居民近來曾發生過武裝衝突，並造成數人死亡，他們仍然逮到機會就上岸「散發傳單以及《聖經》」。㉓其他時間他們就懶洋洋靠在船艙躺椅上打發時間，透過搖晃的百葉窗觀賞悠悠滑過眼簾的鄉村風光。約莫四哩航程之後他們轉入一條小溪，找到一個容易靠岸的地方。

我們登上一座小山丘，來到一座農舍；雖然不過是簡陋的棚架搭建，屋子裡的窮困女人卻深知待客之道。她很客氣地為我們張羅午間的粗茶淡飯㉔，搬出一張粗糙的板凳，但看來那已經是她最好的板凳。她央請我們在桌邊坐下喝點茶。她的態度散發出特別迷人的氣質，因為她的客氣周到似乎出自於真誠的好意。我們喝茶的時候，一群人走過來圍觀我們。我的服裝特別吸引了他們的注意力，於是我把帽子摘下來，好讓他們看清楚我的髮

㉓ Ibid., pp. 59–60.

㉔ 譯註：原著此處用字為“Tiffin”並有注腳解釋：「“Tiffin”意指午間或傍晚食用的餐點，為移居海外的英國人常用的俚語。」

型；由於他們看來畢恭畢敬，我也樂意滿足他們的好奇心。㉕

接下來她的描述大致平淡，值得一提的只有志平（Sze Ping）。他是在傳教士印刷坊工作的年輕人，雖然對基督信仰很感興趣，但還沒決定受洗；伊莉莎剛開始學習中文的時候，志平曾經幫助過她，他也接受了傳教士的請求，在這趟短途旅行中陪伴傳教士和他們的家眷。

> 我們上船，繼續航程，仍然沿著小溪前行；船划過橋下，我們來到一座村莊。夕陽西下，溪面上倒映著灌木叢長長的影子，似乎告訴我們夜幕即將籠罩。那是個暖和的夏日，我脫下帽子走出船艙，來到甲板上享受涼爽的空氣。才站上甲板片刻志平就告訴我：「妳最好進來，岸上那些傢伙是壞人。」
>
> 我注意到一群男孩和其他一些人在岸邊叫囂，馬上又聽到小石子打在船舷的聲音。志平滿懷警戒張望，並關上了百葉窗；這時扔過來的小石子力道更大了。岸上群眾的情緒愈來愈激動，簡直像是暴民；泥巴塊、較大的石塊陸續飛來，我們把所有派得上用場的東西都拿來抵擋住窗戶……
>
> 兩名船夫不幸受了傷，我在手帕上沾了些冷水為他們止血——石子像暴風雨般一陣陣

㉕ Ibid., pp. 60–61.

襲來，數量愈來愈多，我們的百葉窗開始破裂，我們也覺得自己隨時可能被接二連三襲來的石頭擊倒。

一個面目猙獰的男子跳進水裡搶走一把船槳，兩、三個船夫嚇得棄船逃到岸上。此時我們正逆流而行，離開小溪前，還得先穿過一座橋。有一位大約十七歲的年輕人，堅決守在船首的崗位上。暴民聚集在橋上，當船從橋下通過的那一刻，他們推下一塊石頭，大小足以弄沉我們的船，任何被砸到的人也必死無疑。石頭砸到一根船樑，船樑馬上碎裂，但幸好沒有人受傷。我們破船上的年輕英雄搬走大石頭，並坐在石頭的上面，繼續盡全力搖槳……

我們抵達停泊的地方時，幾乎已經天黑了；那真是讓人感激的一刻，因為我們總算脫離那麼凶險的困境。我的衣服上沾滿受傷船夫的鮮血，其他人則滿身泥污，但是我們毫髮未傷。

我們將那塊欲置我們於死地的石頭帶回家，一秤之下，重量竟將近一百磅。㉖

西方人筆下的中國，從未出現過這樣的風貌。其中最不同於以往的描繪就是她筆下直接流露出來的恐懼，以及她承受到的責難——事情的起因是在那位和藹農婦的小屋裡，伊莉莎由於忘情於

㉖ Ibid., pp. 62–65.

眼前的友善氣氛，過於自信滿滿地炫耀秀髮，以致於犯下大錯。而且，瀑布般流洩的長髮、污穢鮮血與泥濘、刺骨冰冷的溪水與堅硬的石頭，以及暴民的叫囂和猛烈的攻擊，這一幕幕都激起我們聯想到《新約聖經》的澎湃之情，反而成為伊莉莎．珍筆下最不可或缺的中國景象。

至於珍．艾迪瑾（Jane Rowbotham Edkins, née Stobbs, 1838–1861）初抵一八五九年上海的時候，是從祖國蘇格蘭一路跟隨夫婿艾約瑟（Joseph Edkins, LMS, 1823–1905）㉗來到上海，當時她只有二十歲。馬戛爾尼爵士短暫享受他的中國狂想曲時，曾經以「美麗新世界」形容中國；不過珍．艾迪瑾感覺到她眼底的中國景致更加出色。懷著剛剛登陸中國的興奮之情，到了九月一下船的時候，她寫了一封信給她母親——中國人的服裝顏色明亮、精神抖擻，人來人往，活力充沛，「遠比我想像中更乾淨，更討喜，也比我設想的更加迷人」，毫無疑問，在她心裡中國人「為中國的美景增添了幾分姿色」。㉘到了十月中旬，她下筆更加流暢自如；在她寫給父親的一封信中，描述不

㉗ 譯註：倫敦傳道會傳教士，字迪瑾，亦為著名漢學家。艾約瑟在中國度過五十七年歲月，他的傳教事業在翻譯與出版上皆有重要建樹。一八四四年，前文提及的麥都思與艾約瑟幾位倫敦會傳教士，在上海倫敦會總部創立墨海書館（The London Missionary Society Press, 1844–1866），同年五月開印，乃上海第一家現代出版社，採用中文鉛字印刷，以北京官話翻譯聖經，艾約瑟與清末思想家王韜（1828–1897）、數學家李善蘭（1810–1882）等人結識，也合作譯書介紹西方科學思想，因此對西學東漸也不乏貢獻。

㉘ Jane R[owbotham] Edkins, *Chinese Scenes and People: With Notices of Christian Missions and Missionary Life in a Series of Letters from Various Parts of China. With Narrative of a Visit to Nanking by her husband, the Rev. Joseph Edkins. Also a Memoir of her*

久前曾搭船在附近的吳淞江上流覽，湖光山色間反映出十八世紀中國風，似乎在她心中覓得了安身之處。

> 楊柳夾岸垂，彎彎的柳絲飄落清澈的溪流裡，河流的背面烘托出一片富麗的田野，揮舞著他的金色麥穗；蔥鬱的樹林若隱若現間瞥見整齊的農舍。我們現在正航向一座美麗的拱橋，花草的藤蔓蜿蜒橋上，點綴一彎綠意。就在這個時候，陽光映照出一幅美妙的景色，我們迫不及待河流快點轉彎，好讓滿目奇景盡收眼底。而在一座蒼翠的山丘上，矗立著飽受風霜的寶塔，數不清的斗拱與椽飛鑲嵌著青銅和黃銅，晨曦暉映下光彩熠熠。再往下走是一座熱鬧的村莊，住了許多居民。不知不覺間，我們穿過拱橋，並順流漂向小鎮。許多人跑來觀看我們，有些人以為自己看到了「野蠻人」，扒飯的筷子僵住不動，忘了把飯送進嘴裡。我們很快便越過了這座村莊。我希望可以生動描繪眼前的一幕幕景色：我想要把一籃籃呱呱叫的鴨子擺在您面前，我想在桌上擺滿令人食指大動的水果，我想讓您看見成捆成堆的紅棉花，四周盡是形形色色的男人、女人和小孩，有些看起來模樣很漂亮，但也有相貌平庸的人，他們全都嘰嘰喳喳閑聊；他們穿梭在狹窄的巷弄間，跨越又舊又小的橋梁，然後站在群眾之中盯著我們看。我留意到好幾個容貌秀麗的女性，但是整體而

Father the Rev. William Stobbs (London: James Nisbet and Co., 1863), pp. 44–45.

言，中國男人的長相看起來比女人有意思多了。[29]

「多看中國一眼，我就更愛它，」她寫道，「我心中已經對中國人充滿好感……我想我應該在每一頁的結尾加上『中國好美』，我真愛這塊『錦繡大地』」。[30] 然而在珍．艾迪瑾眼裡的這塊樂土上，一群百姓早在她抵達中國的前一個月，就已經注意到這群西方人可能有侵犯的意圖，也可能暗中招惹麻煩，便已經開始對船上的人虎視眈眈：

人群逐漸聚集在我們四周，盯著我們瞧，艾迪瑾先生覺得楊格非夫人（Mrs. John）[31] 和我最好還是待在船艙裡。我心不甘情不願地答應，但很快就覺得幸好我進去船艙裡了。百姓們群集圍繞江岸，緊緊盯著我們看。我們只好等待時機。五十或上百名百姓聚在一起，

---

[29] Ibid., pp. 53–54.

[30] Ibid., pp. 56 and 60.

[31] 譯註：倫敦傳教會傳教士楊格非（Griffith John, LMS,1831–1912）的第一任妻子（Margaret Jane John, née Griffiths, 1830–1873）。楊格非於一八五五年抵上海，一八六〇年《北京條約》簽訂後，英法兩國獲准在中國購置土地興建教堂，楊格非次年開始深入華中內地，後定居漢口直到一九一一年辛亥革命才真正離開。楊格非在《聖經》的中文翻譯上也有諸多貢獻，他獨力翻譯《聖經》的事蹟，參見〔德〕尤思德（Jost Oliver Zetzsche）著，蔡錦圖譯：《和合本與中文聖經翻譯》，譯經叢書四（香港：國際聖經協會，二〇〇二），頁一五七～一六九。

嘰嘰喳喳說話，但語氣還算平和。我們停泊在那裡直到噪音完全消失，但人群呼吸的熱氣仍然盤旋在空中，讓人感到窒息；於是我們重新啟航，船行走了三哩才抵達一個平靜的停泊處。㉜

其他時候，西方人遭受的不是明目張膽的敵意，而是刺耳尖銳的嘲笑，迎面遇見身穿褪色舊棉衣的婦孺時，她們甚至會「在擦肩而過時對我們大聲喊叫」。㉝珍・艾迪瑾曾經有過一次這樣的經驗，雖然不像伊莉莎・裨治文那次駭人聽聞，不過當時她唯一能做的也只有故作鎮定而已。

我們上了岸，只聽見一聲呼喊，當地所有年輕人全部聚攏過來，爭相目睹「野蠻人」。我們背後人潮洶湧，愈聚愈多人，激動的喊叫聲不斷折磨我們的耳朵……萬頭攢動的人群圍繞在我們四周，漸漸聚集成一個圓形，一層接著一層的人影緊盯著圓心裡的我們不放，大人的頭上頂著小孩子，活像由人體堆疊而成的圓形劇院。我想不透他們是怎麼設法把自己堆疊上去，但我想應該少不了椅子的幫忙。我以前很少見到人群如此擁擠的場面，即使在中國也不例外。我們發現待得愈久，圍觀的人群就愈多，於是包爾騰先生

㉜ Ibid., pp. 57–58.

㉝ Ibid., pp. 64 and 76.

（Mr. Burdon）㉞把我帶上船，因為他們注目的焦點就是我，艾迪瑾先生則泰然自若地留在岸上。一上了船，我趕緊打開陽傘遮住我的臉，故作鎮定地坐著，但是他們蹲在河岸邊，想盡辦法看清楚隱約藏在帽子、陽傘底下的我。我轉身面向另外一邊，卻看見野草蘆葦間，幾十張臉孔忽隱忽現。㉟

比起其他多數男性觀察者，珍．艾迪瑾更能坦率地對自己此時此刻身處的中國，提出某些道德上的質疑。她曾偶然間得知許多美國傳教士「贊成在美國實行奴隸制度，而我認識的一位女士就是蓄奴者。這真是令人沮喪，我覺得太可怕了」。㊱而在參加過無數禱告會和布道會之後，她心中竟浮現了一個叛逆的聲音：「不必時時刻刻把宗教掛在嘴巴上，我這種想法是對的嗎？」她耗費在研讀中文的時間愈來愈長，儘管中文很困難，她卻覺得自己「對中文的喜愛與日俱增」。「若非當前的動亂局勢，」她寫道，暗指在周遭肆虐的太平天國之亂，「而且如果我更能忍受孤單，那麼我最想做的事就是深入內地和中國人徹底打成一片。那是眼下學習語言的不二法門。」但實際上她和丈夫只能待在當地，向逃離「天都」南京的難民傳教，並為了填飽難民的肚子而向西方商人募

㉞ 譯註：指英國海外傳道會傳教士包爾騰（John Shaw Burdon, CMS, 1826–1907）。

㉟ Ibid., pp. 154–156.

㊱ Ibid., p. 71.

款；能這麼做，他們已經感到很滿足了。㊲

一八六〇年夏天，珍．艾迪瑾察覺步步逼近的戰事有一觸即發之勢，於是她在信中向弟弟約翰（John Stobbs）吐露：

昨天，「叛軍要來了」的謠言在上海滿天飛。消息傳來後，艾迪瑾先生默默出去探聽真相。船隻都徹離了堤岸，船上的男女個個面色驚恐。馱著貨物的苦力帶著早晨的好心情，心平氣和地沿路呼號「啊吼」（aho），聽到議論紛紛的嘈雜聲後，停了下來，留神側耳傾聽，接著便丟下他們馱負的貨物，一溜煙竄上船，趕緊划走了。原本窩在椅子上的人全都迅速站到地上，嚇壞的苦力三兩下把船划進了河道。街上的一位讀書人原先帶著一副從容不迫又有威嚴的特有氣質，在街上閑步，但當他聽到苦力驚呼「長毛來啦」㊳這幾個字後，先是加快了腳步，接著將所有體面和學究身段全都拋諸腦後，撩起他的長袍下

㊲ Ibid., pp. 95, 98, 100–101, and 126–127.

㊳ 譯註：太平天國蓄髮，不依照清廷的薙髮制度，所以清軍常以「長毛」、「毛賊」、「髮匪」、「髮逆」等詞稱呼太平軍。一八六〇年八月初（咸豐十年六月底），忠王李秀成（1823–1864）指揮的太平軍開始進攻上海，清軍有美國洋槍隊與英法砲船等西方武裝勢力襄助，李秀成直到一八六三年撤軍為止，始終未攻克上海。此處原文說苦力驚呼「“Dy ong m'ah,” “lac,” etc.」，但因不清楚苦力口說何種方言，因而無法確實翻譯。此處按照上述的故事背景，暫且以「長毛來啦」對應原文。

襬，立馬跑了起來。㊴

由於感覺英軍及上帝庇護著自己，珍覺得自己安全無虞；在一八六〇年八月的一封信中，她告訴她母親：「偶爾承受一點危險，也很愜意」。她對叛軍又愛又恨的情緒日漸加深，她曾向父親說：「我承認自己或多或少也有叛逆的心態，甚至暗中盼望他們到來。」㊵直到叛軍被驅逐出上海，她與丈夫和其他傳教士造訪鄉間，珍才打消了這樣的念頭：

> 看到四周一片荒蕪，真是感覺黯然神傷。房舍燒得精光，石塊四處散落，夾雜著磚瓦和泥沙，滿目瘡痍，這畫面多麼淒涼。河邊上幾乎找不到一幢完整的房子，廢墟的殘破景象至少綿延了一哩路。我們沿著河流前行，穿過寂寥的街巷，昔日車水馬龍的繁華已不復見，只聽得見斷垣殘壁間孤伶伶的狗叫聲，以及我們腳步的回音。原本行人如織的那座橋，如今渺無人煙，野草湮沒了臺階，簡直寸步難行。緊閉的窗戶透露屋內已無人跡，障礙物也堵住了大門，偶爾有幾間沒有門窗的房舍，映入我們的眼簾。㊶

㊴ Ibid., pp. 138–139.

㊵ Ibid., pp. 142–143.

㊶ Ibid., pp. 156–157.

然而珍的體力虛弱到不能負荷中國的生活。持續不斷的動盪局勢再加上普遍的傳染病、腹瀉和頭疼，酷暑及嚴寒交相侵襲之下，她在一八六一年七月中旬病倒了。儘管後來移居到比較適合調養身體的北方，服用牛肉湯和黑醋栗汁以維持體力，或在病情稍微有起色時喝點香檳，但到了八月五日她還是被送往大沽，試試海邊的空氣是否能讓病情好轉。當她在「海邊祠堂」的迴廊下散步，「一位面色蒼白的英國女士，裹在褐色的格紋披肩下」迎面走來，依舊迷戀四周的美景。她在一八六一年八月二十四日那天與世訣別，再過幾天就是她的二十三歲生日。丈夫親手為她「穿上新娘禮服」，用冰塊包覆著她的身軀，然後展開漫長又燠熱的旅程，將她安葬在天津的西方人墓園裡。[42]

一八六三年，珍・艾迪瑾的信件在倫敦出版，她筆下的中國遠比伊莉莎・裨治文的描述更加豐富完整，儘管信中瀰漫了許多抒情的段落，但珍・艾迪瑾的書信確實提出更多棘手的難題，尤其是傳教士的職責及中國的駭人苦難，這兩者之間的關聯一直糾結在她心頭，揮之不去。有時候，她無法擺脫自己是個局外人的念頭，她跟外國人社群的關係也就愈來愈近了，而非走入她一心嚮往的中國村落。儘管她的婚姻生活幸福美滿，但直到她死前都未曾孕育過子女，但也因此不必遭受一般婦女最沉痛的恐懼——也就是喪子之痛。又由於戰爭與環境逼迫，她一直待在傳教士的圈子裡，如

[42] Ibid., pp. 231–232, 235, and 237. 有關她辭世的細節，詳見其父（Rev. William Stobbs）回憶錄（書目資訊參前注[28]），頁二二九～二三一。

此一來，也不必像其他西方婦女一樣忍受孤寂的心情，陷在絕望的中國生活裡。

至於瑪麗．克勞馥．傅瑞澤（Mary Crowford Fraser, née Crawford, 1851–1922）㊸則是在一八七〇年太平天國之亂平定後，乘船抵達北京㊹。當時中國名義上的秩序已初步恢復，因此當她一眼見到「聰明、友善的英國治安官」，意義自然非比尋常：「過去一星期舉目盡是醜陋兇惡的中國面孔，我猜想他們對我勢必充滿敵意，所以，一見到我們的治安官，我簡直開心極了。我急忙搶著離開這艘恐怖的小船，登上前來迎接我的豪華轎子。」㊺短短的兩句話裡，三個押頭韻「h」的形容詞無意間洩露瑪麗．傅瑞澤的焦慮，正因為如此，她對四周景物的觀感自然也就不同於珍．艾迪瑾和伊莉莎．裨治文：

隨著我們向城裡前進，原先的景象是一望無際的田野，總是布滿黍稷收割後剩下來的殘莖，但廣袤千里的黃土漸漸取而代之，再更遠處就是遼闊的滿洲城牆，一直綿延到我的

㊸ 譯註：英國外交官員休．傅瑞澤（Hugh Fraser, 1837–1894）的妻子。傅瑞澤夫婦二人於一八七四年抵達中國，期間傅瑞澤先生曾擔任英國公使館秘書（Secretary of the Legation）與代辦（Aargé d'Affaires），一八七九年奉派維也納後便離開中國。

㊹ 譯註：據瑪麗．傅瑞澤原書所記載，她與夫婿抵達中國的時間應在一八七四年，見註㊺之引用書目。

㊺ Mary Crawford Fraser, *A Diplomat's Wife in Many Lands* (New York: Dodd, Mead and Co., 1910), p. 106.

視線盡頭。圍成正方形的城牆邊長四哩，巨大突出的扶壁沿著城牆而建，每個角落都有三層屋頂的瞭望塔。這座城牆看起來就像陰沉的怪獸，隨時準備騰空跳躍。㊻

即使纏足這個主題牽動了部分西方觀察者的同情心，但瑪麗．傅瑞澤卻是冷嘲熱諷，而非於心不忍；這點可以從她描述某位滿洲女士造訪她在北京的臨時住處，略知一二：

達官貴人的妻子從十一、二點來拜訪，一直待到夕陽西下，真可稱得上是一場嚴峻的考驗。她所有的女方家眷都跟著來了，每個人身邊還隨侍兩位婢女，成群結隊的人馬、轎子和驢車，浩浩蕩蕩塞滿了一整個院子。女主人下轎時婢女在一旁攙扶，以支撐她們蹣跚的腳步——這幅裝模作樣的畫面總逗我發笑。滿洲人並沒有為小女孩纏足的傳統，而所有宮廷閨秀都踩著一雙天足，如常人一般行動，但是中國人推崇「三寸金蓮」的傳統觀念卻滲透了她們的思想；雖然她們毋須像悲慘的漢人姊妹那般，忍受巨痛與行動不便，她們卻欣然模仿纏足的漢人女子，任由僕從在一旁攙扶她們的雙肘，蹣跚碎步。㊼

㊻ Ibid., p. 107.

㊼ Ibid., p. 115.

她認為這些滿州女人都很令人厭煩，因為「她們穿梭在一間又一間的房間，每一件東西都要摸一摸，試一試這件衣服，還翻開衣櫥裡的東西，一一詢問它們的用處；最不可思議的是，她們竟拿走所有香皂」。原來這些來拜訪的女人誤以為香皂是「可口的蜜糖，竟切成小塊小塊分送給朋友」，但這並未平息她心中的怒火。⑱

當她第一眼見到北京紫禁城，屋頂的黃色琉璃瓦就成為她心中最深沉的恐懼；她筆下最讓人意想不到的隱喻就回蕩出這種懼怕。瑪麗・傅瑞澤曾聽說，宮中的無價珍寶常遭盜匪竊取，甚至也有朝廷官員私運出宮販售。如果連宮廷珍寶都並非神聖不可侵犯，那遑論其他的珍品？「恐怖故事的陰森氣息飄越宮牆，向我們襲來。等我生下不列顛小寶寶，成為驕傲的母親，我想這樣的恐懼會永遠纏繞在我心頭：我的小寶貝神秘地失蹤了，消失在宮苑後那片寂靜又擁擠的迷宮，永遠回不到我身邊。」⑲

這種恐懼並非英國人的專利。數年後，美國駐華公使㊿之妻莎菈・康格（Sarah Jane Conger, née Pike, 1843–1932）抵達北京，也顯露出類似的情緒。一八九九年六月三日，她從北京寫給妹妹的一

⑱ Ibid., p. 115.

⑲ Ibid., p. 119.

㊿ 譯註：即特命全權公使艾德溫・康格（Edwin H[urd] Conger, 1843–1907），一八九八年七月就任，經歷拳民圍困東交民巷使館區。

封信中（並且後來出版了），開頭幾句就淋漓盡致地描繪出她的複雜心情：

> 這次我想告訴妳，寫完上封信之後我在北京的一些見聞。我有點詫異，中國人的行為舉止似乎都涵蓋在一個制度之下。我真想多瞭解這個制度！每當我明白一件事，就會鞭策我自己去學習更多新知。
>
> 我一點也不怕中國人。雖然他們完全沒有散發出嚇人的樣子，但如果我觸犯到他們的想法或禮數的慣例，這時候他們就會惹我生氣。[51]

雖然她剛剛才強調自己一點也不害怕，但接下來她緊扣這個主題，毫不掩飾地描述心中的恐懼：

> 城牆上既安靜又乾淨，是散步的好地方，很少有中國人獲准登上城牆去，所以讓人覺得這裡安全、自在。今天我的女兒蘿菈和幾位客人一起前往那裡，走到前門（Ch'ienmen）

---

[51] Sarah Pike Conger, *Letters from China: With Particular Reference to the Empress Dowager and the Women of China* (Chicago: A. C. McClurg & Co., 1909), p. 68.

的城樓[52]，那裡空無一人，只有一名城樓守衛。他們給了守衛一些錢，就坐下休息並觀看城牆下的百姓。一個乞丐走過來向他們要錢，他們身上已經沒錢了，所以並未多加理會；然後，一個乞丐又一個乞丐接二連三地走過來，破爛的髒衣服幾乎不能遮蔽他們的身體。城牆上的情況不一樣了，蘿菈眼看情勢不妙，便說：「怎麼會這樣呢？我們如果不繼續往前走，就只能折返了。」他們決定往回走，但乞丐成群尾隨著他們，他們愈往前走，乞丐人數就愈多。這些衣衫襤褸的可憐人還跑到他們前面站成一排，跪下來**磕頭**（把頭往地磚上敲撞），同時大吼大叫，模樣甚是駭人。他們以頭撐地，一遍又一遍磕著頭，不停高聲叫嚷。這些乞丐的數量愈來愈多，叫聲也愈來愈大，直到外國人走到城牆出口，下了斜坡[53]，留下一幫大約二十多個一路尾隨他們的本地人，從城牆上望著他們。這些蓬頭垢面、衣衫襤褸的人究竟從哪裡冒出來，至今依然是個謎。[54]

同一封書信的另一段文字裡，莎菈．康格在一個先前西方旅人多半忽略的問題上琢磨，而這顯然已經成為當時中國的主要特徵：出於社會流俗以及害怕惹上麻煩之故，中國人已經習慣對他

[52] 譯註：即天安門廣場南側正陽門的城樓或箭樓。
[53] 譯註：應指城樓兩側的馬道。
[54] Ibid., pp. 68–69.

人的不幸不聞不問。莎菈思考這個問題並非基於自身或女兒蘿菈安危的顧慮，她反而就像是近代的孟德斯鳩，思索出一個體制，可以對中國人解釋為何他們生活在艱苦的貧瘠之中：

中國人從不插手過問別人的事。為了自身安全，他們不敢這麼做。我們曾經見到一個人拖運好幾袋穀物，結果其中一個麻布袋破了，於是穀物沿路一直流到街面上；許多中國人都看見了，卻因為事不關己，所以沒有人上前告訴他。還有一回，我們見到一個人用扁擔挑了兩個籃子，摔倒在地後就站不起來了；路上的中國人都匆匆走過他身旁，我們也不例外。我們回程時那個人還躺在地上，只是已經斷氣了。他的籃子和扁擔掉落在路旁無人理會，因為只有當局才有權利料理那個死人和他的貨物。另外還有一回，我們正走在城裡人來人往的大街上，街道中央赫然擺放著一個障礙物——那是一具死屍，在眾目睽睽之下蓋著一張草蓆。每個人的分際是如此明確而僵硬，竟沒有人出手相助；這些社會秩序簡直「像過時的老古董」。[55]

莎菈．康格並未如願理解這個「體制」，不過她倒是克服內心的恐懼，對中國產生了同情與理解。一九〇〇年夏天，在那場「義和團之亂」（Boxer Uprising）的夢魘中，徹底改觀了她對中

[55] Ibid., pp. 69–70.

國的看法。當時她與丈夫及女兒蘿菈，以及其他國家的駐華外交官員及中國職員遭到拳民包圍，受困在東交民巷使館區（Legation Quarter）。她除了幫忙填裝沙袋以作防守，澆滅拳民不斷縱火的攻勢，照顧傷者，還策畫了個小伎倆，與廚子達成協議，非到最後關頭絕不屠宰蘿菈的小馬來上菜。莎菈曾經嘲諷中國人膽小怕事，因為他們十分抗拒在夜裡或雨中戰鬥，然而在這一連串的經歷之後，莎菈反而覺得他們「無畏、兇猛、殘忍、果斷」。[56] 拳亂的夢魘結束後，她拒絕加入疾呼報復的陣營。[57]

無論是伊莉莎・裨治文、珍・艾迪瑾、瑪麗・傅瑞澤或是莎菈・康格，她們旅居中國期間身邊都有朋友或同事圍繞，也都住在大城市裡，每當她們感覺中國的社會環境太過惡劣或可怕，那種深厚而且喧鬧的集體歸屬感（sense of community）總是幫助她們抵抗中國社會。但真正離群索居過日子，那可是另外一回事；先前來到中國遊歷的西方人多半從未有這種體會，就連作家恐怕都無法設想那樣的心情。一八八九年底，伊娃・珍・普萊思（Eva Jane Price, née Keasey, 1855–1900）與夫婿查爾斯（Charles Wesley Price, ABCFM, 1847–1900）[58] 帶著兩個孩子，抵達了內陸省分山西的汾

[56] Ibid., p. 116.

[57] 譯註：關於莎菈・康格在中國的經歷，參見 Grant Hayter-Menzies, *The Empress and Mrs. Conger: The Uncommon Friendship of Two Women and Two Worlds* (Hong Kong: Hong Kong University Press, 2011)。

[58] 譯註：美部會（American Board of Commissioners for Foreign Missions）牧師。

州小傳教所。抵達汾州之前，他們先從最近的城市坐了六天撐篙的小船，接下來帶著四個貨架以及十三匹馱滿貨物的騾子，在山區艱苦跋涉了十四天。當普萊思一家人抵達山西時，伊娃．珍．普萊思就很清楚這樣的隔絕生活必須承擔些什麼；鄉間小鎮的歲月與其他西方人所知的中國生活大不相同。一八八九年十二月，伊娃寫了一封信給愛荷華州迪蒙因（Des Moines, Iowa）的家人：

> 我們的宅院在臨街的圍牆上有一扇大門，除卻我們進出的時候，平日裡都深鎖門扉。守門人住在近大門的一間小屋，其他僕人也睡在那裡。我們有一片約莫五十呎見方的小院落，鋪了地磚，四周廂房像圍牆似地把院子圈在中間，因此走出房門，只看見天空、微風和塵土。並非所有廂房都彼此毗連，而是各自圍合著院落，再相互以小小的走廊連接，整個院落看來就像個小村莊。夕陽西下後，有些地方看來幽黯陰森。整片院落大約佔地二英畝，但不少廂房都有待整修，目前也無人居住。最外層的一堵高牆環繞著宅院，大門是唯一通道，因此我們關在裡面平安無事。打從我們來到這裡，我一共只出過大門三次。[59]

過慣愛荷華的生活之後，再去適應抽鴉片的男人和裹小腳的女人——而且這些女人臉上還搽得

---

[59] Eva Jane Price, *China Journal 1889–1900: An American Missionary Family During the Boxer Rebellion: with the Letters and Diaries of Eva Jane Price and Her Family, foreword by Harrison E. Salisbury, introductory notes and annotations by Robert H. Felsing* (New York: Charles Scribner's Sons, 1989), p. 14.

紅一塊白一塊，偏偏「脖子黑黑髒髒的」——想必不是件容易的事。然而，試圖擺脫孤單卻也只是憑添煩憂的心緒：「有一道石階通往屋頂，我們可以拾階而上，在屋頂上踱步，眺望牆外的城市及山巒。但是多麼令人沮喪啊，城裡盡是破瓦殘垣，看了只能暗自心傷，我只好趕緊下來，慶幸自己又回到了廂房裡。」[60]

她偶爾外出時，即使遇上人們不那麼友善，她還是坦然以對，抱持一種事情會往好處發展的心態：「小孩子對我們吼叫已經是家常便飯，有時候還會朝我們丟石頭，也常聽見有人罵我們『洋鬼子』。不過在我們自己的家鄉，某些階層的人見到陌生人走來，惡劣對待的程度恐怕還遠不止此。我們希望在他們面前抬頭挺胸過生活，默默贏得他們的信賴和尊重。」[61]當一個人的內心可以相融於現實世界，那麼，她的孩子在她的羽翼之下，必然會克服孤獨無依的處境：

我們在這裡的住處很舒適，對孩子來說既平靜又安全。他們還沒有跟中國小孩一起玩耍，因為中國的孩子只有在母親陪伴下，露面過一兩次，而且還畏懼我們。有一天下午我們出門時，偶然碰上一群小孩，他們竟聲嘶力竭逃得遠遠的，好像我們會摘掉他們的頭。別忘了，我們可是被囚禁在一座由十五呎高牆封鎖的大宅院啊。但只要蓋得起一堵厚牆，

---

[60] Ibid., pp. 16 and 21.

[61] Ibid., p. 26.

這就是中國人都想住的院落。[62]

有時候，伊娃忍不住這麼盼望：她最大的心願就是擁有一件媽媽的大圍裙，這樣她就可以把頭枕在上面，想像自己正倚偎在媽媽的大腿上，好好大哭一場。她的丈夫經常外出傳教、旅行、參加傳教會議。當她跟兩個兒子——史都華（Stewart）和唐（Don）在高牆內殷殷期盼和等待，她但願「只要我們還在這裡，他們就能相依為命，並且與我們作伴。沒有他們，將會多麼寂寞啊」。[63]而到了一八九〇年十月——

> 週復一週，生活依然如舊——無處可去，門可羅雀，又無人來訪（只有我們的中國友人偶爾現身）；日子如此單調，幾乎無法分辨昨日今日明日的差別……
>
> 我買了些菊花，擺在起居屋外面的窗臺上，看起來賞心悅目。如果我們要在這裡多待一年，可以的話我想再養些花。把院子地面鋪設的磚塊挖掉一些，我相信可以整理出一片美麗的花園。

---

[62] Ibid., p. 27.

[63] Ibid., pp. 27 and 31.

但這個時候，命運之神突如其來開了一個玩笑，切斷了那唯一一條她觀看牆外世界的通道：「有一天夜晚，那條幫我們爬上屋頂散步、讓我們一覽城市及山巒風光的舊石階坍塌了。從此，除非走出宅院，否則我再也沒有機會瞄一眼牆外的世界。」[64]

伊娃還是想辦法走出她的大宅院。她也學習中文，並為當地婦女辦了一所學校。不過她先前的夢魘最後還是應驗了。一八九二年五月十六日，三歲的小唐尼臉上劇烈疼痛，伊娃為此焦慮不已。一週之後，她的小兒子去世了。另一個兒子史都華則因為腎臟病於一八九七年二月離世，年僅十二歲半。[65]她在一八九三年十一月生下女兒弗蘿倫絲（Florence），但生活上的壓力讓人難以承受，也難以磨滅痛失愛子後的思念之情：

> 一八九九年三月十五日。我在這兒非常寂寞，事實上我真的很憂鬱。你以為傳教士永遠都朝氣蓬勃、樂觀開朗嗎？噯，也許有這種人，但絕對不在這裡。只有把眼光放寬，看看整個傳教界，看看我們完成的工作，以及上帝可能降臨的旨意，然後，我們才能忍受這裡的生活。上星期五艾渥德太太[66]和我去城南郊區訪友，泥濘與惡臭瀰漫街道，一路走來

---

[64] Ibid., pp. 34–35.

[65] Ibid., pp. 71–72 and 144.

[66] 譯註：同駐汾州傳教所的美部會艾渥德（Ernest Richmond Atwater, ABCFM, c. 1860–1900）牧師第二任妻

十分恐怖，整個地區和居民的骯髒程度似乎更甚於以往。一隻跳蚤還蹦進了艾渥德太太的茶杯。

幾個星期前，我們這兒颳了一場沙塵暴。強風在房子四周不停盤旋，從我們做工蹩腳的門板和窗上每一道縫隙和破洞裡鑽進屋裡，我甚至感覺到牙齒上都沾了沙子。今年冬天還沒下雪，而且從去年九月以來，就沒有下過一場雨，你們不難想像此地塵土漫漫。等到風勢頹靡，天空就開始飄雪；某個星期天的早晨我們醒來，萬物化成白雪皚皚一片。[67]

伊娃．普萊思提到的這場乾旱，時間不僅拖得很長而且災情十分嚴重，附近村莊因此餓死了無數人。在這種天災肆虐的背景之下，提倡滅洋（antiforeignism）扶清（national renewal）的義和團，很快就獲得狂熱群眾的踴躍支持。其實從一年前，伊娃家人就已經開始受到攻擊——他們遭受

子（Elizabeth Atwater, née Graham, c. 1870–1900），兩人於一八九八年在太原結婚。艾渥德牧師的第一任妻子（Jennie Evelyn Atwater, née Pond, 1865–1896）因產後感染，在汾州辭世，身後留下四女；艾渥德牧師一家六口後來在太原教案遇害。參見 Nat Brandit, *Massacre in Shansi* (Syracuse, NY: Syracuse University Press, 1994), pp. 103–109&ff.。

[67] Ibid., p. 194.

衝撞、推擠和嘲罵，以及向他們襲來的泥巴與石塊。[68]一九〇〇年二月，正當伊娃照顧弗蘿倫絲度過百日咳危險期，她聽說了第一起傳教士慘遭拳民殺害的消息，到了夏天，殺戮已經屢見不鮮。[69]一九〇〇年八月，普萊思家園牆內的宅院陷入攻擊危機，清兵部隊也因此入駐，聲稱要保護他們，並向伊娃、丈夫及女兒弗蘿倫絲保證，會護送他們到城外安全之地。但是他們的馬車才離開園牆沒多遠，一家三口隨即遇害[70]。他們的衣服被剝個精光，屍體棄置在水溝裡。而就在他們死前不久，整個村落的百姓排排站在狹窄的街道上送行；那時的他們正離開大宅院而去，馬車顛簸前行，奔向開闊的鄉間，那個他們滿懷期待卻幾乎不敢相信的——可能叫做「自由」的前景。[71]

---

[68] Ibid., p. 169.

[69] Ibid., p. 215.

[70] 譯註：普萊思夫婦生平與一家三口的合照（1897），見 Brandit, *Massacre in Shansi*, pp. 75–80；三人在汾州宅院屋內的合照，另見於頁四二一。

[71] Ibid., p. 239，中國信徒的證詞。

第 VII 章

中國人在美國

中國人屯居的那一帶城區，
已按照他們的生活樣貌興建起來；
晚上十點是中國佬一天最愜意的時刻。
在每一座猶如牢籠般
骯髒灰暗的小破屋深處，
依稀可以嗅到飄散出陣陣焚燒線香的味道。

一八八九年底，查爾斯·普萊思攜家帶眷首次來到山西汾州宣教所，抵達的那一刻，他馬上發覺那是個不討人喜歡的地方，而且對於茫茫未來更是無所適從。不過，提到汾州老百姓的處境，他卻能持平論之：儘管汾州居民和成千上萬的中國人一樣，也深陷貧困的末路，並飽受癘疾蹂躪，然而在塗炭的境遇中，汾州居民毫不猶豫就慷慨對待他和他的家人。這顯然與美國民情大相逕庭，兩相對照之下，他很難對這種反差視而不見，如同他在一八九〇年三月致給父親的一封信中提道：「他們對我們很親切，似乎很樂意我們來到這裡跟他們一起生活。比起有些時候中國人在美國受到的待遇，汾州居民對待我們的方式顯然友善得多。」①

遠從十六世紀中期培雷拉的時代，造訪中國的西方旅人就開始嘗試運用這類比較觀點，但當時西方並未出現可與之相提並論的中國旅人，所以這些西方旅人提出的比較內容多半空泛抽象。不過時至十九世紀後半葉，景況已不可同日而語；儘管當時在歐洲僅有零星寥落的小型中國人社群，但在美國卻由於一八四九年的淘金熱（Gold Rush）以及隨後的鐵路擴建，引來數以萬計的華人移工潮到西岸落腳，而其中又以男性為主。時至一八九〇年代，「中國城」在許多美國城市裡已是常態，零星群居的華人移工也散見於全美各地，身影遍及太平洋西北岸、中西部、南方腹地或是東部沿海地區。

可想而知，對於這批新湧入的移民，美國人的態度好惡參半，不過起初以寬容對待這些移

① Eva Price, *Journal*, p. 19.

工。比方像容閎（Yung Wing, 1828–1912）這類出身中國東南的窮苦人家小孩，在商人資助下隨同宅心仁厚的傳教士赴美②，竟也可以就讀新英格蘭的預備學校③，一八五四年在耶魯大學取得學位後，還娶了來自康州哈特福（Hartford, Connecticut）的當地女孩為妻，竟也沒有給自己惹上一丁點麻煩。④更令人詫異的是中國裔的「暹羅連體嬰」昌和恩（Chang and Eng, 1811–1874）⑤；這對胸部

---

② 譯註：指美國歸正教會（Reformed Church in America）鮑留雲牧師（Rev. Samuel Robbins Brown, RCA, 1810–1880）。一八三五年，容閎進入澳門第一所西式學堂「馬禮遜學堂」（Morrison School）就讀，受教於新教傳教士郭實獵（Karl Friedrich August Gützlaff, 1803–1851）的第二任妻子溫施蒂（Mary Gützlaff, née Wanstall, ob. 1849）。郭實獵夫人期望招募教育傳教士（education missionary）投入馬禮遜學堂的教育志業，在裨治文創辦的《中國叢報》（*Chinese Repository*）上刊登啟事，響應者即畢業於耶魯大學的鮑留雲牧師。他於一八三八年抵達澳門，為首位澳門的教育傳教士，擔任馬禮遜學堂校長。容閎隨鮑留雲赴美，時在一八四七年。

③ 譯註：今麻省威柏翰孟松學院（Wilbraham & Monson Academy），創建於一八〇四年，亦為鮑留雲母校。

④ Yung Wing, *My Life in China and America* (New York: Henry Holt & Co., 1909).
譯註：容閎此書的中譯最早連載於上海商務印書館發行的《小說月報》（*The Short Story Magazine*）第六卷第一號至第八號（一九一五）的長篇小說類，由徐鳳石譯述，民初翻譯名家——當時《小說月報》主編——惲鐵樵（1878–1935）校訂，題名《西學東漸記》。近期的中文重譯本另詳周棉：〈《西學東漸記》中譯不同版本之比較及其意義〉，收入珠海容閎與留美幼童研究會主編：《容閎與科教興國：紀念容閎畢業於耶魯大學一百五十周年論文集》（珠海：珠海出版社，二〇〇六），頁一九七～二一八。

⑤ 生於曼谷附近的夜功府（Samutsongkram），父親為華裔泰籍，母親則為中馬混血；一八三九年定居北卡羅來

相連無法分割的兄弟，一開始被當作「馬戲怪胎」，跟隨玲玲馬戲團（Ringling Bros. and Barnum & Bailey Circus）展演，不過合約結束之後，他們居然也在能力所及範圍內過起正常人的生活。他們定居北卡羅來納州，改以美國姓氏邦克（Bunker）自稱，娶了當地的白人姊妹安德蕾・葉慈（Adelaide Yates, 1823–1917）及莎拉・安・葉慈（Sarah Ann Yates, 1822–1892）；他們蓋了兩幢屋子，兄弟倆在兩個家庭間輪流居住，還購置地產，並共享一份結婚禮物——一位他們稱為「葛莉絲姨」（Aunt Grace）的女黑奴，兄弟倆總共生育了二十一名子女。⑥ 其他中國人則營運果園、組織慈善機構，或捕蝦採蚵，在廢棄的礦場挖掘剩煤，到鞋廠或雪茄廠做工，或是經營洗衣店與餐廳。

然而，查爾斯・普萊思話裡隱約浮現的那股壓力，時至一八六〇年代末期已經變得顯而易見了。此時中國人從舊金山向外輻輳出去，加入開採礦石與建設鐵路這兩種新興行業；過去他們只是美國人獵奇的逍遣對象，而今卻成為另外一種目標：中國人飽受譏諷、經濟歧視、法律騷擾，以及公然的暴力攻擊，有時候則慘遭暴民動用私刑而結束了生命。布瑞・哈特（Francis Bret Harte, 1836–1902）及馬克・吐溫（Mark Twain [Samuel Langhorne Clemens], 1835–1910）就是早期記錄這段歷史的作家。這兩位年輕人皆來自美國東岸，他們到西岸遊歷除了是想找尋寫故事的好題材，另外

納州。

⑥ H[ouston] G[wynne] Jones, *North Carolina Illustrated, 1524–1984* (Chapel Hill: The University of North Carolina Press, 1983), pp. 214–215（謹此感謝 Gary Reeder 提供的參考資料）。

也想藉機名利雙收。他們分別於一八五〇年代末期及一八六〇年代初期，在內華達州和加州初次遇見中國人。一八六一至一八六四年間，二十幾歲的馬克·吐溫住在內華達州維吉尼亞市，並擔任當地《企業報》（*Enterprise*）的記者；而史上第一份由美國人著手撰寫之關於中國城的詳盡評價，也許即出自於此時的吐溫手筆。

根據吐溫報導，維吉尼亞市當時約有一千名華人，多數以洗衣為業，有些則擔任僕役及廚子，他們全擠在一個小小的「中國區」裡居住，「遠離城區，自成一群」。⑦普遍來說，當時中國人的負面刻板印象已在美國逐漸成形，而從吐溫這篇報導所鋪陳的場景，可知他已經汲取了不少這樣的印象：

> 中國人屯居的那一帶城區，已按照他們的生活樣貌與建起來；他們不用四輪馬車載人或運貨，所以普遍而言，他們的街道都不夠寬敞，沒有容納車輛行駛的餘地。晚上十點是中國佬一天最愜意的時刻。在每一座猶如牢籠般骯髒灰暗的小破屋深處，依稀可以嗅到飄散出陣陣焚燒線香⑧的味道。為了節省火光搖曳不定、氣味又難聞的牛脂燭，屋裡一片昏

---

⑦ Mark Twain, *Roughing It*, 2 vols. (New York: Harper & Row, 1913), 2: 106.

⑧ 譯註：在《浪跡西陲》（*Roughing It*, 1872）裡，馬克·吐溫此處「香」的用字是“Josh-light”，但“Josh”應指“Joss”，即中國佛像，這裡的“Joss-light”是指「中國人拜佛時焚燒的線香」。

暗；兩三個面色蠟黃又拖著長辮子的無賴蜷曲在某種矮床上，靜靜抽著鴉片，由於罌粟帶來的無限快感，兩眼無神而且目光渙散——更準確的說是剛抽完一口的煙鬼把煙槍遞向隔壁後會立刻變成這副模樣——因為抽上一口鴉片可不是什麼容易的事，吸食的程序十分複雜，需要時時留神……但中國佬約翰還是深好此道，因為鴉片會讓他覺得舒爽；他會抽上大約二十幾口大煙，接著翻身墜入夢鄉，只有天知道那是什麼感覺，因為看著這個爛泥一樣的傢伙實在讓人無法想像。說不定在夢裡，他已經遠離塵世喧囂以及日復一日的洗衣粗活，正在天堂大啖鮮美多汁的老鼠和燕窩。⑨

不過，吐溫對於自己在維吉尼亞市邂逅的三位中國人，儘管他筆下仍然不時可見苛刻的批判，但在分別描繪他們時，或多或少還是可以看出吐溫的惻隱之心。舉例來說，「王安街十三號的阿興先生（Mr. Ah Sing）拳拳盛意，慷慨鋪張了一頓筵席，施展他的好客之情。他有各式各樣從中國進口的釀造酒和蒸餾酒，這些有色酒和無色酒的酒名都很難發音，分別裝在小陶甕裡。他還用十分精緻講究的小瓷杯盛酒，請我們品嚐」。阿興「店裡有上千種物品及商品，模樣稀奇古怪，難以想像用途，我們也沒有能力逐一描繪」。阿興還請他的記者朋友品嚐「一小段一小段勻稱的香腸」，

⑨《浪跡西陲》中馬克．吐溫引用自《企業報》（*Enterprise*），2: 109–110。關於這時期吐溫的生活，參見 Henry Nash Smith, *Mark Twain of the Enterprise: Newspaper Articles and Other Documents, 1862–1864* (Berkley: University of California Press, 1957)。

但是吐溫婉拒嚐嚐味道，因為他懷疑「每一截小香腸裡都摻進了死老鼠的肉」。[10]

「鬆獅街三十七號的洪武先生（Mr. Hong Wo）」，原本是報社裡的廚子，大家都叫他「湯姆」，後來則經營中國社區的彩券生意。洪武把這套彩券的玩法解釋給記者聽，不過講到這兒，吐溫的挖苦又捲土重來——他說洪武的英語「完美無瑕」，事實上這位湯姆講的正是不折不扣的洋涇濱（pidgin）英語。吐溫寫道：「有時候中國佬買彩券一塊錢賭賭運氣，贏他們兩三百塊，有時候沒贏半毛錢；彩券就像是一個人抵擋七十個人——可能一個人全贏，也可能自己打敗自己，灰常好」[11]另外，「謝益（Mr. See Yup）先生在活狐街經營一間別緻的商店」，吐溫非常喜歡到店裡面隨意逛逛，「他販售裝飾華麗的白羽毛扇子，聞起來像林堡起士（Limburger Cheese）的香料，毛筆，以及以寶石為面料、連金屬器具也無法刮傷分毫的懷錶佩飾，拋光後仍然散發出貝殼內層般的珍珠光澤。為了表示尊重，謝益還送給我們一行人炫麗的花翎，那是以金箔製成並裝點著孔雀翎的

---

[10] Twain, *Roughing It*, 2:110.

[11] Ibid., 2: 111.
譯註：洋涇濱英語難以傳神翻譯，茲附原文如下，以供對照："Sometime Chinaman buy ticket one dollar hap, ketch um two tree hundred, sometime no ketch um anything; lottery like one man fight um seventy—maybe he whip, maybe he get whip himself, welly good."

羽飾」。⑫

維吉尼亞市的中國城還有一間小餐館，吐溫總是在此流連忘返，就算是看算盤計帳，也看得他如癡如醉：

我們在只應天上有的餐廳裡，用筷子夾鬆獅狗肉吃⑬；我們的一位伙伴在門口斥責眼如彎月的女孩們，說她們沒有女性的矜持；東道主為我們燃香祝禱，我們則「討價還價」，看看能否賣給我們一兩尊異教徒的神像。飽餐之後，中國帳房的身手簡直讓我們大開眼界：他使用一個狀似烤肉架的裝置計算帳目，上面的棒子串著許多珠子；不同串的珠子分別代表個位、十位、百位、千位。他的手指迅速撥動算珠——說實在的，他手上的算珠移位之飛快敏捷，恰如音樂教授的十指在琴鍵間穿梭飛舞。⑭

---

⑫ Ibid.

⑬ 譯註：吐溫原文作 “We ate chow-chow with chop-sticks”，此道菜肴與洪武先生居住的道路名稱相同，但不知所指為何，故暫且以譯為與 “Chow Chow” 相對應的鬆獅犬。林耀福教授則譯為「炒麵」，見〔美〕馬克·吐溫著，林耀福譯：《浪跡西陲》（臺北：國立編譯館，一九八九），頁三三八～三三九。

⑭ Ibid.

一八六四年，吐溫由維吉尼亞市遷往加州居住，因此有機會進一步瞭解中國人以及他們的生活習慣，而他銳利的目光也注意到中國人遭受不公平的待遇。「我正在寫新聞稿，」他記錄下一八六九年舊金山爆發的殘酷種族仇視事件，「有條新聞指出在舊金山，光天化日之下，有幾個男孩竟然用石頭活活砸死一名手無寸鐵的中國人……雖然許多群眾親眼目睹這個無恥惡行，卻沒有人出手阻止」。⑮ 他寫下：「任何白種人都可以在法庭上作證，取中國人的性命，但是中國人卻不得上庭指控白人。」他還提到新開徵的煤礦稅，強制徵收的對象只限於某些中國人，因為他們重新運作前任白人業主廢棄的產權土地；而為移民部門工作的江湖庸醫，也會在碼頭向每一個剛剛上岸的中國人，索取十元的疫苗接種費用。⑯

一八七〇年，洛杉磯發生排華暴動，超過二十名中國人慘遭殺害，這起事件更進一步震撼了吐溫以及其他敏銳的西方觀察家。美國詩壇以中國人為題材的詩作中，以布瑞．哈特的〈老實的詹姆士有話直說〉（"Plain Language from Truthful James"），最富盛名，而這首名作之所以在一八七〇年成詩，據作者哈特自述，純屬巧合。哈特之友安伯士．畢爾斯（Ambrose G[winnett] Bierce, 1842–1914）也曾慷慨激昂，撰寫文章以支持中國人，哈特告訴他「詩裡的一切並非別有用心」。⑰

---

⑮ Ibid., 2: 105–106.

⑯ Ibid., 2: 105, 107, and 109.

⑰ 轉引自 William Purviance Fenn, *Ah Sin and His Brethren in American Literature* (Peiping: College of Chinese Studies

在一八六〇年代，哈特的一些作品中就已經出現「中國佬約翰」（John Chinaman）以及其他中國移民勞工；一八五〇與一八六〇這兩個年代，哈特曾在開採金礦的營地度過艱辛歲月，他的一些詩作是為了封存這段回憶，而〈有話直說〉便是其中有感而發的一首詩。⑱

不過，這首詩造成巨大衝擊的原因，顯然與詩作發表當時的種族歧視與殺戮等社會事件有關。哈特此詩的開場白大膽而神秘，似乎是從老實人詹姆士話說到一半的時候切入，緊接著就開始描述阿興和白人礦工們賭博的場面：

老實的詹姆士有話直說
（平頂山，一八七〇年）

關於這點，我有話要說，
　而且我直言不諱，
說起卑劣的手段
　或是徒勞的詭計，

cooperating with California College in China, 1933), p. 47。

⑱ Ibid., p. xiv, n. 15.

信仰異教的老中（Chinee）還真是古怪，
關於這點我還想再多說幾句。

他的名字叫阿興；
我無法否認，
關於這個名字
背後可能的意味；
但是他的笑容既憂鬱又天真，
我經常向倪比爾（Bill Nye）提起。

那天是八月三號，
天空柔柔的；
或許暗示著
阿興也是柔柔的。
但是那天他用下流的手段
跟威廉和我賭錢。
那是一場小牌局，
阿興拿了一手牌；

我們玩的是優客牌戲（Euchre）。同樣的，

他不是很懂怎麼玩；
但是他坐在桌旁微笑，
那笑容天真無邪又和藹……⑲

在全詩的核心詩節，老實人詹姆士坦承他和朋友倪比爾肆無忌憚地作弊，想要狠狠扒阿興一層皮，因為阿興承認自己完全不懂玩牌。他們目瞪口呆的是儘管作了弊，結果竟然還是阿興贏牌，這時他們才搞清楚原來阿興的作弊手法更加高明。最後的關鍵一擊，是當倪比爾準備將預謀中的好牌做給老實人詹姆士時，阿興竟使了巧手偷天換日的伎倆，反倒成了贏家。雙方緊接著一言不合打了起來，豈料阿興袖中竟掉出「二十四張傑克」。老實人詹姆士因此在最後一章詩節，回頭去呼應全詩的開場白：

關於這點我有話要說，
而且我直言不諱，
說起卑劣的手段

⑲ Bret Harte, *The Complete Poetical Works of Bret Harte* (Boston: Houghton Mifflin, 1910), pp. 129–131.

或是徒勞的詭計，
信仰異教的老中（Chinee）還真是古怪——
　關於這點我始終深信不疑。

這首詩刊載於一八七〇年的《大地月刊》（*Overland Monthly*），由於其原創性和內容，還引起了不小的騷動。一家紐約書店在兩個月內銷售一千二百本月刊，好幾份知名報紙二度刊登這首詩，另外還出現了兩種附帶插畫的單行本，以及兩種可以入樂的演唱版本。到了一八七一年，甚至冒出一位「異教老中歌手」（Heathen Chinee Songster）。[20]

儘管哈特公開表明創作這首詩別無意圖，但是由於許多美國人認為此詩含有排華意味，他也發現自己有必要挺身而出，為中國人辯護。如果這首詩含有某種意識形態，那也必然是在指控白人礦工貪得無饜，而且居然還咄咄逼人，對阻擋他們齷齪財路的其他種族大動肝火。即使許多人誤解了這首詩，哈特卻因此賺進一大筆錢，隨後他又發表幾首延續的作品，作為抗辯，除了替他賺進更多錢，同時也替他確立了道德高潔的立場。

由於阿興這個人物獲得罕見的廣大回響，哈特也試圖把握良機，再添一首續作〈中國人的新怒火〉（"The Latest Chinese Outrage"）。在這首詩裡，一群凶暴的白人礦工拒絕支付洗衣費，結果阿

[20] Fenn, *Ah Sin*, pp. 45–46, nn. xi and xii.

興領導一批中國人去突襲這些礦工，搶走他們的牲畜及財物，抵償積欠的洗衣費。更驚人的是這些中國人還擄走欺騙他們的礦工喬．強生，還讓他遭受中國人特有的私刑正義（vigilante justice）；他們誘惑他吸食鴉片，然後「剃光他的眉毛，把他綁在一根竿子上」，讓他套上中國服裝，用黃銅色油彩塗滿他的臉，再把他塞進一個竹籠子裡，外面掛個標籤寫著「這裡面是個白人」，他們「任憑他掛在那兒，像顆熟透的果子」。㉑

就在哈特詩作聲名大噪的同年，馬克．吐溫也重新開始以中國移民為創作題材。但是這次他捨棄以新聞報導的形式延續主題，而改以書信小說的體裁在當地的《銀河》（*Galaxy*）月報上連載。他把作品題名為〈戈德斯密的朋友又出國了〉（"Goldsmith's Friend Abroad Again"），堅決投身於某種文學傳統，無疑是認定報紙讀者熟知其中的淵源。

戈德斯密筆下的書信旨在引發對於英國社會的本質上的批判，連濟在英國遭受的待遇只不過是次要的道德準繩。其實連濟幾乎沒有遭受到戈德斯密筆下倫敦人的歧視，就算有，那也多半不是出於惡意或是歹毒心腸，而是受到「外國人頭腦簡單」的錯誤觀念矇蔽。例如，他將珍藏的手錶借給一位友善的女士，後來才發現這位女士是娼妓，手錶自然也不可能物歸原主。連濟從未蹲進大牢，也沒有遭受到毆打，甚至沒有受過唾罵，不過正如我們在文中所見，他有權清楚詮釋自家的中國文化，但卻遭到十八世紀英國女主人及客人的否定。吐溫的批評也如出一轍，他的用意是在批判

㉑ Harte, *Poetical Works*, pp. 143–145.

寫信者「中國人阿松仔（Ah Song Hi）身處的美國社會」，只不過吐溫構思的情節主要圍繞在阿松仔個人心中隱忍的怒火而已。

戈德斯密給自己的男主角選了個名字連濟——怎麼看這個名字都是取用自赫瑞斯・瓦爾波——吐溫卻棄而不用，自創阿松仔這名字，似乎在暗示此人跟阿興有所關聯。不過當時中國移民的名字普遍都有個「阿」字，特別是來自廣東珠江三角洲的移民。

書中有一系列信件是由阿松仔寫給他的好友清富（Ching-Foo），而吐溫也安排阿松仔在第一封信裡勾勒出他即將踏上的那片夢中樂土：

親愛的清富：

一切都安排好了，我就要離開故土，離開我已經無法負荷的重重壓迫，遠渡重洋，前往那個崇高的國度，那兒人人自由，人人平等，沒有人遭受辱罵與虐待——亞墨利加！亞墨利加，那兒是自由人之地，那兒是勇者之鄉，只有她才配得上這份殊榮……我們都知道美國敞開雙臂歡迎德國人、法國人，甚至潦倒悲愁的愛爾蘭人，我們也知道她是怎麼提供他們麵包、工作和自由，我們也都知道這些移民是多麼感激涕零。我們更知道美國隨時樂意接納其他飽受壓迫的民眾，把她的豐饒分享給所有來到這塊土地的人，不分其國籍、信

仰和膚色。㉒

第二封信是在船上寫的，阿松仔仍然以同樣天真的語氣對清富說，人家答應支付他的十二塊錢月薪是如何被瓜分殆盡：二塊錢進了美國領事的口袋；這一趟的船費由薪水中按月攤提扣除；他的妻子、兒子和兩個女兒變成了抵押品。船才抵達舊金山，他身邊僅剩的一點財物也幾乎被搶奪殆盡：他的行李被當成一名鴉片走私販的所有物，因而遭人沒收充公；他最好的朋友身陷牢房；他最後的十塊錢也被迫繳交給官方指定的醫生，作為注射天花疫苗的費用——雖然他才在中國接種過疫苗，而且在舊金山其他地方注射這類疫苗，一般行情只要二塊錢。㉓

吐溫把阿松仔安排在移民史上較不為人知的脈絡之中：內戰結束後有一些勞工仲介者試圖把大量中國人運送到美國南方，藉以延續原本由黑奴肩負主要勞力的農場墾殖計畫。但猶如大部分這類計畫現實中的下場，當墾殖計畫不幸失敗後，原本和其他中國移民安置在一起的阿松仔，當時只能「擠在小小的房子裡，等候發落」，計畫失敗後卻重獲自由，同時還得到可以領回六十塊錢船資的保證。他在信裡告訴好友清富，自己「每天都學一點英文」，而且時常對這樣的好運深思良

㉒ Mark Twain, "Goldsmith's Friend Abroad Again," in *A Pen Warmed Up in Hell: Mark Twain in Protest*, ed. Frederick Anderson, Perennial Library 279 (New York: Harper & Row, 1972), p. 110.

㉓ Ibid., pp. 111–113.

久：自己居然能夠「待在老天恩賜給受壓迫和被遺棄者的安身之處」。不過就在此刻，災難悄無聲息地降臨：

就在我心中大感欣慰的那一刻，幾個年輕人衝著我放了一條惡犬。我試圖自衛，但卻無能為力。我退後到沒有出路的門廊深處，我只能待在這裡任憑那條惡犬宰割；牠衝上來撲咬我的喉嚨、我的臉還有我身上任何牠可以攻擊的部位。我高聲尖叫求救，但那些年輕人只是奚落和嘲笑我。兩名身穿灰色制服的人（他們正式的頭銜叫做警察）觀望了一分鐘，接著從容不迫地走開。但是一名男子攔住他們，把他們帶回來，並指責他們不該棄我於危難而見死不救。兩名警察於是用棍棒擊退惡犬，我這才擺脫牠的攻擊，終於鬆了一口氣，然而此時我全身衣服早已被撕碎，而且從頭到腳渾身是血。那位攔住警察的男子義憤填膺，並質問年輕人為何要這樣虐待我，他們卻叫他少管閒事，還說：

「這個中國鬼（Ching devil）大老遠跑到美國來，跟體面聰明的白人搶麵包吃，他們自以為天經地義，其實根本是在惹事生非。」㉔

阿松仔隨即因「破壞秩序，擾亂和平」的罪名，遭到警察逮捕，押送至監獄的路上，還有

㉔ Ibid., p. 114.

「成群嘲弄他的街童和遊手好閒的人一路尾隨」。鑰匙轉開牢房大門，警察在他背後大喊：「窩著這兒吧，你這個寄生蟲！老老實實待到你搞清楚——美國沒有你或你們中國人的立足之地。」接下來的三封信裡，阿松仔自述在黑牢夜晚的殘酷經歷，以及荒謬的審判過程；直到此刻，他才恍然大悟：原來這個世界的真相是白人可以作證指控中國人，可是中國人卻不能上庭指證白人；阿松仔立即被證明有罪，判處罰款五元或者是再監禁十天。在這些信件的結尾，阿松仔與其他大約十五名同遭逮捕的中國人，注定一起承受相同的命運折磨。㉕

馬克·吐溫的故事一開始就顯得綁手綁腳，修辭手法與法律細節的佈局使得他陷入自己預設的泥淖，故事施展不開，無怪乎寫了七封「信」之後，吐溫就停筆腰斬了這個故事。不過，想必吐溫並未因此留下懸念；因為除了放狗惡少㉖以及冷漠警察㉗的愛爾蘭方言口音可以凸顯種族與法律的現實狀況外，這個故事可說是毫無吸引力。

㉕ Ibid., pp. 115–116 and 125.

㉖ 譯註：刻意使用不標準的拼字與文法，呈現方言口音，常見於吐溫的作品中，在《湯姆歷險記》（*The Adventures of Tom Sawyer*, 1876）與《頑童歷險記》（*Adventures of Huckleberry Finn*, 1884）兩部小說中尤其如此。茲附放狗惡少的對白原文如下，以供參照：“This Ching divil comes till Ameriky to take the bread out o’ dacent intilligent white men’s mouths, and whin they try to defind their rights there’s a dale o’ fuss made about it.”

㉗ 譯註：冷漠警察的對白原文如下：“Rot there, ye furrin spawn, till ye lairn that there’s no room in America for the like of ye and your nation.”

儘管讓那個迫害阿松仔的角色說一口愛爾蘭口音，吐溫感覺十分自在，不過他卻就此打住，沒有沿用他在《企業報》上報導維吉尼亞市中國城的寫作手法，反而呈現阿松仔自己的「洋涇濱英語」式措辭。他刻意採用許多華麗的英語詞藻，似乎藉此可以或多或少傳達這位中國訪客生命困境裡的抑揚頓挫。在這部殘破不全的小說中的那段法庭斷案的情節，最後法官終於訊問阿松仔是否還有話要說，吐恩寫到這裡時，試圖讓他在法庭上發表一段中文。阿松仔滿心以為他的意見會由庭上指定的口譯員轉達，於是說道：「哦，傾聽崇高而偉大的中國語文吧，請相信我！余賦閑信步於街面之際，竟遇某人唆使其犬朝余突擊，且——」此時法官高喊一聲「肅靜」，打斷了他的發言，隨後口譯員逕自低聲轉譯，因此阿松仔的證詞當然不會被庭上採納。㉘

「洋涇濱英語」或稱商業英語，源自於十八世紀的通商口岸，一個世紀前，英國海軍准將安森還斥之以荒謬，不過此時美國人已開始接受「洋涇濱英語在語言上的合法性。假如場景轉移到歐洲，語言的重擔反而會加諸在易地而處的中國人身上，無論是一手文獻資料或是虛構的文學作品裡，這樣的結論屢見不鮮。十七世紀末期，沈福宗曾與湯瑪士．海德在牛津大學博德利安圖書館以拉丁語交談㉙。一七一三年為孟德斯鳩提供研究資料的黃嘉略，能夠說正統法語㉚。黃嘉略遠赴歐洲不久後，

㉘ Ibid., p. 123.
㉙ 譯註：見第四章頁一二三。
㉚ 譯註：見第五章頁一六六～一六七。

與耶穌會士㉛同行前往法國的中國天主教徒胡若望（John Hu）一直學不好法語或其他歐洲語言——一如吐溫筆下的阿松仔，他的悲慘下場早就有跡可循——因為語言不通無法順利向有關當局解釋自己的怪異舉止，胡若望最後被監禁在沙恆通（Charenton）的瘋人院。㉜奧利佛·戈德斯密筆下的連濟出場時英語流利，但卻從未合理鋪陳他是如何精通英語㉝。瓦爾波筆下的密立則說得一口破英語，就像他初見未來的新娘卡洛琳·坎貝爾，大叫的那聲「她誰，她誰？」（Who she, Who she?）㉞

在哈特及吐溫熟知的加州及內華達州中國人的營地裡，洋涇濱英語顯然已經是一種根深柢固的溝通方式，而一八六〇年的《紐約泊客》（*Knickerbocker*）則對於這種英文的用法，刊載了第一

㉛ 譯註：即法國耶穌會士傅聖澤（Jean-François Foucquet, 1665–1741），一七二二年攜胡若望由廣州啟程返回歐洲。

㉜ Spence, *The Question of Hu.* 譯註：中譯參見（美）史景遷著，陳信宏譯：《胡若望的疑問》，歷史與現場二〇〇（臺北：時報文化，二〇一一）。或見黃秀吟、林芳梧譯：《胡若望的疑問》（臺北：唐山出版社，一九九六）；呂玉新譯：《胡若望的困惑之旅：十八世紀中國天主教徒法國蒙難記》，美國史學大師史景遷中國研究系列（上海：上海遠東出版社，二〇〇六）。

㉝ 譯註：見第四章頁一四五～一四八。

㉞ 譯註：見第四章頁一五〇。

份半正式指南。㉟第一篇廣泛刊行的長篇洋涇濱作品則出自一位匿名的美國海軍軍官手筆，發表於一八六九年的《哈潑雜誌》（*Harper's*）。㊱而這篇作品風行於世的魅力在於：它將當時幾乎最受美國人喜愛的詩作——即朗費羅（Henry Wadsworth Longfellow, 1807–1882）一八四二年的〈層樓再進〉（"Excelsior"）——「翻譯」成洋涇濱英語。詩中最著名的一節詩在一八六九年當時，可謂無人不知、無人不曉：

> 夜幕匆匆落下，
> 正穿越阿爾卑斯山村的
> 少年，在冰雪中，肩上擎著
> 獨特紋章的旗幟
> 　我要層樓再進！㊲

㉟ 見《紐約泊客》第五十五期（一八六〇），頁三〇〇～三〇三，轉引自 Fenn, *Ah Sin*, p. 93 and p. xxv, n. 93。

㊱ 見 "Excelsior in Pigeon English" 一文，在《哈潑》第三十九期（一八六九年十月），頁七八三；相關討論另見 Fenn, pp. 93–94 and p. xxv, n. 93。

㊲ 譯註：朗費羅原詩如下：
The shades of night were falling fast,
As through an Alpine village passed

在洋涇濱英文版裡，原本以拉丁文書寫的「精益求精」（excelsior）或者「更上一層樓」（higher）改成了「往上走」（topside），結果便以如下的樣貌面世：

那個夜晚他唰唰快步，
一位青年走著，沒停下；
冷不要緊，冰沒關係；
他有旗幟；上面的字樣好奇怪，看——
往上走啊！㊳

A youth, who bore, 'mid snow and ice,
A banner with the strange device
Excelsior!

㊳ 見朗費羅 "Excelsior" 第一詩節，及《哈潑》第三十九期（一八六九年十月），頁七八三。
譯註：洋涇濱譯文如下，方括弧內為譯者所加，對應洋涇濱英語中的意義：
That nightee teem [time] he come chop-chop [hurry]
One young man walkee, no can stop;
Colo maskee [be it so; never mind; it doesn't matter], ice maskee;
He got flag; chop [label] b'long welly [very] culio [odd], see—
Topside Galah!

在布瑞・哈特一八七〇年代的詩作裡，阿興以自信的語調，對著聚集的礦工們慷慨陳詞：

於是我們拒絕和談。在一片喧囂聲中
有位異教徒大搖大擺走上前來，阿興！
「你們還欠四十塊——我們洗你們營地的衣服。
你們拿走我洗好的——我們卻沒拿到鈔票；
半打一塊錢，我還沒拿到錢，
現在欠四十塊——沒錢？怎麼能拿走？[39]

礦工的領班是姓強生的結實雜工，也不甘示弱，立刻強硬回答：

---

[39] Harte, *Poetical Works*, p. 143.
譯註：此處阿興的洋涇濱英語如下：
"You owe flowty dollee—we washee you camp,
You catchee my washee—me catchee no stamp;
One dollar hap dozen, me no catchee yet,
Now that Flowty dollee—no hab?—how can get?"

「我們還算是人嗎？」喬．強生說，「列隊站在這張含血噴人的嘴前，
沒有認證的程序或法律的立場？……」
「難道我們應該無所事事站在這裡，任由亞洲
的野蠻人排山倒海而來，成群結隊到這片文明開化的海岸？
難道白種人沒有自己的國家嗎？還是國家棄我們於逆境？
法定的教會跑哪裡去了？
以一敵四百是以卵擊石，我承認，
但是身為一個白人——我單刀赴會！」[40]

這些以中國人為題材的詩作大獲成功後，在一八七五年的時候，哈特針對美國白人對待中國移民的那股盲目偏執，發表他最具說服力而且扣人心弦的譴責——〈異教徒萬利〉（"Wan Lee, the Pagan"）[41]。哈特在這部短篇小說裡首先讓他的朋友出場，就是那位富有的店老闆何新（Hop Sing）；何新是「最嚴肅的幽默大師，堪稱為中國哲學家」，而哈特這樣的筆調也令人聯想起戈德

---

[40] Ibid., pp. 143–144.

[41] 譯註：中譯參見〔美〕布勒特．哈特著，主萬譯：〈異教徒李頑〉，收入《撲克灘放逐的人們：布勒特．哈特短篇小說集》，美國西部文學譯叢一（上海：上海譯文出版社，一九九三），頁二五七～二七六。

斯密。㊷他與何新從一八五六年起就結識至今，而接下來，他也為這位老友勾勒出一幅既親切又高貴的文字速寫：

> 整體而言，他是一位莊重自持、斯文有禮、一表人才的紳士。除了掛著長長麻花辮的後腦勺，從頭部以下，他的膚色就像一塊上好質地的黃褐色光滑棉布。他的眼眸又黑又亮，眼皮總是固定在十五度角；他的鼻樑直挺，生得端正；嘴型秀氣，齒若編貝。他身穿藏青綢緞褂子，冷天上街時，則在外頭加一件俄國羔皮短外套……他的行止儘管不苟言笑，卻文質彬彬。他還能說流利的法語和英語。簡而言之，我不認為您能在舊金山的基督徒商賈裡，找到堪與這位異教徒店老闆相提並論的人物。㊸

透過何新的關係，哈特聘用這位好友的十歲養子萬利進入自己的報館工作。萬利曾受過中美融合的教育——「他正式學過《三字經》，」他父親說，「略懂孔子，對孟子則一無所知」——而且滿口洋涇濱英語。他是個調皮搗蛋但有活力的男孩，「每顆牙齒都流露出他內心的快樂，兩隻骨碌碌的眼睛像黑漿果般，閃爍著稱心如意的光彩」；他喜歡用打字機寫出幾個插科打諢、詆毀自己的

㊷ Bret Harte, "Wan Lee, the Pagan," in *Tales of the Argonauts* (Boston: Houghton Mifflin & Co., 1896), p. 262.

㊸ Ibid., p. 264.

短句㊹，或在卑劣的地方政客那些過分恭維的字句間，插進幾句辱罵的中文。

過了不久，萬利開始到舊金山一所由退休華人傳教士置辦的學校就讀，他滿心歡喜地學習，還跟西方房東太太的女兒做朋友，成為形影不離的玩伴。小女孩送給他一條黃絲帶，繫在他的辮子上，他還隨身攜帶一尊小小的陶瓷菩薩，總是揣在他的短褂底下；不過就在他生命活力與喜悅的顛峰，萬利突然莫名其妙地被殺害了。

哈特的尖銳筆調為故事劃下了句點：

> 死了，我敬愛的朋友們就這樣死了！在舊金山街頭活活被石頭砸死，就在主曆一千八百六十九年，一群半大不小的惡童還有基督教學校的學童下的毒手！
>
> 我虔誠得把手按上他的胸膛，感覺短褂底下似乎有什麼碎裂的東西……是萬利的陶瓷菩薩，那些吶喊著剷除偶像的基督徒，親手用石頭將它砸得粉碎！㊺

到了一八七〇年代中期，處於寫作生涯高峰的哈特，開始發展戲劇創作的雄心。他的第一部

㊹ 譯註：比方「萬利是小魔鬼」（"Wan Lee is the devil's own imp."）、「萬利是蒙古流氓」（"Wan Lee is a Mongolian rascal."）。

㊺ Ibid., p. 279.

作品是曲折離奇的喜劇，題名為《珊地酒吧的兩名男子》（*Two Men of Sandy Bar*, 1876），故事主軸圍繞在美國的盎格魯撒克遜菁英以及富裕的西班牙牧場主人，其間的各種經濟與社會地位的衝突，不過其中還包括一位名為何新的中國人。哈特顯然從〈異教徒萬利〉中借用了朋友何新的名字，套在劇中的中國洗衣工身上。從表面上來看，何新在《珊地酒吧的兩名男子》裡戲份固然微不足道，卻是其中的關鍵角色；整齣戲不斷圍繞劇中人物的身分問題打轉，或者遭人誤認，又或者刻意隱瞞身分，而當地僅有的洗衣工何新，也正是唯一清楚各個人物關鍵祕密的角色——為了避免混淆，何新一向會在客人的襯衫衣角上，用不褪色墨水寫上物主的名字。在劇中的某個關鍵時刻，由於美國人賴帳不付，何新怒火中燒之後轉而鄙夷對方：「我不喜歡『明天付！』我不喜歡『下次給，約翰』！美國人每次都說『記帳，約翰！』『沒有零錢，約翰。』」㊻

這齣戲得到的評價優劣參半，不過票房收入倒是不錯。此外，演員查爾斯・帕斯羅（Charles T. Parsloe, 1837–1898）詮釋起小角色何新骨子裡狐假虎威的神氣，演得維妙維肖，也受到了熱烈的歡迎，成為日後得以多加利用的噱頭。此時哈特注意到了文名鵲起的馬克・吐溫，也留意到他對中國人的題材感興趣，哈特於是說服吐溫連袂創作一部新戲，而劇中一個戲分更重要的中國人角色，就預定由帕斯羅扮演。兩人攜手合作的成果便是一八七七年的劇作《阿興》（*Ah Sin*）；這齣戲顯然經過深思熟慮的謀畫，企圖繼何新的角色風格後再創佳績，並挾著六年前哈特大受歡迎的詩作

㊻ Bret Harte, *Two Men of Sandy Bar: A Drama* (Boston: Houghton Mifflin & Co., 1876), p. 59.

〈老實的詹姆士〉餘威提高聲勢。《阿興》是一齣布局散漫的喜劇，以西方採礦營地的生活和阿興技藝高超的賭博本領為主軸，節目單則別有用心結合哈特的舊詩作與新劇本——劇照中的阿興身著中式絲質外褂，長辮垂墜，鼻子上頂著一張梅花A，手上卻又另外拿著四張A撲克牌㊼。

一八七七年夏末，這齣聯合創作的戲劇在華府盛大開演，大有可為之勢，接著轉往紐約市駐演，不過反應時好時壞；之後劇團來到聖路易市，又以單夜獨立演出的方式在紐約州北部各地巡演，此時觀眾人數已每況愈下，終於在年底草草收場。哈特和吐溫從此未再合作；事實上，這次合作經驗帶來的緊張局面，也為他們的友誼畫下句點。反觀因扮演阿興而聲名大噪的帕斯羅，則以傳神詮釋中國人作為他的劇壇招牌，繼續在其他戲劇裡成功扮演這類角色，好比在巴特利·坎貝爾（Bartley Theodore Campbell, 1843–1888）一八七九年的戲劇《夥伴》（*My Partner*）裡，他扮演了「嘰嘰喳喳唸個不停的中國人」。㊽

一八八〇年代與九〇年代早期，哈特四處巡迴演講，聲望日隆；過去，社會上對於中國人的包容態度可能因為他的作品而遭致破壞，而此時他的言論愈來愈多對於美國華人的正面評價，用意顯然在消弭這種傷害。哈特早期的短篇小說集《墾荒客傳奇》（*Tales of the Argonauts*, 1895），故事

㊼ Mark Twain and Bret Harte, *Ah Sin: A Dramatic Work*, ed. Frederick Anderson (San Francisco: Book Club of California, 1961), p. xi (Introduction)，以及節目單卷頭插畫。

㊽ Fenn, *Ah Sin*, p. 104.

中的主角都是墾殖美國西岸的先鋒㊾；藉著一八九六年新版發行的機會，他將上述言論付諸文字，化作此版的序言。然而就算是在這篇序言中，哈特的描繪依然帶有意味深長的影射：

> 異教徒中國佬（Heathen Chinee）不是墾荒客，但是他卻將一種古怪的保守主義帶進墾荒客的新生活。他既安靜又溫和，幾乎像哲學家似地對逆境泰然處之。他從不妨礙別人，從不尋隙挑釁，更從不在今日的人面前炫耀中國三千年的悠遠歷史。在那些對單一真神都懷疑的人面前，他從不強迫他們接受自己民族的廣博的神話體系。他可以毫不猶豫地接受卑下的奴役工作，但卻不失自尊和自重。他為整個社區清洗環境，把愛好整潔變成一種平易近人的美德。……他在你家中敬拜鬼靈的時候，流露出毫不掩飾的真誠與寬容，讓你對自己在這方面的隱諱與無力自慚形穢。雖然他穿上和你一樣的衣服，說起你的語言，也難免對你傷風敗俗的惡行有樣學樣，但他身上就是有他自己的天朝氣質（Celestial atmosphere）。他只和中國人通婚，吃中國特有的食物，也只購買中國商號的貨品，當他死後，骨灰也只運往中國！㊿

㊾ 譯註：主題取材自希臘神話中乘坐阿爾戈號出航尋找金羊毛的「阿爾戈英雄」（Αργοναῦται），以此比喻四面八方來到美國的淘金客。

㊿ Harte, *Argonauts*, p. xxxii (Introduction)。

哈特接下來在這篇序言的結論裡，抒發一連串的感想，把中國移民牢牢隔絕於美國生活的主流之外，一如十八世紀的思想家——自孟德斯鳩以至赫德、黑格爾（G[eorg] W[ilhelm] F[riedrich] Hegel, 1770–1831）等人，都將中國置於世界歷史之外。

> 他沒有在文明中留下任何足跡、可供追溯的線索或深刻的印記。他沒有為自己主張任何公民權，也沒有要求投票權。他默默接受司空見慣的毒打；他甘心忍受政府及私人對他的強取豪奪，從容且鎮定；他以剛毅堅忍去承受掠劫甚至殺戮。也許他這麼認命是件好事。基督教文明世界明文規定他的證詞毫無用處，各種常規均在暗示：同樣的惡行發生在異教徒身上比發生在基督徒身上嚴重得多；把中國女性的柔弱看待成別具可憎面目，而他的賭博癖好完全是劣根性使然。透過基督教文明的洗禮，他至少可以學習忍耐與順從等美德。[51]

吐溫、哈特與同時代作家的作品內，摻雜了刻板印象、毫無事實根據的觀點，以及作家個人想像力的發揮，順勢完整發展出一套通俗小說；而這種與中國相關的新文類，我們或許可以明確稱之為「中國城小說」。這類小說的背後其實暗藏當時的社會實況。從十九世紀末中國城攝影師

[51] Ibid, pp. xxxii–xxxiii.

阿諾・耿斯（Arnold Genthe, 1869–1942）的作品中就能清楚看出，即便改穿西式服裝，大多數中國男人仍然蓄留髮辮，他們通常將辮子盤在頭頂，藏在他們的圓頂窄邊的禮帽下。吸食鴉片的惡習當然也跟著一些中國人飄洋過海而來，他們把大部分辛苦掙來的血汗錢，都用來滿足這方面的需求。他們單獨踏上離開中國的旅程，或者與其他男性結伴出航；這些男人自己下廚，所有能吃下肚的東西都可能成為他們的盤中飧，而在這個純陽剛的男性圈子裡，妓女是他們唯一的性愛消遣。在商業法、教育法以及職業法盤根錯節的連結下，中國人處處受到差別對待；倘若想要依循法律途徑解決爭端，又必須經年累月而且所費不貲，因此中國移民在中國城內分出特定空間，群聚成緊密的小團體。這種原先以「慈善為名的會社」經常強化發展成掠奪成性的組織——或者稱作「堂」（tongs）——在陌生的土地上為鄉親提供保護，這些口操故鄉方言的人成為他們的靠山。不過這些團體也經常藉由敲詐保護費，以及控制毒品、賣淫、賭博等管道強索錢財，也因此熱衷與其他競爭對手惡鬥；有時候以憤恨的敵意相仇視，有時他們過得渾渾噩噩，還有些時候則是密謀加害敵對的那方。美國作為中國移民的東道國社會（host society），已沿著眾多的慣例中，對於中國人的言行舉止，構想出合乎邏輯的解釋。[52]

早先暗藏於戲劇臺詞中的枝節通常滑稽逗趣，或至少可謂是輕鬆恢諧的臺詞，如同吐溫和哈

---

[52] 另見 Fenn, *Ah Sin*，亦可參 William F. Wu, *The Yellow Peril: Chinese Americans in American Fiction, 1850–1940* (Hamden, CT: Archon Books, 1982)。

特合著的《阿興》——如今成為所有故事情節的路數。兩位作者雖然看似對中國移民艱苦謀生的境遇心有戚戚焉，但若從他們的劇作中引證，則隨處可見白人礦工或白人婦女滿腹對中國人的露骨敵意。只需從《阿興》中隨意挑選幾頁，不難發現阿興的對手以這樣的句子描述他：「黃疸病人的斜眼小兒」、「傾巢而出的邪惡老賊」、「嘰哩咕嚕的白癡」、「敗壞道德的毒瘤」、「疾手的政治難題」、「只知模仿的無腦猴輩」，以及具有「引人側目的愚昧無知」。[53]

從這些戲劇中的臺詞，加上無數來自媒體、政治辭令以及一般大眾既有的看法，浮現出日益刻薄的描繪，諸如中國人慣耍陰謀、危險可怕、虛偽狡詐且殘忍狠毒——而這些形象也主導了十九世紀最後幾年以中國為題的小說。一九〇〇年義和團肆虐之際，僑居於加州的英籍醫師杜毅（C[harles] W[illiam] Doyle, 1852–1903）開始動筆撰寫中國城小說系列的第一部，這些小說有意凸顯中國人的無情無義會嚴重威脅白人的價值觀。杜毅故事中的主人公名為廣隆（Quong Lung），是招搖撞騙的中國惡棍——或許，這個名字隱約喚起某些讀者記憶中的乾隆皇帝——那位曾接見馬戛爾尼的中國皇帝。故事中的廣隆在耶魯大學受過教育——這點倒和真實世界裡首位留美的中國學生容閎背景惡貫滿盈。廣隆受到白人室友雷（Ray）的影響，熱愛「莎士比亞、拜倫（George Gordon, Lord Byron, 1788–1824），以及大衛的《詩篇》」。不過廣隆給雷的回報，卻只是讓雷染上鴉片癮頭，並且找中國歌女伺候他，更強迫雷利以電子工程方面的專長製造毀滅性的武器。而且，廣隆的

---

[53] Twain and Harte, *Ah Sin*, pp. 10, 11, 52, and 65.

鐵腕作風控制了舊金山中國城，凡是質疑他權威的人均遭到滅口，他還有權任意拆散別人的家庭，並將受害者的女眷據為己有。當雷質問他為何要下這樣的指令，他竟然以「漠不關心的口氣」回答：「反正中國城裡不斷有意外發生」。[54]

如果杜穀筆下的廣隆已觸動西方人的心弦，那麼到了一九一〇年，英籍作家沙克・羅莫（Sax Rohmer [Arthur Henry Sarsfield Ward], 1883–1959）筆下的角色傅滿洲（Fu-Manchu）又將這份共鳴發揮得淋漓盡致。傅滿洲誕生之後，「邪惡中國人」的形象已成定局，獲得全世界認同。相較於廣隆及其他中國前輩，傅滿洲只有過之而無不及，他是個足智多謀的人：「在人類接下來的幾個世紀裡，他絕對是最了不起也最邪惡的天才」、「他的目標是建立一個『縱橫四海的黃種人帝國』」。從他的女奴身上也可看出早期的刻板印象，她「身穿後宮嬪妃的薄紗，手指和纖細的雪白手臂上，戴滿野蠻民族的珠寶」，她的「雙眸就像神秘的一潭池水，蠱惑飢渴的靈魂」。[55] 但她的這雙眼珠一與傅滿州相比，便相形失色了；傅滿洲的死對頭——那位笨手笨腳的英國人佩瑞博士（Dr. Petrie）是這麼形容的：

> 傅滿洲博士坐在高背椅上，身著綠色長袍，衣袍上面繡了某種圖案；我第一眼沒認出

---

[54] C[harles] W[illiam] Doyle, *The Shadow of Quong Lung* (Philadelphia and London: Lippincott, 1900), pp. 251 and 255.

[55] Sax Rohmer [Arthur S. Ward], *The Return of Fu-Manchu* (New York: McBride, 1916), p. 279.

那個圖樣，不過我現在看明白了，那是一隻白色的大孔雀。博士頭戴一頂小帽子，就蓋在他令人詫異的腦袋瓜上，而他那隻鳥獸般的手爪擱在黑檀木桌上；博士朝著我側坐，冷漠的臉上掛著罪大惡極的邪惡。就算傅滿洲博士的臉上顯露出非凡的才智，不，或許正因為這非凡的才智，他那張臉是我見過最令人憎惡的臉。而那雙綠色的眼睛，綠得就像暗夜裡的貓眼，有時散發出女巫油燈般的微光，有時候又覆蓋著一層不像人眼的恐怖薄膜，或者應該說是超乎人類的想像；從他的眼睛看不到靈魂的影子，而是一縷地獄散發出來的幽魂，化身在這個骨瘦如柴、雙肩高聳的軀殼裡。[56]

這類故事之所以廣受歡迎，是因為兩方面的衝突所導致：一方面，傅滿洲口中笨拙的西方主角愚蠢得令人拍案叫絕；另一方面，由於無法磨滅的「黃禍」（yellow peril）與殘暴的東方人——這類的陰影可追溯至馬可．波羅時代蒙古入侵的早期傳說，不然也可以從當時候的庚子拳亂窺知一二。當佩瑞受縛於傅滿洲面前，他頓時瞭解自己「只能任憑這個白人公敵的擺佈；這個毫無慈悲心的匪類，他的聰明才智出於黃種人的冷血與工於心計的殘忍。而黃種人至今已殺害數百，不！是數千名沒人想養的女嬰，他們輕而易舉地就把女嬰丟到井裡淹死，而這些井就是專門為這個目

[56] Ibid., p. 284.

的所設計！」[57]為了強調中國人殘暴的猙獰形象，美國人經常在政治演說或法律案件中使用「蒙古人」一詞，指稱過去所知的「中國人」。「中國佬不是高加索人」，一紙案件的摘要寫著：「我們欣然承認這個事實，中國佬其實是蒙古人。」[58]

中國人在自己的家鄉和異鄉均遭到外國人羞辱的對待，由此觀之，「中國人具有高人一等的智慧」這種神秘說法顯然自相矛盾，不攻自破，而不少作家也留意到了這點。以傑克・倫敦（Jack London [John Griffith Chaney], 1876–1916）小說集裡的故事為例，一開始他刻畫的是亡命之徒型的中國人，專門在美國西岸入侵他人合法的捕魚區，偷偷進行非法捕撈；最後他卻讚許在夏威夷白手起家、處事圓滑且狡猾的中國百萬富翁。而在這兩個完全相反的形象之間，他描繪了在南海旅行時遇見的中國人，由於他們天性純樸直率，受到當時主宰海域的法國人蠻橫而無情的剝削。

---

[57] Ibid., p. 286.

[58] 見林恭訴萊斯案（Gong Lum v. Rice, 139 Miss., March 1925）。譯註：此案法院的判決容許白人學校拒收有色人種（即 Gong Lum 之女 Martha Lum），也等於容許種族隔離。此案風波與影響近年仍有討論，詳見 Adrienne Berard, *Water Tossing Boulders: How a Family of Chinese Immigrants Led the First Fight to Desegregate Schools in the Jim Crow South* (Boston: Beacon Press, 2016)；書中有中文書題《水滴石穿》，而此書記載興訟的這位華裔美國移民名為「林秋貢」（Jeu Gong Lum）。關於此案始末以及「分而平等」（separate but equal）是否合憲，參見陶龍生：《華人與美國法律：歷史性的法院判決》，繽紛二一五（臺北：聯合文學，二〇一七），頁一一四～一一九。

傑克・倫敦首批加州中國漁民的故事發表於一九〇五年前，其中特別強調他們倔強又奸詐的個性；[59]不過等到他在一九〇九年的《哈潑雜誌》發表〈中國佬〉（"Chinago"），反而重回早期描寫中國人天真無辜的主題。傑克・倫敦的論調不合時宜，因此在《哈潑雜誌》採納他的投稿之前，這個故事一連被十一家雜誌退稿。[60]傑克・倫敦一下筆就即刻把讀者帶往法庭，這是吐溫筆下的阿松仔一眼就能認出的場景：

> 阿秋（Ah Cho）不懂法語。他坐在擁擠的法庭內，，此起彼落震耳欲聾的法語交談聲，讓他感覺既疲倦又無聊。這些話聽在阿秋的耳裡，只是含糊不清的連珠砲，而且他對於法國人的愚蠢大感詫異，他們花了這麼多時間竟然還找不出殺害忠嘉（Chung Ga）的兇手，而且根本沒有來問他。墾殖場裡的五百個苦力全都知道阿山（Ah San）就是兇手，而阿山此刻就好端端坐在庭內，沒有遭到逮捕。所有苦力私底下協議過，絕不出庭彼此指控；不過話說回來，事情這麼簡單，這些法國人應該知道阿山就是兇手才對。真是笨死

---

[59] Jack London, "Tales of the Fish Patrol," in *The Unabridged Jack London*, ed. Lawrence Teacher and Richard E. Nicholls (Philadelphia: Running Press, 1981), pp. 1079–1143.

[60] Jack London, *Short Stories of Jack London: Authorized One-Volume Edition*, ed. Earle Labor, Robert C. Leitz III, and I. Milo Shepard (New York: Mcmillan, 1990), p. 729.

了，這些法國人。[61]

二十二歲的阿秋做了三年的墾殖工，已經是箇中老手，他很清楚這種心照不宣的默契，因此在面對棉花田工頭詢問誰是兇手時，他一概以「顧左右而言他」來搪塞。雖然如今他被指控涉嫌殺人，但他很清楚自己是無辜的，無罪開釋是遲早的事。他心裡認為法國人如果在審訊時嚴刑逼供，事實真相想必很快可以水落石出，但是他們笨到連這點都想不到。阿秋哪裡知道讀者們早已心知肚明，在這片英國財團擁有、法國人經營運作、德國工頭卡爾・舒墨（Karl Schemmer）監督管理的大溪地墾殖場裡，法律概念早已衰弊到模糊不明了。

聽著不知所云的證詞，阿秋的思緒早已神遊他方，想像自己獲釋之後的景象而來的：

> 他下半輩子都會是有錢人，擁有一棟自己的房子，還有嬌妻、寶貝兒女相伴，孩子們長大以後都會孝敬他。而且，房子後面還要有座小花園，那是他沉思和休憩之處；金魚優游在花園裡的小池塘，若干樹梢間掛著風鈴叮噹作響，花園四周還有高牆圍繞，確保他寧靜的沉思時光不受世俗打擾。[62]

---

[61] Jack London, "The Chinago," in *Selected Stories* (New York: n.p., 1909), p. 155.

[62] Ibid., p. 159.

在阿秋的心目中，白人才是象徵這座島上蠻橫與凶暴勢力的一方，而不是中國人：

> 這群白鬼的眼睛後面掩藏著一道簾幕，中國佬怎麼也看不透他們的內心深處。不過除此之外，最可怕的還是這些白鬼的效率，表現在他們辦事情的能力上，以及推展事物和實現成果的能力；他們讓所有卑躬屈膝、諂媚的傢伙都屈服於他們的意志之下，那是他們最深層的力量。哦，白人真的是既古怪又非比尋常，他們就是魔鬼。[63]

由於被斷定共謀殺人，阿秋被判處二十年監禁勞役，但是他「內心沒有忐忑。二十年就二十年嘛，只不過他的花園已經不翼而飛了——如此而已。他還年輕，而且骨子裡有亞洲人的耐心。他可以等待這二十年，到了那個時候，他血氣賁張的仇恨已經鎮定下來，必定更能安享那座靜謐的花園。他給花園取了個名字，叫做『晨靜花園』（The Garden of the Morning Calm）」。[64]

因為法籍地方法官酒後疏失，阿秋被陰錯陽差列為死刑犯[65]，即使如此，阿秋被綁赴斷頭臺的處決途中，他還是相當平靜。他用雙方都懂的大溪地卡納卡語（Kanaka），向押送他的法國憲兵解釋

---

[63] Ibid., p. 164.

[64] Ibid., p. 168.

[65] 譯註：殺人犯中的阿超（Ah Chow）被判處斬首極刑，法官卻在判決書上誤將名字寫作阿秋（Ah Cho）。

這是誤會一場，很容易就可以更正。法國人微笑表示同意，但卻無意扭轉事態的發展。只有在行刑官一聲令下，斷頭臺的鍘刀落在他脖子上的那一刻，阿秋才略微感到驚訝：「原來挨刀的感覺不是癢癢的。在他的知覺停息之前，那是他僅有的知覺。」[66]

阿秋雖然無緣一睹他的「晨靜花園」，讀者們卻因此意識到這樣的憧憬可能也確實存在。無論中國人在海外的旅居地遭受怎樣的不平等待遇*，對未來的盼望和心中的思鄉之情，一直都是牢牢牽動他們生活的那條思緒。

*作者註：事實上，儘管這樣的不平等待遇已是司空見慣，對中國移民來說他們仍有權利提起上訴，成功的案例甚至還一路把官司打進美國最高法院，比方一八八六年的「益和訴霍普金斯案」（Yick Wo v. Hopkins）即為一例。益和是舊金山的中國洗衣工，於一八六一年抵達美國；此案中，他因為違反市政府的新法令，在不是磚造或石造的建築物內經營洗衣生意，因此被判處罰金十元；如果無力繳交罰金，亦得以入獄一天替代罰金一元的方式執行。他對於判決不服，因此提起上訴。經過周詳的複審，最高法院駁回之前對益和的定罪判決，理由是新法令的規定僅單獨針對中國人開設的洗衣店，而不針對白人開設的洗衣店。最高法院法官以嚴厲的語氣向舊金山當局表示，雖然法令可能「表面上看來公平，執行時不偏不倚，但是如果政府當局以惡毒的眼光與不公平的手段執法並管理新法，以便得以實際針對類似環境下的不同的人，實行不公及不法的差別待遇」，如此一來就違背了正義原則。

在益和的案子裡，另外還有超過兩百名洗衣工跟隨他一起請願。「對於判決結果不得反駁，除非是對請願者

[66] Ibid., p. 185.

的種族與國籍懷抱敵意，否則，這條法令並無存在的理由」——《最高法院判例彙編》（*Supreme Court Reporter*, 1886: 118 U.S. 356, p. 1073）。[67]

[67] 譯註：關於此案始末，另詳陶龍生：《華人與美國法律：歷史性的法院判決》，繽紛二一五（臺北：聯合文學，二〇一七），頁四八～五二。「益和」（Yick Wo）為洗衣店名，向加州地方法院提起訴訟的中國店主姓名為「李益世」（Yick Lee）。

第 VIII 章

法式異國風情

明天就要離開北京，
我這場渺小的皇帝夢就要結束了……
我一定會懷念這段時光……
我有一間小書房，在過去皇后最鍾愛的一座圓頂大廳裡，
有時候皇后的寵貓還會跑來拜訪我；
我想，我再也不可能找到這般靜謐的地方了。

隨著時光荏苒，幾乎西方世界裡的子民，或多或少都以某種形式和中國建立起關聯：比方商人、傳教士、外交官、軍人，或船員、醫生、教師、技術人員。而他們對中國的敘述，也促使學者和理論家把中國置身在世界歷史的思考脈絡之中，一方面預測中國的未來，另一方面也嘗試能否從片斷的跡象中尋覓出足以解釋中國體制的堂奧①。小說家也察覺到這些日積月累的材料如同礦藏豐厚的礦脈，他們憑藉個人的好惡以及市場的敏銳度，用自己的方式在這條礦脈中挖掘新的風尚。不過，在這些專心致志於中國事物的西方人之中，有些曾在中國工作或遊歷多年，有些則僅是匆匆造訪，也有人鎮日埋首於書堆中的中國；儘管他們人數與日俱增，但能夠不受情緒左右而維持中立的人卻是微乎其微。然而，他們也在情感的波濤中徬徨，踟躕在對中國的敬畏之情和消遣的樂趣，或是在心存芥蒂和心醉神迷之間徘徊不定。

然而，似乎因為一種獨特的法國式時代精神，這些層層疊疊糾葛在一起的主見竟從波濤洶湧的思緒之間，汲取出形象與觀念間彼此相輔相成的精髓，並在稍後的十九世紀末合流成我們現在所謂的「新異國風情」（new exotic）。新異國風情成形的經過多彩多姿卻又曲折複雜，最早的源頭可追溯至法王路易十四時期；當時由於宗教及國際聲望等理由，法王大力投注於擴張法籍傳教士在中國的宗教版圖。法國一批最才華橫溢的耶穌會士，因為這個政策來到康熙皇帝的宮廷②，並因此

① 譯註：參見本書第五章第一段所述。

② 譯註：例如康熙二十六年（一六八七）抵華的五位「國王數學家」（Mathématiciens du Roi）洪若翰（Jean

獲得鑽研中國數學與哲學的大好良機。他們的成果滋養了萊布尼茲、孟德斯鳩、伏爾泰等思想家的想像力，也在中國風（Chinoiserie）的狂熱蔓延中扮演重要角色，中國式風尚因此在十八世紀的法國展現得最燦爛耀眼。此一風潮影響所及，不只激盪出新的藝術表達形式，還促使法國決定將中國語言和歷史的學習建立在學院的基礎之上，成為正規學習科目，也就是所謂的漢學研究領域（sinology），首次在西方開花結果了。

倘若由當前的優勢回顧，不難發現法國在十九世紀中期興起一股中式異國風情（Chinese exotic）的狂熱，而且是由四個主要層面或因素融合而成。首先是對於中式雅緻風格的品味，人們彷彿有了由聆聽音色（timbre）至鑑賞音樂旋律（texture）的敏感度，起初只是愛好賞玩中國絲織品、瓷器與寺廟建築，但這股熱潮遂逐漸拓展為當時所有歐洲人的美學基礎。其次是意識到中式的感官享受，此種體認一開始與前述提及的全新美學頗有牽連，但旋即改弦易轍，迎向某種由氣味、汗水、熱浪和糜爛的夜空所交織而成的更粗俗、無以名狀、駭人又令人心醉神迷的氛圍。再者，視中國為暴力與野蠻的國度，潛藏著殘忍，強取豪奪的隱憂，和難以控制的衝動。而最後一個層面自然就是隨之而來的鴉片問題，也是怠惰與渴望的麻醉藥。

de Fontaney, 1643–1710）、張誠（Jean-François Gerbillon, 1654–1707）、李明（Louis Le Comte, 1655–1728）、白晉（Joachim Bouvet, 1656–1730）、劉應（Claude de Visdelou, 1656–1737）；而路易十四對中國產生興趣，也與一六八四年柏應理偕中國天主教徒沈福宗覲見有關，見本書第四章頁一一二～一一三（註⑫）。

日意格（Prosper Marie Giquel, 1835–1886）一八六四年的日記對這四個層面做了初步的綜合歸納。日意格是法國軍官，在法國政府借調之下才赴往中國，協助清軍平定太平天國的滋事拳匪。他的任務是殲滅太平軍餘孽，因為自「天都」南京陷落後，這群餘黨仍然佔據華中地區某些要塞。他率領身經百戰的法國部隊，稱職而且圓滿達成任務。然而，日意格的日記不只記錄了打贏的那幾場勝仗，他還描繪出熊熊中國太陽下的戰爭氣息包圍了生命：沿路遍布殘缺不全的屍體，他的部下在小溪中淌著泥濘的溪水前進，同時呼喚旁觀的中國婦女加入他們的行列。他還描述如何把一張撞球檯搬運至緊鄰戰地的山坡，好讓部下在偵察敵方備戰狀態的同時，打撞球消遣。如夢似幻的酩酊隨著黑夜來臨：在中國的滿天星斗下，軍士們盡情酣暢混濁的苦艾酒，注視眼前閃爍的軍營篝火。③

日意格的第一個頭銜是軍人，這也是他的首要身分，如果我們在他日記中看見正興起的中式異國風情，也呈現出一知半解。而與日意格同時代的藝術家——福樓拜（Gustave Flaubert, 1821–1880），經過他筆下周密嚴謹的佈局和安排，薈萃了這些新潮的異國風情；例如，在以革命為背景④的愛情小說《情感教育》（*Sentimental Education: or, The History of a Young Man*, 1898 [*L'Éducation sentimentale*,

③ Prosper Giquel, *A Journal of the Chinese Civil War, 1864*, ed. Steven A[ndrew] Leibo, trans. Steven A[ndrew] Leibo and Debbie Weston (Honolulu: University of Hawai'i Press, 1985).

④ 譯註：一八四八年法國二月革命（révolution de Février）。

histoire d'un jeune homme, 1869]），福樓拜借用中國式的意象，作為小說角色生命轉折的標誌。因此當腓德烈克（Frédéric Moreau）耽於聲色之欲，第一次造訪阿爾努夫人（Madame Arnoux）宅邸，他發現愛慕之人的玄關「以中國風格裝飾」；在極致的香榭麗舍大道的「某種中國式屋檐」下，盡是舞廳和花園的聲色犬馬世界；而在腓德烈克和交際花羅莎妮（Rosanette）的關鍵幽會裡，她打著一把淡紫色錦緞陽傘，「中央突起的傘面看來就像一座寶塔」。⑤

中國燈籠和瓷器，屏風、古玩、黃色綢緞及中國窗簾等，都是展現身分地位的嘉美物品，各自散發獨特的韻味。在最多情的惆悵時刻裡，腓德烈克會去聆聽一場以「中國人或政治經濟」為主題的演講，或者為了打發時間去看齣老式啞劇，其中一幕就是「北京奴隸市場」。⑥而阿爾努夫人第一次隻身前往腓德烈克家中端詳「蒙古弓箭這項戰利品」，那一刻出現了暴力的景象；當阿爾努夫人的財產不幸走上拍賣的命運，「中國武器」開價時相同的意象再次浮現。慾火中燒的腓德烈克把羅莎妮帶進他為阿爾努夫人準備的愛巢，「屋子裡四處掛著中國燈籠，猶如火焰編織成的花圈」，警衛的刺刀則「在幽暗的一幕中，閃爍陰森慘白的鋒芒」。至於嘉布遣大道（Boulevard des

⑤ Gustave Flaubert, *Sentimental Education*, trans. and introd. Robert Baldick (Harmondsworth, UK: Penguin, 1987), pp. 56, 80, and 205.

⑥ Ibid., pp. 37 and 97.

Capucines）上奪去許多無辜群眾性命的槍林彈雨，「聽起來就像巨幅絲帛一分為二的撕裂聲」。⑦

雖然福樓拜琢磨出中國器物的特徵，而且器物與小說情節間環環相扣，顯然經過一番精心設計的安排，然而福樓拜筆下的中國，依舊更廣泛地與形形色色的中東形象糾纏不清，這也更加提醒我們上述的例子仍是十九世紀中葉「東方主義」（Orientalism）時代的一環，而這樣的「東方主義」在拿破崙遠征埃及後⑧又益加興盛。此外，福樓拜似乎也對此了然於心，因為他在多處選用了對比的形象（juxtapositions）：中國式屋頂的舞廳稱作「阿爾罕布拉」（Alhambra）；啞劇裡的北京奴隸市場充斥著「鈴聲、鼓聲及蘇丹的妻妾」；而就算手裡緊握中式寶塔形狀的陽傘，羅莎妮卻告訴腓德烈克——她以為「黎巴嫩位於中國」。⑨

但時至十九世紀末期，法國作家凸顯出更鮮明的中國形象及隱喻，在幾位傑出作家的筆下，中式異國風情終於獲得它應有的定位。皮耶・羅逖（Pierre Loti [Louis Marie-Julien Viaud], 1850–1923）為首批構思出不同於以往氛圍的作家之一，這番新景象可見於他廣受歡迎的作品《北京的最後歲月》（*The Last Days of Peking*, 1902 [*Les Derniers Jours de Pékin*, 1902]）。羅逖在這本書中追憶一九〇〇年鎮壓義和團起義的往事，那年，他擔任法國海軍軍官和大使隨員，而當時的羅逖已經是知名小說

---

⑦ Ibid., pp. 190, 406, and 283.

⑧ 譯註：拿破崙率領法蘭西第一共和軍隊遠征鄂圖曼帝國轄下的埃及，時在一七九八至一八〇一年。

⑨ Ibid., pp. 80, 97, and 205.

家，由於創作以南海、中東、日本為背景的故事聞名於世。年輕時的羅逖瘦小羸弱，但他嚴格執行體能訓練的生活規律，改善了體魄，後來又因為跟家鄉巡迴的馬戲團雜耍演員學習特技，體能臻至高峰。隨後他加入法國海軍，根據性愛與感情方面的私人經驗，化身成為故事中的情人——浪漫熱情，並且隨心所欲，恣意享受性愛。羅逖在小說《阿姬雅黛》（*Aziyadé*, 1879），以綺麗的語言，天花亂墜地描繪他周旋於伊斯坦堡後宮佳麗的風流韻事，震驚了法國讀者；《羅逖的婚禮》（*Le marriage de Loti*, 1882）則重現他在大溪地嘗過的繾綣情慾，他的讀者如癡如醉；而在《菊花夫人》（*Madame Chrysanthème*, 1887）中，他又化身為年輕日本藝妓們的伴侶。⑩

在這些虛實難辨的故事中，除了盡情渲染情色內容，羅逖也證明了自己有敏銳的觀察力，總是能一再發掘異國風情。一八八四年，龔古爾兄弟（Goncourt brothers）⑪別具慧眼，把羅逖歸類為「鼻子天才」，羅逖從此成為可與「眼睛天才」戈提耶（Judith Gautier, 1845–1917）⑫及「耳朵天

⑩ Lesley Blanch, Pierre Loti, *The Legendary Romantic* (New York: Carroll & Graf, 1983).

⑪ 譯註：法國自然主義小說家與文藝評論家，作品皆由艾德蒙（Edmond de Goncourt, 1822–1896）與儒勒（Jules de Goncourt, 1830–1870）兄弟合作，以「龔古爾兄弟」的名義聯合發表，兄弟二人也與當時法國文壇知名作家如福樓拜與左拉（Émile Zola, 1840–1902）等人經常往來。二十二卷《龔古爾兄弟日記》（*Journal des Goncourt, 1851–1896*）是他們分量最重的作品，記錄的時間橫亙四十餘年，是研究當時藝文與社會現況的重要史料。艾德蒙遺囑設立龔古爾獎（Prix Goncourt），自一九〇三年頒發至今，是法國最重要的文學獎。

⑫ 譯註：法國作家，其父為文學評論家泰奧菲·戈提耶（Pierre Jules Théophile Gautier, 1811–1872）。

才」弗曼提（Eugène Fromentin, 1820–1876）[13]相提並論的接班人。[14]龔古爾兄弟或許讀過羅逖發表於《費加洛報》（*Le Figaro*）的亞洲記述，才下此評論：一八八三年羅逖在巡洋艦「亞特蘭提號」（Atalante）上擔任軍官時，曾寄回一份《費加洛報》刊登的文章，他根據當時觀察法軍砲擊安南（Annam）的過程寫成這篇作品（由於他鉅細靡遺地描繪法軍暴行，殘暴的內容太過刺眼，導致羅逖遭受調離前線的處置，被強制搭乘貨輪返回法國）。羅逖正值三十三歲的年紀，在他心目中，東方「陰險詭譎，人們倉皇流竄、貪得無饜，他們與猿人無異，面目可憎……流著黃色的汗臭味，阿諛奉承又猥褻，渾身上下散發一股麝香的惡臭，令人作嘔又厭煩，而且難以忍受。」[15]羅逖呈現給法國讀者的安南是一片烈焰橫行的焦土，閃爍的火舌吞噬許多村莊，而烽火連天之際，法國軍官就坐在甲板的扶手椅上，觀賞這場血腥屠殺。對羅逖而言，他們簡直就是摹擬「阿提拉（Attila, fl. c. 406–453）[16]和成吉思汗」的現代影像（simulacra）。原本色彩鮮艷的中式房屋在法軍砲火襲擊之下，屋外的竹籬笆和屋內的瓷器飾品，都因為大火造成的高溫而扭曲變形，散發出「血色般殷

---

⑬ 譯註：法國畫家及作家。

⑭ 轉引自 Ibid., p. 169。

⑮ Ibid., p. 169.

⑯ 譯註：遊牧民族匈人（Huns）帝國君王，曾多次率軍入侵東羅馬帝國與西羅馬帝國，引發歐洲的民族大遷徙。

紅」的光亮，以及一股「刺鼻的黑色濃煙，帶有一抹麝香的氣味」。驚魂未定的倖存村民發了瘋似地逃跑，呈之字形四散尋找掩護，或是像老鼠一樣鑽進沙地上的洞內裡。⑰

到了一九〇〇年，年屆五十的羅逖過著安逸的生活，深居在法國鄉間，儘管他的房子裝潢風格浮夸，運用東方的裝飾圖案點綴，但他卻早已斬斷那回到東方的念頭。然而此時來自政府的一紙命令，卻要他重新穿上制服，成為八國聯軍的法國代表團的一員，前去平息義和團之亂。他感受到命運之神慷慨的眷顧；原本他以為這種生活方式早已煙消雲散，如今他卻得以最後一次重返。他從船上寄出的家書寫著：

我再次找回過去的自己，感覺年輕了二十歲。恬淡的隱居生活使我心裡平靜無波。此刻回想過往的折磨與苦痛，它們彷彿都已離我遠去。唯有眼前的海風和大海難以忘懷，其他別無眷戀。蕭灑超脫萬物的我，再一次變成早年戰場上的那個人，但是少了當年朦朧的失落，再也不會受到懊悔的折磨和孤寂的壓迫。歷經蛻變後我忘卻一切，無憂無慮而且朝氣蓬勃走在我的路途上。⑱

⑰ Pierre Loti [Louis Marie-Julien Viaud], *Figures et choses qui passent* (Paris: Calmann-Lévy, 1898), pp. 265–269, 270–271, and 280.

⑱ 轉引自 Funaoka Suetoshi, *Pierre Loti et l'Eextrême-Orientorient: du journal à l'oeuvre* (Tokyo: Librairie-Editions France Tosho, 1988), p. 33。引文乃史景遷自原書迻譯。

得以在人生後半段重拾青春，皮耶・羅逖心滿意足，因而詮釋出最馳名的中式異國風情；這份感受與目睹暴力時心生的情景密不可分，漸漸變得黯淡身為閱歷老道的觀察者，他深知抵達北京城後即將映入眼簾的是毀滅與殺戮景象；拳匪肆虐而致使生靈塗炭，而一度與義和團為伍的清軍也是罪魁禍首，就連聯軍自己難以卸責。羅逖身為資深法國海軍軍官，又是艦隊司令幕僚，，這趟旅程相形之下還算舒適；也由於他隨身攜帶一箱依雲（Evian）礦泉水，減輕了不少傳染病的威脅，也因而舒緩不少旅途方面的困頓。

抵達中國後，他安頓在一幢位於北海（north lake）內的王府大院，就在紫禁城邊上。當他即將抵達北京城牆時，他覺得那些城牆在他眼中好似「喪服的顏色」[19]，等到他入了城，終於恍然大悟：舉目所見盡是成畝的廢墟，死亡和硝煙的氣味撲鼻而來。他親眼目睹野狗拖出葬身在從瓦礫堆下的幼童屍體，而另外一個物體，他一時半刻間看不清楚，等他定睛一看，結果竟是難以言喻的恐怖景象；「一個女人的下半身塞在桶子裡面，雙腿倒懸於空中」，女人軀幹的上半部不見了，但整顆頭顱「讓糾結的頭髮纏成一捆漆黑的東西，滾到扶手椅底下，躺在一隻被壓爛的貓咪殘骸旁」。[20]羅逖永遠也忘不了那個在中國的夜晚：當他單獨躺在寬闊寢室的床上，他可以看見四周圍

---

[19] Pierre Loti, *Les derniers jours de Pekin* (Paris: Calmann-Lévy, 1914), p. 44，城牆「喪服的顏色」（Couleur de deuil），在該書頁九一。

[20] Ibid., pp. 80–81，史景遷法譯英；Funaoka, p. 139。

的黑暗中潛伏著幽光，夜間清醒時，數不清的老鼠眼睛在暗夜中窺伺；等他拉上被子包裹住自己，又可以聽到叮叮噹噹的細碎聲響，那是老鼠上躥跳下的聲音，牠們正在盛過宵夜的瓷碗間，搜刮剩菜殘羹。㉑

即使驚恐四伏，這個盛極一時的王朝寶物就環繞在他周圍，任由他隨意挑選。他的法國和中國僕人在皇宮中暢遊，穿上織錦皇袍取樂；至於羅逖自己，我們則從他的日記中得知，他至少盜運了十大箱的寶物回家。不過，他只在出版的記敘中輕描淡寫這件事，告訴他妻子——至少在寄送皮草給她這件事情上——他並未劫掠這些寶物，只是從中國盜賣者手中買下這些送給她的皮草。㉒他同時在京城及皇宮中四處遊歷，精心記載北京的一景一物；這些記載也使他的《北京的最後歲月》廣受歡迎；這本書從一九〇二年首次發行到一九一四年世界大戰爆發為止，一共有五十版刷次。

猶如他臨別北京前夕，在書信中對妻子傾訴——他這輩子再也不可能擁有如斯地方，供他寫作了：

> 明天就要離開北京，我這場渺小的皇帝夢就要結束了……我一定會懷念這段時光；儘管屍體和烏鴉遍布，這些庭院還真是巧奪天工。每天打開櫥櫃與衣櫃，探索其中的珍寶，也真是逸趣橫生。我有一間小書房，在過去皇后最鍾愛的一座圓頂大廳裡，有時候皇后的

㉑ Loti, *Derniers jours*, p. 406.

㉒ Funaoka, pp. 143 n. and 147.

寵貓還會跑來拜訪我；我想，我再也不可能找到這般靜謐的地方了。在瓷飾的屋頂之下，我面對著蓮花池。與我相伴的是一尊身著金袍的大玉佛，用來保佑中華帝國風調雨順。離家時，我僅拎了一只皮箱，但回家時我將滿載而歸。㉓

隨他的行李同行回到法國的，是一件活生生的紀念品；他把皇宮裡那一隻躡手躡腳逡行的貓兒帶回家了。牠曾是皇后的寵物，至少他心裡一直這麼認為。羅逖用紙板為這隻貓咪做了張名片，上面寫著他賜予貓兒的全名：「中國絨絨夫人（Madame Moumoutte—Chinoise），皮耶・羅逖先生家的第二隻貓。」如此一來，才不會混淆她和前一任寵物——也就是羅逖摯愛的「白絨絨夫人」（Madame Moumoutte Blanche），永遠是他的「第一夫人」。㉔

回到法國後，羅逖悲悼中國已喪失的那股魔力，「威嚴盡失，也褪去了神秘面紗」。紫禁城對羅逖而言，一直是「所有未知與非凡事物的最終庇護；是古老人類文明至今仍然屹立不搖的堡壘之一，既高深莫測，又令無與倫比」。羅逖曾親眼見到，「在金碧輝煌的帝王宮殿，盤金宮毯上居然覆滿鳥屎」。然而在這褪色的絢麗中，卻可能嶄露一個新中國；羅逖寫道，一旦「這千萬個我曾看過的樸實精壯的年輕農夫」，學會法國人那套「現代的摧毀手段」，未來會如何發展恐怕是個

㉓ 轉引自 Funaoka, pp. 147–148。

㉔ Blanch, *Loti*, p. 173.

未知數。㉕

羅逖就此放下這個念頭。當他再度以中國為主題時，卻著墨於更為久遠的中國：他與莒蒂茨．戈提耶㉖合作了《天國之女》（*The Daughter of Heaven*, 1912 [*La fille du ciel: drame chinois*, 1912]）這個劇本；描寫一位中國公主與韃靼皇帝之間曲折坎坷的愛情故事。他原本希望他的朋友莎哈．貝荷娜（Sarah Bernhardt, 1844–1923）㉗能夠扮演這位中國公主，但她拒絕了羅逖的要求，不想把一頭亮麗紅髮隱藏在黑色假髮下，這個提議因此束之高閣。就在一九一二年清朝覆滅之後不久，美國製作人買下這個劇本，並在百老匯短暫演出。羅逖特別前往紐約參加首演，然而如今的他已不復當年，只是個看來有點可憐的小老頭；為了抵抗歲月的痕跡，他的臉上搽了點胭脂，又在白髮上染了點顏色，為了讓矮小的身形看起來頎長一些，他甚至足蹬高跟鞋。他不喜歡紐約給他的感覺——「高聳的大樓持續增長，數量已無法估算，活像四月的蘆筍」——不過他倒是很喜歡這次演出中大手筆製作的道具，他也感到十分意外——怎麼能在紐約找到這麼多中國人來跑龍套？後來他才知道這些人都是

㉕ Ibid., pp. 256–257.

㉖ 譯註：即前文所說的「眼睛天才」。

㉗ 譯註：活躍於十九世紀末期至二十世紀初期的法國女演員，是當時世界上最著名的女演員，有「劇場女皇」（Impératrice du théâtre）的稱號，雨果（Victor Marie Hugo, 1802–1885）則稱讚她的嗓音為「黃金之音」（la Voix d'or）。

學生，嘗試在清朝滅亡之後給自己找出一條生路。[28]

羅逖的創作生涯差不多就在他這次訪問紐約的時候畫上句點，而他的這齣舞臺劇也以一敗塗地收場。——不過，最初似乎是這座城市的生活經驗點燃了法國詩人兼劇作家保羅．柯勞岱（Paul Louis Charles Claudel, 1868–1955）的興趣；終其一生，克勞岱都對中國興趣盎然。柯勞岱生於一八六八年，並於一八八六年經歷了奧妙的皈依天主教過程[29]；一八九三年，他受派擔任法國駐紐約副領事（vice consul），不過在此之前，他已經藉由詩作和劇作以及外交職位，過著十分安逸的生活。派駐紐約之前，柯勞岱對東方的瞭解僅限於日本版畫，當時巴黎也有許多人深深為此著迷，另外就是一八八九年萬國博覽會上，在巴黎演出的幾齣安南戲劇了。

但是才到紐約沒多久，柯勞岱就發現了中國戲院。他在一封致巴黎友人的信中寫道：「這裡的勿街（Mott Street）有一個中國區，到處掛著大紅色的招牌，那些看來詭譎不祥的地下室就是他們的鴉片窟，我打算盡快到那裡的戲院去看個究竟，供奉中國神像的廟宇也不容錯過。」他指的戲院，很可能就是位於戴爾街（Dyers Street）五號的那一間；那裡原本是中國主日學校所在的建築，

[28] Ibid., pp. 290–291.

[29] 譯註：十八歲那年聖誕節，柯勞岱在巴黎聖母院（Notre Dame de Paris）無意間聽到晚禱的唱詩，原本毫無宗教信仰的他深受感動，於是決定皈依天主。

重新整建後，如今有了新用途，而戲院還劃分了中國人和「美國人」的座位區。㉚雖然他並未告訴我們看了那幾齣戲，不過中國戲劇複雜的劇情結構和長時間的演出，嚴守規矩的唱、念、做、打，熱情洋溢的舞臺服裝，以及舞臺上樂師鏗鏘刺耳的伴奏聲的，顯然都震撼了柯勞岱。「世界上沒有比中國戲劇更優美的事了」——他在一八九五年的時候，告訴一位朋友這番話——「只要欣賞過中國戲劇，就別無它物，值得你一看了。」柯勞岱一八九三年寫的一部劇本《交換》（*The Exchange* [*L'Échange*]），在情節和結構方面都與當年戴爾街最受歡迎的中國戲劇，有些相似之處。㉛

一八九五年，法國外交部一紙派令，將柯勞岱調任為中國領事。事後他回想，「我高興極了。中國正是我最想一探究竟的國家，但當時我對於東方毫無具體概念」。因此一開始他感受到的中國，仍然是模糊不清，而且不受時間影響的國度：如同他抵達後寫給詩人好友馬拉美（Stéphane Mallarmé, 1842–1898）的那封信裡所說，「這兒的生活尚未受到現代文明疾病污染」，中國仍是

㉚ 見 Bernard Hue, *Littératures et arts de l'orient dans l'oeuvre de Claudel* (Paris: Librairie C. Klincksieck, 1978), p. 56；Eugène Roberto, "Le théâter chinois de New York en 1893," in *Cahiers Canadien Claudel*, no. 5: *Formes et Figures* (Ottawa: Éditions de l'Université d'Ottawa, 1967), pp. 109–133，特別是頁一〇九～一一三。柯勞岱有關中國作品的詳細書目及綜合討論，另詳 Gilbert Gadoffre, *Claudel et l'univers chinois*, Collection Cahiers Paul Claudel (n° 8), Nouvelle Revue Française (Paris: Éditions Gallimard, 1968)。

㉛ Hue, p. 73; Roberto, pp. 120–129 and 133.

「一塊古老的土地」，依然能夠傳布「它的夢想」。㉜

接下來的一八九五至一九〇九年間，柯勞岱大部分時光都在中國度過，而且幾乎從第一週開始他就以中國為靈感，探索他正在實驗的一種散文詩體裁（prose-poem）。他的觀點比羅逖溫和，帶有一種充滿幻想的特質，儘管如此，他的文字依然保留顯著的犀利與敏銳。他的中國散文詩通常都沒有情節，僅僅意在掌握稍縱即逝的片刻靈光。初抵紐約的柯勞岱開始理解中國戲劇，他最早的幾首散文詩裡有一首就叫做〈戲院〉（"Theater"），詩文中首次完整表達了他對中國戲劇的觀點：無論那時的紐約，或此時的中國，演員們都包裝在層層戲服之下，臉上覆蓋著面具般的妝容，「隱身於角色的點翠與雉翎之下」，每一位演員的功能只不過是呈現「姿態與聲音。皇帝可以面對江山垂淚；枉受不義誣陷的公主可側身猛獸蠻荒之間，覓得庇護；千軍萬馬可以調動演練；交戰雙方可以鏖戰對壘；只要一個身段就跨越了歲月與距離」。無論臺上的樂隊是鑼鼓喧天或是淒清悠揚，觀眾置身其中全神貫注，完全可以理解每一個身段與唱腔背後的涵義。戲院裡好像「萬頭攢動，鋪滿了圓圓黃黃的臉孔，他們擠在一起如此緊密，以致於四肢和身體似乎都不見了——他們全部黏在一起，裡頭成堆的心臟一個接著一個跳動」。㉝

一八九六年一月，他造訪上海，期間寫下〈夜城〉（"The City at Night" ["Ville la nuit"]），並於

㉜ 轉引自 Hue, p. 54，史景遷法譯英。

㉝ Paul Claudel, *Connaissance de l'est*, ed. Gilbert Gadoffre (Paris: Mercure de France, 1973), pp. 118–122，史景遷法譯英。

當年夏天在巴黎的評論雜誌上發表㉞。在這篇短文裡，柯勞岱把探索的焦點從劇場轉移，試圖掌握上海的本質——這座深深吸引著西方，卻又讓西方深深反感的城市：

> 影影綽綽的人群籠罩了我們，狹仄的街陌僅由兩旁深闊的店鋪提供照明；這些都是木匠或雕刻師的作坊，不然就是裁縫、鞋匠或毛皮販子的店鋪。從不計其數的廚房裡，在一碗碗麵條和湯水後面，油炸的聲響流瀉而出。黑漆漆的街坊深處，有位婦人照料著哭鬧的孩子。成堆擺放的棺材間，一支煙桿子微微散發熒光。一盞油燈的火光在街旁搖曳，映照出這詭異的魚龍混雜。街角上，在粗厚小石橋的轉彎處、鐵欄杆後頭的壁龕裡，可見夾在兩根紅燭之間侏儒似的小神像。冒雨走了很長一段路之後，在黑暗與惡臭當中，我們突然發現自己置身一條黃色的死巷子，裡面吊著一盞大燈籠，燈籠內野蠻的火光閃耀著。㉟

儘管四處是狹窄的巷弄，死路，陰暗，惡臭，柯勞岱卻覺得「整座城市形成一致而協調的整

㉞ 譯註：即文學雜誌《巴黎評論》（*La Revue de Paris*）當年八月號。

㉟ Paul Claudel, "Ville la nuit," in *Connaissance*, ed. Gadoffre, p. 91; Paul Claudel, *The East I Know*, trans. Teresa Frances and W[illiam] R[ose] Benét (New Haven: Yale University Press, 1914), p. 13.
譯註：中譯參見〔法〕保爾．克洛代爾著，徐知免譯：〈夜城〉，在《認識東方》，世界散文名著（天津：百花文藝出版社，一九九七），頁一一～一四。手稿日期見 *Connaissance*, ed. Gadoffre, pp. 95–97。

體」，像是「一座辛勤勞動的蜂巢，各個巢室相互往來，又像蟻丘有孔穴可以貫穿其中」。就在這千孔萬穴的蜂巢裡，他的中國就在眼前：

> 最後充塞在我記憶框架間的，是一座鴉片窟和滿市集的娼妓。這煙窟是個巨大的中堂，兩層樓高的建築裡空空蕩蕩，堂內裡又有廂房。藍色的氤氳瀰漫在中堂內，聞起來就像烤栗子的味道。這香味十分濃郁，既強烈又污濁，猶如敲鑼的勁頭一樣霸道……
>
> 娼妓們坐在狹窄的長凳上，頭上戴著簪花和珠寶，身著寬鬆的絲綢大襟和繡花長褲；她們雙手擱在膝上，動也不動坐在街面靜候，在熙來攘往的喧囂塵埃中待價而沽，就像市集裡的禽畜。小女孩們打扮得跟媽媽一模一樣，同樣靜坐在同一張板凳上。在她們背後，汽油的搖曳火焰照亮了樓梯間的入口。㊱

這是一段令人難以承受的介紹。在柯勞岱刻意安排下，讀者的眼光徘徊於那些身穿絲綢大襟的娼妓身上，從那些表情嚴肅而與母親一同擠在窄凳的小女孩身上，一直盤桓到樓梯間入口煽誘著慾望的搖曳火光上。柯勞岱就此心死了嗎?「Je passe」，他在下面一行接著寫道，而這個語意模糊的句子無法精確迻譯——他的意思是「我走上樓去?」「我繼續往前走?」「我繼續觀察下

㊱ Claudel, *Connaissance*, p. 93; *East I Know*, p. 14.

去？」，還是「我不想多管就順其自然吧？」——「Je passe」，只此一句，其餘我們不得而知。儘管接下來的文字雋美依舊，但字裡行間的氛圍卻轉為嘈雜忙亂，硬是猝不及防地將讀者與敘事者從沉思的幻想中拖出來，遁入另一個中國，一個光天化日之下一目了然的中國——那個一八四二年第一次鴉片戰爭後，各國強權挾條約而自立門戶的上海公共租界（International Concession）。

> Je passe。在我的記憶裡，那裡的生活應該是擁擠不堪，居民天真無知，急促的步調讓人靜不下來；在我的記憶裡，那個時候的這座城市既無隱私擁擠，就像一幢大房子裡住了好幾戶人家。我見過這座城市在其他時光的風貌，當時尚未受到現代化的影響，人群混亂無章，卻自然不虛飾。此刻，當我從手推車還有垃圾的騷亂間穿出對開城門時，在痲瘋病人和癲癇病人之間，我看到的是租界的霓虹燈正閃爍著。而事實上我離開的，也是那分對往日美好時光的陶醉眷戀。㊲

柯勞岱對自己的手稿及校樣漫不經心的程度，已經到了無可救藥的地步，幸虧有其密友兼崇拜者維多・謝閣蘭（Victor Segalen, 1878–1919），我們才得以一見柯勞岱此文及其他作品校對過的最

㊲ Claudel, *Connaissance*, pp. 93–94; *East I Know*, pp. 15–16.

可靠定稿。[38]謝閣蘭後來也成為中式異國風情的法國詮釋者，也許還堪稱第一把交椅。謝閣蘭生於一八七八年，小柯勞岱十歲，他受過專業醫生訓練，一九〇二年時，他接受委任前往大溪地行醫，途經舊金山中國城，在那裡他第一次接觸到中國人——柯勞岱引發了謝閣蘭對中國的雅興，而這次接觸或許正是冥冥之中自有安排的一次回響。後來，謝閣蘭愈來愈熱衷於中國的一切事物；他在巴黎受教於法國首代卓越的漢學家之一沙畹（Édouard Chavannes, 1865–1918），學習中國古典語言與文化，並終生受其影響。沙畹是一位勤奮積極的學者，他遍覽中國名勝古蹟，考察碑銘，並逐一謄抄碑文，又以素描記錄墓碑形制及各種裝飾圖紋。多虧醫學專業上的職務，謝閣蘭得以在一九〇九至一九一七年間，在中國度過他大半人生。即使懸壺濟世的生活繁忙，但受到業師榜樣的啟發，謝閣蘭依舊做了三次橫跨中國的漫長旅程，調查考古遺址，並以素描與攝影紀錄中國石雕。他在這方面也漸漸培養出學者的熱忱以及行家的慧眼，其間更不時以書信與沙畹分享他的發現。[39]

謝閣蘭的典雅詩集僅以「碑」（Stèles）為題[40]，他於一九〇九年構思寫成這本詩集，實際出版則在一九一二年；而詩集的題名及部分詩作的內容，則取材自他遊歷中國途中所見石碑帶給他的

---

[38] Claudel, *Connaissance*, p. 64.

[39] Victor Segalen, *The Great Statuary of China*, trans. Eleanor Levieux, ed. Madame A. Joly-Segalen (Chicago: University of Chicago Press, 1978), pp. 186–187.

[40] 譯註：原書有中文題名《古今碑錄》。

靈感，有些石碑的歷史甚至已經超過千年。謝閣蘭將詩集獻給保羅．柯勞岱——他一向喜歡柯勞岱的作品——然而相較於柯勞岱或其他當代西方作家，謝閣蘭的詩作更完整掌握了這種異國風情的四個基本要素：熱情、美學、憂鬱、暴力。由於中國人經常將鍥刻銘文或詩作的巨大石碑，沿著道路或在祠堂附近設立，謝閣蘭由此乍現靈光，決定仿照這樣的文類創作自己的碑文。他同時為這本詩集杜撰了一個具有說服力而且感情澎湃的說詞——中國石碑會因為面朝不同的方向而承載不同的訊息：因此以愛情為主題的石碑面向東方，以友誼為主題的石碑面向北方，刻有皇帝詔命的石碑指向南方，而關於戰爭與死亡的石碑則面向「浴血的西方，紅色的宮殿」——日暮的方向。[41]另外有一組石碑卻朝下面向大地，這些是中心的石碑；雖然沒有方向，但朝下的石碑卻飽含意義；它們將訊息的印信強壓進土地之內。「它們是另一個——獨一無二的——帝國的敕令。」[42]

㊶ Victor Segalen, *Stèles* (Paris: Éditions Gallimard, 1973), p. 25.
譯註：中譯參見〔法〕維克多．謝閣蘭著，車槿山、秦海鷹譯：《碑》，新陸詩叢．外國卷（重慶：重慶大學出版社，二〇一五）；史景遷所引段落，在〈原序〉，頁一九～二〇。或見林惠娥譯：《古今碑錄》（臺北：中央圖書公司，一九九九）。

㊷ 譯註：謝閣蘭的《古今碑錄》是一部別出心裁的精緻詩集，一九一四年的北京版本以經摺本裝幀，封面木板右上刻「古今碑錄」，摺本側面以黃色絲帶繫起封面封底。摺本內每一首詩前另有謝閣蘭取材自中國墳典的中文題詞，以工整的楷體撰寫。畢墨惜（Timothy James Billings）編譯的法英對照注解本完整保留此版原貌，見 Victor Segalen, *Stèles*, trans. and ed. Timothy Billings and Christopher Bush (Middletown, CT: Wesleyan University Press, 2007)，該本有蘇源熙（Haun Saussy）序文 'Impressions de Chine, or How to Translate from a Nonexistent

〈祈求〉（"Supplication"［"Supplique"］）是「東面的石碑」（"Steles Facing East"［"Stèles orientées"］）中的一首情詩㊸，謝閣蘭創造了一套用語，以捕捉他心中設想的中國氛圍，而從這首詩便可一窺其用字遣詞上的純粹。

祈求

微笑、眼神、慕然
流露的情意和禮物向你獻殷勤，但你會
矜持抵拒，因為妳還是
少女；

在殷殷問候下，吐露妳心中的嚮往，
妳心底的渴望，以及最深得妳心的首飾
——大紅婚紗、詩詞、曲子、

Original"。

㊸ 譯註：中文題詞「月出照兮，勞心慘兮」，取自《詩·陳風·月出》：「月出照兮，佼人燎兮；舒夭紹兮，勞心慘兮！」

聘禮……[44]

這個男人非妳佳偶——我——甚至不配向妳
　哀求，唯有祈求妳
　展露妳的容顏，妳驚鴻一瞥的紅顏，
　舉手投足間的姿態，彷如翩躚的鳥兒。

抑或是妳那平淡的聲音、妳髮上的
　藍色倒影。而妳的靈魂，在君子眼中
　卻是萬般的珍貴。

就讓一切深藏在妳漩渦般
　令人六神無主的身影中，
　　婀娜多姿的年輕女孩呀，別說話。[45]

[44] 譯註：刪節號為原詩文。

[45] 如 Victor Segalen, *Stèles*, trans. Michael Taylor (Santa Monica, CA: Lapis Press, 1987) 的譯文，該本無頁碼。

在「西面的石碑」（“Steles Facing West” [“Stèles occidentées”]）中一首談論死亡與戰爭的詩裡，謝閣蘭喚醒的，卻是我們對歷代中國征服者及入侵者的凶暴殘虐的回憶；這與〈祈求〉中對於年輕女孩露骨的情慾渴求，形成強烈的反差：

在劍尖下（“A Sword Point” [“Du bout du sabre”]）㊻

我們騎兵只管策馬馳騁，哪裡懂得何謂
耕種。只要能用馬蹄犁耕的田地，只要能
疾馳而過的草地，
　我們就踐踏蹂躪。
我們絕不屈身與建城牆或廟宇，
　只要可以縱火的城鎮，一併將其廟宇
和城牆，

㊻ 譯註：此詩無中文題詞，而題一金文的「戈」字，其形狀甚似戈首橫刃，謝閣蘭或許有意藉此呼應第四詩節「我們的印信」一句（“Notre sceau est un fer de lance”）。

我們就焚毀殆盡。

我們敬重而且珍愛我們的女人，她們全都
身分崇高；但是其他人，只要能夠
擊倒、拆散和佔有，

我們就據為己有。

我們的印信是戈首：我們的禮服，
就是以露珠為飾的胸甲；我們的絲綢
以馬鬃織成。另外一種，比較柔軟
又能賣上好價錢，

我們就脫售換錢。

沒有國界，而我們有些人甚至是無名氏，
我們不統治，我們只過境。凡是
可劈砍，凡是

可刺磔，[47]

凡是可在劍尖下肆虐的，

我們必毀滅。[48]

在《古今碑錄》第五系列的一首詩裡[49]，謝閣蘭探索的是另一種主題，也就是位於「中心」的石碑；這些石碑面朝下，以自身的重量下壓，將碑文承載的訊息吐露進下方的土地。前面南北東西四個方位的碑詩，都陷入由指南針的鮮紅針尖指點的情緒範疇，然而這首詩卻來自其他四個區域之外——也可說是在境內。在謝閣蘭筆下呈現出這座中國中心城市層層疊疊的構造，每一層之中都隱含著另一層，類似柯勞岱在一八九六年的散文詩中呈現的上海。謝閣蘭把這座碑稱為〈紫禁城〉（"Forbidden Purple City" ["Cité violette interdite"]）：

---

[47] 譯註：謝閣蘭原詩中，此行以刪節號結尾。

[48] Ibid, n.p

[49] 譯註：《古今碑錄》在南面、北面、東面、西面的石碑之後，先有一節題為「曲直」，為「道旁的石碑」（Stèles du bord du chemin），最後一節才是題為「中」的「中央之碑」（Stèles du milieu）。

這裡按照北京的形象興建，那是北方的
都城，氣候若非燠熱就是
比酷寒還要更寒冷。

圈住這座城的是歡迎所有人光臨的
店鋪與客棧，有可供過夜的睡鋪、馬槽及
糞堆。

在這群烏合之眾背後，是高傲的
外牆，固若金湯，有森嚴的壁壘、矢堡（redan）和
角樓，上頭都是我方的偉岸將士。

在城中心，一堵紅牆圍起的四方形象徵完美友誼
但只留給圍在牆內的特殊階級。

而在那裡，在中心、地下，在更超凡的位置，充滿了
宮殿、蓮花、死氣沉沉的池水、太監和

在謝閣蘭《古今碑錄》集中所有詩作裡，這首詩似乎最與他心有戚戚焉，因為詩文中捕捉的景象，就是他在北京親身經歷的許多層面的現實世界。[51] 這首詩完成後不久，謝閣蘭就開始動筆寫下他與眾不同的瑰麗小說《荷內．雷斯》（René Leÿs, 1922），放眼望去，這首〈紫禁城〉無疑是《荷內．雷斯》的靈感泉源。一九一一至一九一二年間，清朝這個中國的末代王朝，因為自身的腐敗無能再加上外國勢力不斷壓迫與侵略，而且國內革命黨人起義，層出不窮，意欲推翻滿清建立共和政體，內憂外患交相打擊之下，清朝終告滅亡；而值此鼎革之際，謝閣蘭正好就在北京。正如一九一二年之前的所有西方人，謝閣蘭眼底的中國就是皇朝的代名詞，而這份憧憬的外衣，是由壯麗山河與超越兩千年的璀璨歷史交織而成。然而如今，一旦看破這粉飾過的天下，紫禁城也失去了神秘。羅逖首先經歷了這場幻滅的過程，柯勞岱則為此唏噓不已，於今兩人都已離京，羅逖轉赴法國（及紐約），柯勞岱則調派至法蘭克福繼續外交工作。因此無論是末代王朝的分崩離析，或是新的共和國總統搭乘火車入京，解除滿洲攝政王及兒皇帝溥儀的治權，這令人震驚的一幕，如今只

---

[50] Ibid., n.p
譯註：原詩此後還有四個詩節，此處刪節號表未完。

[51] Yvonne Hsieh, *Victor Segalen's Literary Encounter with China: Chinese Moulds, Western Thoughts* (Toronto: University of Toronto Press, 1988); Marc Gontard, *Victor Segalen, une esthétique de la différence* (Paris: Éditions L'Harmattan, 1990).

剩謝閣蘭在場見證。[52]

對那些迷戀異國風情的人來說，這是個失落的時代。然而如同謝閣蘭寫給友人德布西（Achille-Claude Debussy, 1862–1918）的信中說道，他自有「看待中國的眼光」，而為了牢牢抓住這道眼光，他除了將心力投注於上述那組以「中心」為方位的碑詩，還特別求助於一位在北京遇到的比利時青年莫里斯・華（Maurice Roy, 1891–1946）[53]尋求協助。[54]莫里斯・華是駐北京郵政局長之子[55]，中文

---

(52) 譯註：關於法國作家眼中這段鼎新革故的歷史，另可參見謝瑛所著《中法：從被佔到革命》，Yvonne Ying Hsieh, *From Occupation to Revolution: China through the Eyes of Loti, Claudel, Segalen, and Malraux (1895–1933)* (Birmingham, AL: Summa Publications, 1996)。

(53) 譯註：或譯作方莫利，參見沈秀臻：〈追尋光緒，追尋自我──當法國作家遇上中國皇帝〉，《人籟論辯月刊》第一〇五期（二〇一三年一月），頁五六～六一。莫里斯・華致謝閣蘭的書信，另詳法國遣使會北堂印書館編印的 Maurice Roy, *Lettres à Victor Segalen* (Bejing: Presses des Lazaristes de Pékin, 1975)。

(54) Hsieh, pp. 157–158; Pierre-Jean Remy, "Preface", in Segalen, *Stèles*, p. 9.

(55) 譯註：原書所載國籍可能有誤。一、小說中的荷內・雷斯是「比利時」青年（un jeune Belge），為使館區的雜貨商之子（le bon fils d'un excellent épicier du quartier des Légations）：見 Victor Segalen, *René Leÿs* (Paris: Éditions Georges Crès et Cie, 1922), p. 14。二、而現實中的莫里斯・華，乃當時法國駐北京郵政局官員之子（fils du directeur de la poste française de Pékin），一八九一年一月生於巴黎，隨父於一九〇〇年十一月抵華，一九四六年九月因意外歿於上海；關於莫里斯・華生平考據，詳見 M. C. Buegge-Meunier, "Maurice Roy, l'inspirateur du René Leÿs de Victor Segalen, retrouvé" (2013)，檢索網址：http://docplayer.fr/5843022-Maurice-roy-l-inspirateur-du-

極為流利，因此有一段時間謝閣蘭聘請他為中文家教。莫里斯英俊瀟灑，多愁善感，遊走在各種文化之間，他也因此為謝閣蘭開啟了創作的靈感成為虛構人物荷內・雷斯的原型：一位口操雙語的感官主義者，雅好梨園戲曲又流連青樓酒肆，因此與擁有同樣嗜好、一幫鎮日遊手好閑的滿洲公子哥兒們，結為莫逆；因緣際會之下，出於慾念的驅使，荷內・雷斯闖進了兒皇帝寡母[56]的寢宮，意外目擊起義的經過，而且發現了暗藏於北京城之下與內部的那座真正的城市，以及其祕密生活——北京的真面目根本不是西方人自以為知的那樣。

《荷內・雷斯》的初稿，顯然是在一九一二年間創作欲爆發之下，用短短幾週時間之內寫成的——據稱，謝閣蘭和人打賭他可以得心應手掌握近期新興的某種「無情節」小說體裁——《荷內・雷斯》修訂於一九一九年，完稿之後不久，謝閣蘭便撒手人寰。想要簡單扼要講清楚這本小說，恐怕不是什麼輕而易舉的事，因為不管用什麼方式，似乎都很難不偏不倚；然而讀者卻不難從文中發現謝閣蘭及其同時代的人，試圖在中國尋找並且深刻感受到的那諸多異國情調。

在小說的核心情節裡，有一段文字直截了當指涉面向中央的石碑。這段情節發生在推翻清朝的起義爆發前兩天；當時，故事的敘述者和他的年輕友人正騎馬同行於北京城內：他們在紫禁城附近勒住馬匹，因為剛才馬蹄踏過的一批石板路面似乎有蹊蹺，似乎是中空的。侯內・雷斯於是向

---

rene-leys-de-victor-segalen-retrouve.html，檢索日期：二〇一八年一月十八日。

[56] 譯註：指隆裕皇太后（1868–1913）。

敘述者道出只有他才能解釋清楚的祕密：

北京其實不像一般人想像的那樣，街陌縱橫如棋盤，無論這局棋下得光明磊落還是偷雞摸狗，一切都在棋盤上進行。可不是這樣的！——裡面還有個地下城市，其中有完整的凸角堡、角樓，有通衢大道也有羊腸小徑，有入口通道，也面臨危險。地下城市裡的「水平井」（horizontal wells），甚至比光天化日之下飲用的水井、其他在廣大天空下開闊的江河，更令人敬畏三分……

荷內．雷斯向敘述者揭露的是一座「夢宮」（Palace of Dreams [Palais de Songes]），足以和另一座活生生但卻空洞的宮殿相互對比：

這裡的一切未知之物要比那些隱藏在二十呎宮牆內的事物，更加幽閉三倍；這裡的一切未知之物，甚至呈現出十倍的神感秘，因為在它們下面又是一道垂直的深淵——這座地底的「深蔽之城」（Profound City [Cité Profonde]）地下竟是空穴！在遼闊廣袤的京城下方，哪怕是一絲可能侵蝕深度範圍的行徑都不受歡迎……令人不安……[57]

[57] Vuctor Segalen, *René Leys*, trans. J[ames] A[mery] Underwood (Chicago: J.P. O'Hara, 1974), pp. 171–172，刪節號為原文。

在小說其他段落裡，涉及東方人與西方人可能的肉體歡愛時，謝閣蘭也比其他西方作家坦率直接，毫無遮掩。敘述者曾有一次和年邁的語言教師共赴晚宴，他暗自上下打量著主人最年輕的侍妾。隨著西方化的「現代性」（Westernized "Modernity"）概念逐漸滲入晚清宮廷，這波新思潮的關鍵部分諸如教育、科技、新聞、商業等，潛移默化地改變了傳統社會；在此之前，這種中西賓客共處一室的晚宴本是不可思議的事。在謝閣蘭對這位女士的描述裡，他毫無節制地運用刪節號，接二連三阻斷句子，使得這段描述猶如夏日的夜晚，熱情如火，讓人喘不過氣來：

她合乎時令的裝束（當時正是夏天）修長裊娜；曲線垂墜，卻柔軟旖旎；身段筆挺，但只要輕輕一動，哪怕是最微弱的呼吸，也會激起波浪蕩漾……質料雖不透光，卻透氣，讓肌膚感覺舒適涼爽……短衫是圓領款式，圓領上浮現的脖頸完全無法觀察到解剖學的底細，我的意思是這粉頸上既無暴突的青筋，也無嶙峋的瘦骨，就像一根圓潤而且會移動、會呼吸的的柱子……短衫下秀氣的雙乳，清晰可見隆起的角度。最後則是一雙玉腿，毋庸置疑只能以修長形容。事實上，我凝視的眼光不停在那雙腿上逗留，好讓我推測它們的長度……[58]

---

[58] Ibid., p. 121.

譯註：中譯參見〔法〕謝閣蘭著，梅斌譯：《勒內・萊斯》（北京：生活・讀書・新知三聯書店，一九九一）。

謝閣蘭接下來更明確思索一親芳澤的可能。

晚餐過後，夜晚才真正開始。這個夜晚將結合最美好的承諾、冒險、投機、推拒……我望向她。她因為我的某些動作笑了出來。我逗得她發笑。我逗得她開懷。我自己也竊喜，並暗自思忖：不知她是否只把肉體之愛和接下來的朝雲暮雨視為幼稚的遊戲而已（這不過是假設），或當作一種羞於啟齒的慾望、一種殷勤、社交和潮流，以及一場冒險、一個瞬間，或是習性、嫺熟的矯揉造作使然，也許是一種寒暄或獻身，或者視之為由章節和詩篇支配的繁文縟節……㊾

這段風流韻事僅止於想像，從未真正發生，但是謝閣蘭筆下這位虛構敘述者的態度已經十分明確：中國這片土地上有無窮無盡的冒險機會，尤其自義和團之亂後，西方人在特許的租界區受到法律明文保障，他們如釋重負，更可以從容不迫，從長計議他們接下來的一舉一動。起義得勝之後，清廷被迫正式放棄皇權，但是依然保有紫禁城宮殿及城內一切物品；謝閣蘭很清楚，這本小說該劃下句點了。故事的最後沒有悲慘結局，只有一個時代的結束：

㊾ Ibid., pp. 121–122.

一個如昔的冬日清晨。夜裡平靜無事。悄然無息。第一次，北京讓我深感失望：昨晚城裡居然沒有失火……

我在這個時間醒來似乎不是明智之舉，或者可以說根本是愚笨……這畢竟是歷史性的一刻。一切突然就像「乾燥的冬日天色」一般清澈明淨。我從非常非常深沉的睡眠中醒來。第一次，這不是我預期中一天該有的樣貌。北京不再是我魂牽夢縈的地方。我的鬱鬱寡歡一湧而上，包圍了整座宮殿，我甚至開始懷疑自己是否願意再次踏足此地！……

今晚或明天我就要整理行囊。

我剛剛重讀了這份手稿的第一頁，發現自己竟——這舉動是不由自主的——在幾個字下面畫了線：「**我不想再探索了……我要引遁他方……**」

並且在旁邊用完全不同的筆跡寫上：「……我再也不想知道任何事了。」[60]

在生命的最後一年裡，謝閣蘭終於把小說修改到自己滿意的地步；而如今回到法國的他，也再度投入自己鑽研中國雕刻的專書[61]那是他在詩作與小說的熱情之外，長年持續貫注精神的另一項興趣。業師沙畹不久前故去，過去自己試圖扛起的歷史重任——他感覺這如磐石的重量此刻已落在

[60] Ibid., pp. 210–211.

[61] 譯註：見 Victor Segalen, *Chine, la grande statuaire; suivi de Les origines de la statuaire de Chine* (Paris: Flammarion, 1972)。

他肩頭上。在他看來，這場起義固然使中國風雨飄搖，但這必定只是暫時的，歐洲人有責任延續中國人至關重要的價值觀——即使中國的魔力難逃消失的命運：「那個時代，傳說中的神獸、獨角獸或瑞獅有萬鈞之重；石輪板車拖著牠們前行，就在即將抵達目的地——普遍來說是王侯尊貴的陵寢——的那一刻，牠們奇蹟似地開始用力吸著風，抖動身體，然後自己跳進為牠們預留的位置。但雕塑牠們和放置牠們的人早已故去。就連我們自己，也不再生活於那個時代。」[62]

在這個日益平庸乏味的世界裡，我們剩下的就只有探索發掘的赤忱、在敲掘中鬆動的大地，以及永保對於奇觀驚嘆的感動。「狀似石塊的物件，卻承載著中國兩千年歷史的見證；隨著鶴嘴鋤每次輕敲，包覆在外的那一層土石斗篷逐漸鬆落。當歐洲人的目光**第一次**落下，那種模模糊糊的感動來自一種個人的擁有和成就；當時的感動如此強烈，即使年歲久遠之後，在文字描述之間仍然迴盪著個人冒險的震撼餘波。」[63]

謝閣蘭於一九一九年辭世，一種診斷不出病因也無法治癒的詭異怪病使他的身體日漸衰弱，死前未能將他那本中國雕刻的著作付梓。但是他緊緊擁抱的那個中國流傳了下來——那層層疊疊又多采多姿的異國風情安然存在於他撰寫的斷簡殘編之中。

---

62 Segalen, *Statuary*, p. 13.

63 Ibid., p. 20.

第 IX 章

美式異國風情？

對於商業利益的重視，
也使美國人創造出他們自己心裡的一幅中國人肖像：
在日益擴張的全球市場中，
中國人其實是極具潛力的消費族群。
中國城市裡快速成長的現代化行業
帶給部分美國人情緒上的強烈衝擊，
因為在他們的認知裡，這些並非傳統中國文化的根本價值。

儘管謝閣蘭眼底的中國如此具有美學上的強度，法國人也視中國為異國風情的典型，時至一九二〇年代初期，這樣情有獨鍾的迷戀已開始逐漸黯淡偃旗息鼓，而正是第一次世界大戰的殘酷現實部分削弱了這股風潮。大戰期間，為數超過十萬的中國勞工簽下契約來到法國，執行一些非技術性的工作，諸如從碼頭上卸下武器彈藥，清除戰場上的屍骸，把補給送上前線等等。然而這樣的經歷絲毫沒有為異國風情的發揮帶來任何貢獻——如果有，那也是增添了一分背道而馳的印象而已，因為這些中國人的到來，只不過是為了讓更多身強體健的法國人（及英國人）放下手上非軍事性的任務，投入前線與德軍激戰於煙硝彈雨之中。這批中國人目不識丁、思鄉心切、蓬頭垢面並惹人厭煩，他們呈現出的不是什麼迷人的形象。而與此同時另外一批居住在法國的中國人，則是經濟上較為寬裕的中產階級家庭子弟，他們運用各種獎助學金或勤工儉學計畫來到法國，紛紛涉足激進政治組織——其中包括共產黨——展現出一股決心獻身於社會（social seriousness-of-purpose）的姿態，正好也與傳統的中國風情大異其趣。①

中國式的情調和形象在這樣前所未有的狀況下消耗殆盡，然而竟在美國覓得了新的能量來源。在那裡，一如過去在法國的光景，中國的全貌既混辭亂又複雜，只是如今呈現出和以往不同、甚至有所衝突的內涵。縱慾與暴力的印記從中國城小說一路流傳下來，不過在二十世紀的第一個十年

① Marilyn A[vra] Levine, *The Found Generation: Chinese Communists in Europe during the Twenties*, Jackson School Publications in International Studies (Seattle: University of Washington Press, 1993).

裡——出於回應義和團之亂的恐怖經歷——一種對於中國強烈的道德責任感在美國油然而生，這在基督新教教會及其傳教部門中尤其明顯，他們挹注大量資金，襄助中國的醫療及教育設施。

一九一二年清朝覆滅使這份道德層面上承擔的義務擴展到政治層面，以致於美國強力支持中國民主制度的發展。當時仍然普遍歧視中國人，不過隨著愈來愈多中國留學生湧入美國，也逐漸反省這種情緒。對於商業利益的重視，也使美國人創造出他們自己心裡的一幅中國人肖像：在日益擴張的全球市場中，中國人其實是極具潛力的消費族群。最後，中國城市裡快速成長的現代化行業——汽車、電影院、電燈、剪髮、百貨公司、留聲機——帶給部分美國人情緒上的強烈衝擊，因為在他們的認知裡，這些並非傳統中國文化的根本價值。在一次世界大戰期間以及大戰之後，因為上述趨勢綜合在一起，中國在美國人眼裡形成了新的樣貌：對於孔教大儒們的傳統生活方式與哲學，又恢復深深的陶醉；對於早期中國藝術形式抱有懷舊之情；對於中國人淪為膚淺西方物質主義的無辜犧牲者，懷有惻隱之心；而對於中國農民，則是發自內心尊重並喜愛——他們才是大地真正的果實，也是遠古智慧的源頭。

在一九一九年上映的無聲黑白電影《殘花淚》（*Broken Blossoms, or The Yellow Man and the Girl*）裡，導演葛瑞菲（D[avid] W[ark] Griffith, 1875–1948）就結合了不少此過渡時期的異國元素，其間還有幾世紀以前的一些中國形象。在《殘花淚》上映之前的一九一五年，有三部電影才因為描繪了不同種族間的緊繃關係而招致罵名——葛瑞菲自己的《國家的誕生》（*Birth of a Nation*）、德密爾（Cecil B[lount] de Mille, 1881–1959）的《騙局》（*The Cheat*）和歐考特（Sidney Olcott, 1872–1949）的《蝴蝶夫人》（*Madame Butterfly*）。其中第一部電影處理的是黑白種族間的敵意，後兩者則與日本題材息息相關：在《騙局》中，日本男性是支配並威脅白人女性的勢力；在《蝴蝶夫人》中，瑪麗・碧克馥（Mary Pickford [Gladys Louise Smith], 1892–1979）飾演的女主角蝶君（Chochosan）則代表飽受不公待遇的日本女性。②《殘花淚》的故事原型是湯瑪士・伯克（Thomas Burke, 1866–1945）的短篇小說〈中國佬與少女〉（"The Chink and the Child," 1917），葛瑞菲依循原著，把故事背景設置在倫敦的灰窯區（Limehouse district），不過他的電影標題要比伯克的原著標題多帶了一絲感傷。③在英國，灰窯區是最類似美國中國城的地方，柯南・道爾（Conan Doyle, 1859–1930）在福爾摩斯（Sherlock Holmes）系列小說中早已帶領讀者一窺究竟。

《殘花淚》意在批判美國社會，不過葛瑞菲將故事場景設置於海外，刻意淡化這層批判的色彩。而如此一來，這部作品反而跳脫針貶時事的藩籬，他也因此有機會在放諸四海皆準的人性悲憫脈絡下，呈現故事裡中國男士對白種女士熱切的愛。這位中國主人翁成晃（Cheng Huan）是一位暗中窺探者和唯美主義者，同時也是一位受害者；他懷抱夢想從中國來到灰窯區（幾乎就像萊布尼茲想像中的中國傳教士），期盼把佛家和平及大愛的觀念傳遞給戰火蹂躪的西方；不過到頭來，

② Gina Marchetti, *Romance and the "Yellow Peril": Race, Sex, and Discursive Strategies in Hollywood Fiction* (Berkley: University of California Press, 1993), chap. 2; Vance Kepley, Jr. "Griffith's 'Broken Blossoms' and the Problem of Historical Specificity," *Quarterly Review of Film Studies* 3. 1 (1978), pp. 37–47.

③ Thomas Burke, "The Chink and the Child," in his *Limehouse Nights*, introd. Alfred Kazin (New York: Horizon Press, 1973), pp. 18–30.

他卻只能棲身於他工作的中國藝品店樓上的小房間裡，獨自承受無能為力的寂寞，當他偶爾想滿足自己的鴉片癮，只好到灰窯區骯髒污穢的客棧，找西方娼妓及其他煙客作伴。近鄰露西（Lucy）長年忍受惡毒又嗜酒的父親白特林．布諾（Battling Burrows）的恐怖虐待，成晃看在眼裡聽在耳裡，內心十分痛苦糾結。當露西的生命受到威脅時，成晃收留了她，提供她溫暖、食物及住處，但是他做的還不止這些；他從藝品店取來東方的錦衣華服為她打扮，用各種中國的奇珍異玩圍繞著她，於是露西隱約成了小妾，成晃則彷彿扮演了強奪民女的大爺。這究竟是保護還是威脅，葛瑞菲刻意讓那條界線變得曖昧不明。當白特林．布諾發現他的女兒竟然投靠一個「中國佬」，盛怒之下，他闖入成晃的住處，砸爛一切東方珍寶與擺設，強行把露西拖回家裡。在駭人的那一幕，露西活活被惡父打死，趕來的成晃舉槍射殺了布諾。最後，成晃把露西抱回他被砸得稀爛的房間裡，虔誠地安置她的的屍首，然後在她身旁了結自己的性命。

《殘花淚》除了批判西方的暴虐無道和麻木不仁，同時也禮讚中國美德；然而在這些陳舊的主題之外，這部電影也加入不少新的轉折。舉例來說，無惡不作的白特林．布諾渾身上下竟找不出一絲彌補罪孽的善心；成晃也許善解人意，但是致命的缺點是優柔寡斷，而且儘管他約束自己，色慾卻一直薰染他的內心；露西對中國一無所知，而且看來她對西方也所知甚少。至於電影中的其他角色，形象則是模糊不清。葛瑞菲不計成本，大肆宣傳《殘花淚》，貴賓席的票價更是高到令人咋舌，顯然就是希望傳達「人類普世的啟示」（universal message），讓這部電影成為普羅大眾眼中的「精緻藝術」（high art）。④不過後來的觀眾可能會覺得——套句戈德斯密曾經用過的形容——葛瑞菲推著脆弱的獨輪車在冰層上前進，車裡裝的是中國道德，腳下踩的冰層是約定俗成的生活型態；道德重量可能壓垮那厚厚的冰層。

在《殘花淚》上映前不久，艾茲拉·龐德（Ezra Pound, 1885–1972）開始創作一系列環繞中國母題的詩作，此後持續筆耕三十年未輟；儘管與《殘花淚》同樣具有嚴肅的意圖，不過龐德的詩作就沒有那分令人畏懼的不祥之氣。一九〇八年離開美國後，龐德先後定居於倫敦、巴黎、義大利拉帕羅（Rapallo）等地，成為一位真正的世界公民；他也是一群當代傑出作家的知交，或是這些作家的編輯（時常兼具兩種身分）——比方葉慈（W[illiam] B[utler] Yeats, 1865–1939）、喬伊思（James Joyce, 1882–1941）、勞倫斯（D[avid] H[erbert] Lawrence, 1885–1930）、艾略特（T[homas] S[tearns] Eliot, 1884–1965）、弗斯特（Robert Frost, 1874–1963）及海明威（Ernest M[iller] Hemingway, 1899–1961）等人；龐德同時還是一脈新興詩派的開路先鋒，這個詩派當時仍屬冷門，而且乏人問津——人稱「意象派」（Imagist）。然而他對中國文化卻興致勃勃，特別是早期儒家的哲思傳統：在唐代開花結果的中國古詩，以及成書於十一世紀且綜覽中國歷史的曠代偉構《資治通鑑》（*The Comprehensive Mirror for Aid in Government*）。

龐德從未造訪中國，儘管這段期間他自學了一些中國字，並且斷斷續續學習中國語言，但他

④ Kepley, "Broken Blossoms," pp. 42–43.

在中國文學領域的入門主要還是得益於譯本。一九一三年，辭世未久的著名東方學家及藝術史家恩尼斯·費諾羅莎（Ernest Fenollosa, 1853–1908）的遺稿輾轉交到龐德手上；這批遺稿是費諾羅莎日積月累的研究筆記與論文，這也成為龐德投身研究中國詩歌傳統的契機。雖然費諾羅莎發表的論著大多以日本藝術為主題，然而他的論文中卻包含不少有關中國詩人的注腳，諸如唐朝李白（701–762）等詩人，這正好是龐德可以繼續深入探索與使用的材料。《四書》在中國向來被視為研習儒門精義的基礎讀本，而龐德在一九一七或一九一八年間獲得法國漢學家頗節（M. G[uillaume] Pauthier, 1801–1873）翻譯的《四書》，書中的養分造就龐德日後以儒家思想為基礎的宏博之作。而龐德之所以能成就他對中國歷史的精闢論述，其原因也如出一轍——龐德閱讀了十八世紀法國耶穌會士馮秉正（Joseph de Mailla, SJ, 1669–1748）的《通鑑》（*The Comprehensive Mirror*）翻譯本，這部書以嚴謹的編年體概覽中國的政治與經濟，貫通上古至十八世紀的歷史。⑤

---

⑤ Hugh Kenner, *The Pound Era* (Berkley: University of California Press, 1971), pp. 192–222; Humphrey Carpenter, *A Serious Character: The Life of Ezra Pound* (London: Faber and Faber, 1988), pp. 270–271 and 570–571; John J. Nolde, *Blossoms from the East: The China Cantos of Ezra Pound*, Ezra Pound Scholarship Series (Orono, ME: National Poetry Foundation, University of Maine, 1983), pp. 14–17.
譯註：馮秉正為法國漢學奠基者之一，一七〇三年抵澳門，歷事康雍乾三朝，一七一〇年曾奉派繪測臺灣及附近諸島地圖。康熙在位期間，為使滿語傳世久遠，曾命精通滿漢文字的官員譯中國正史為滿文；滿文中國通史於一六九二年譯訖，康熙帝再囑馮秉正由滿文本轉譯為法文。這本中國通史並非司馬光（1019–1086）的《資治通鑑》，而是朱熹（1130–1200）改編過後的《通鑑綱目》；馮秉正的撰譯直至一七三〇年方

龐德第一本關於中國詩的小冊子出版於一九一五年，題名《華夏集》（*Cathay*）。集中所錄多為鼎鼎大名的唐朝詩人李白的詩作，龐德透過費諾羅莎遺稿中的翻譯對中文單字的理解原詩，因此譯文特別強調字面上的直譯，這樣的安排旨在保存中文原詩的吟唱結構，使得原詩的韻味得以完整轉換，而沒有介入譯者的意念。《華夏集》中的前兩首詩雖然也同樣取材自早期中國典型，卻特別帶有一種生氣勃勃的獨創性。集中第一首詩〈戍役弓箭手之歌〉（"Song of the Bowmen of Shu"）取材自《詩經》⑥，這是中國最早的詩集，據傳於西元前五世紀由孔子編纂而成。在龐德筆下，這首詩展露出一種情感奔放又充沛的活力，而這分活力使那幾年裡的謝閣蘭心蕩神馳：

我們在這裡，採收薇菜的新芽
一邊說：我們何時才能回到自己的家園？
我們在這裡是因為玁狁敵軍侵擾，

成，一七三七年寄達里昂耶穌會圖書館。三十多年後，這套法文中國史才在司鐸格魯賢（Abbé Jean Baptiste Grosier, 1743–1823）重新整理之後陸續以十二卷本在巴黎出版（1777–1785），題為《中國通史：譯自〈通鑑綱目〉的帝國編年史》（*Histoire générale de la Chine: ou, Annales de cet empire; traduites du Tong-kien-kang-mou*）。

⑥ 譯註：龐德原文取材自〈小雅·采薇〉。

我們過不上好日子都是因為這群匈奴。⑦
我們翻掘薇菜的嫩葉，
只要有人一說「回家」，其他人也滿心傷感。
感傷的心如此強烈，如飢如渴。
因為征戍不定，無人得以回鄉代為問候。⑧
我們翻掘薇菜那變老的莖葉，
我們都說：是不是十月就可以讓我們回去呢？
王朝的征役尚未休止，我們無法舒心度日。
我們的鄉愁更苦了，但至今不能回去故鄉。⑨

⑦ 譯註：《詩經》原文如下：采薇采薇，薇亦作止。曰歸曰歸，歲亦莫止。靡室靡家，玁狁之故。不遑啟居，玁狁之故。

⑧ 譯註：《詩經》原文如下：采薇采薇，薇亦柔止。曰歸曰歸，心亦憂止。憂心烈烈，載饑載渴。我戍未定，靡使歸聘。

⑨ 譯註：《詩經》原文如下：采薇采薇，薇亦剛止。曰歸曰歸，歲亦陽止。王事靡盬，不遑啟處。憂心孔疚，我行不來！

那盛開著的是什麼花？
那輛駛過的馬車屬誰家？是大將軍的戰車。
戰馬啊，就連他的戰馬都累了。牠們曾經矯健。
我們無法歇息，一個月要打三場仗。⑩
老天在上，他的戰馬已疲憊。
將軍們騎在戰馬上，士兵緊隨在後。
戰馬訓練有素，將軍們裝備象牙鑲嵌的箭
以及魚皮縫製的箭袋。
敵軍動如脫兔，我們勢必得小心應戰。⑪
回想當初出征之日，楊柳輕垂隨風搖曳，
我們在雪中歸來，
步履蹣跚，又飢又渴。

⑩ 譯註：《詩經》原文如下：彼爾維何？維常之華。彼路斯何？君子之車。戎車既駕，四牡業業。豈敢定居？一月三捷。

⑪ 譯註：《詩經》原文如下：駕彼四牡，四牡騤騤。君子所依，小人所腓。四牡翼翼，象弭魚服。豈不日戒？玁狁孔棘！

內心充滿傷悲，又有誰懂得我們的哀思？⑫

集中第二首詩〈美麗的妝扮〉（"The Beautiful Toilet"）則是截然不同的類型；此詩寫於稍晚的年代（或許在西元前二世紀左右），清楚展現龐德最哀戚的中國抒情觀：

河畔青翠，河畔芳草青翠
幽深庭院楊柳鬱鬱。
庭院深處，獨居佳人，正值花樣年華，
膚如凝脂，佳人容顏膚如凝脂，搔首踟躕，是否跨出門檻？
十指纖纖，她伸出纖細柔美的玉手，
昔日她是獻身王公顯貴的風塵女子，

⑫ Ezra Pound, Cathay: *For the Most Part from the Chinese of Rihaku, from the Notes of the Late Ernest Fenollosa, and the Decipherings of the Professors Mori and Ariga* (London: Elkin Mathews, 1915), pp. 5–6 Wai-lim Yip, *Ezra Pound's Cathay* (Princeton: Princeton University Press, 1969), pp. 107–121. 龐德在《華夏集》中意譯的唐詩，葉維廉（1937– ）在上書頁182–185中按原詩重新逐字翻譯，以資比較龐德譯本。

譯註：《詩經》原文如下：昔我往矣，楊柳依依。今我來思，雨雪霏霏。行道遲遲，載渴載饑。我心傷悲，莫知我哀！

今日委身於貪杯的夫君，
他出門買醉
只留給她萬千孤寂。⑬

一次大戰後期或戰事剛剛結束之際，龐德開始將精力投注在他宏偉的寫作計畫，那也是他窮一生之力的代表作；一部以詩篇連綴而成，描述世界歷史的詩體鉅作——《詩篇》（*The Cantos*）。儘管龐德並沒有像伏爾泰那樣，從中國開始這個大膽的嘗試，不過中國也很快在第十三詩篇（Canto XIII）就出現了，而由此詩篇也可看出龐德再現儒家學說中心思想的強烈企圖。中國人對這篇詩的開場對再也熟悉不過，那是《論語》裡著名的一個段落——《論語》是孔聖棄世後不久，由門人編纂夫子談話與言行而集成。在《詩篇》裡，龐德也以正確的中文音譯「孔」（Kung），取代西方慣用的「孔夫子」（Confucius）：

孔子走

⑬ Pound, *Cathay*, p. 7; Yip, pp. 128–138 and 187.
譯註：龐德取材自《古詩十九首・青青河畔草》，茲附原詩如下以供參照：青青河畔草，鬱鬱園中柳。／盈盈樓上女，皎皎當窗牖。／娥娥紅粉妝，纖纖出素手。／昔為娼家女，今為蕩子婦，／蕩子行不歸，空床難獨守。

過宗廟

進入山林，

來到下游的河畔，

冉求（Khieu）、公西赤（Tchi）

和曾點（Tian）同行低聲談話

「我們沒沒無聞，」孔子說，

「你們想學習御之藝嗎？

那你們就會赫赫有名，

或者我也應該學習御之藝，還是射之藝？

乃至於公眾演說之術呢？」

子路（Tseu-lou）⑭說：「我將整飭一國的防禦軍備，」

求則說：「如果我是一省的封侯

經過我整治之後，省內秩序會更勝以往。」

而赤則說：「我寧可治理一間山上的小廟，

奉行規範，

⑭ 或出於失察，龐德在詩文的五、六行間竟遺漏了子路。

儀節合乎禮法。」
而點說——他的手按在琴弦上輕撥
離開琴弦之際
　餘音仍低迴不已，
如輕煙嫋嫋而上，直入林間。
點仍顧盼琴音：
「一處古老的河灣水塘，
幾個男孩撲通跳下板架，
或坐在矮樹叢裡彈奏曼陀林。」
孔子對他們的回答一視同仁地微笑。
曾皙（Thseng-sie）⑮渴望知道：
「誰回答得最得體？」
孔子說：「他們都答得很得體，
也就是說，各自合乎本性。」⑯

---

⑮ 這裡龐德混淆了孔子的提問以及門生回答的次序，而且顯然並不了解其實曾皙就是曾點的別名。

⑯ Ezra Pound, *The Cantos* (New York: New Directions, 1995), XIII, p. 58；此段結合 *Analects*, IX: 2 and XI: 26。

這樣的一首詩儼然成為道德與政治的文獻，中國人當然也可能這麼理解。然而由於龐德在閱讀《論語》原文的段落時強行套用自己的評釋，他也完全翻轉了原有的對話結局。無論在中文原文甚或是所有精確的譯本裡，結尾都不是「孔子說：『他們都答得很得體，也就是說，各自合乎本性。』」真正的中文原文是：「夫子嘆了口氣說道：『我最欣賞點的答案。』」⑰藉由讓孔子同意每一位門生的看法，龐德筆下的孔子不再那麼強調教條，但也正因如此，這位聖人失去他最重要的一道力量——主觀評判的性格。龐德的企圖是讓儒家的訴求得到普世的接受（universalize），但他的做法反倒削弱了這份訴求。

這種扭曲原文的作法出於意識形態，而非詩學創作上的需求，在第十三詩篇的尾聲尤其深刻，因為龐德以蒙太奇式的拼貼手法，將《論語》中幾個不同段落合於一處：

> 孔子說：「王（Wang）以中道治國，
> 　在他治下國泰民安，
> 即使我仍記得
> 史家在他們著作中留下空白篇幅的時代，

譯註：典出《論語・先進》。

⑰ *Analects*, XI: 25.

以留給他們未知的事物
但那時代似乎過去了。」，
孔子說：「若沒有品德，你將
　無法在那樂器上撥弄
　或演奏適合頌歌的音樂。
杏樹的花
　隨風從東飄盪到西，
我試著阻止它們落下。」⑱

對於自己不理解或是不同意的部分略而不提，並不能滿足龐德，他反而執著於在這樣的段落裡加入自己的見解。同樣地，第十三詩篇最後三句氣勢翻騰的句子，就是龐德對於《論語》原義的靈敏詮釋；而以果樹的花朵營造騷動人心的思鄉之情渴望，使這段詩節深奧難以解讀。「杏」這個確切的用字和「由東到西」這種清晰的方向，以及所有關於中國與西方可能的跨文化推論（cross-cultural inference），都是來自龐德個人的定見。⑲

⑱ Pound, *Cantos*, XIII: 60. *Analects*, XV: 26 論空白，III: 3 論音樂，IX: 1 論花。

⑲ *Analects*, IX: 30.

龐德對於《詩篇》的遠見發展成為他對於人類共同歷史的見解時，他更下定前所未有的決心，要將中國納入世界敘事的版圖。然而，他與伏爾泰不同，他企圖以西方文明為經緯，讓中國沿著與西方平行的歷史軌跡前行，穿越時間的洪流。比方在《詩篇》第五十六篇（Canto LVI）裡，他對於歷史事件的一連串呈現，內容已經太過繁密而幾乎無法逐一詮釋。在這首詩裡，龐德對於蒙元王朝的勢力及其目的提出自己的看法，而這種全新詮釋堪與波羅及伏爾泰二人之見並列：

忽必烈前面
　與身邊該死的惡棍、妓女、後宮
朋黨，輕易言戰且無視正義。
於是忽必烈說道：宋朝的律法很美
　　不像他們的行為……
戰爭的創傷阻礙了商業。如今錢幣由黃銅製成
戰爭的獲利都上繳國庫
酒稅奇高，居民都設籍登記。
忽必烈是個滿腦子徵稅的混球
　桑哥（Sangko, ob. 1291）收受賄賂的臭名遠播

完澤（Ouantse, 1246–1303）制定法典⑳
　裁撤官署兩百五十處，這些單位除了徵稅什麼都不做。
忽必烈崩於高壽
　他很幸運擁有好的臣工，使君之府庫充盈。㉑

到了《詩篇》第六十篇，龐德的敘事已經愈來愈像是他閱覽史料後，再按照字面上的意義改寫。因此，當他寫到康熙在位期間禮儀之爭的詩節，他甚至直接點名幾位關鍵的耶穌會士，又列舉

⑳ 譯註：一、見John Hamilton Edwards and William W. Vasse, *Annotated Index to the Cantos of Ezra Pound: Cantos I–LXXXIV*, California Library Reprint Series Edition (Berkeley: University of California Press, 1957, 1971), p. 162，此人或為忽必烈朝臣某“Wan Tzŭ, *fl.* 1291”。二、尚書省右丞相桑哥改革稅制，理財變鈔（至元新鈔），儘管頗見成效，但手段與為人也不乏爭議。至元二十八年（一二九一）桑哥失勢伏誅後，忽必烈罷黜尚書省，並重組中書省，任命完澤為中書右丞相，何榮祖（c. 1221–1299）為平章政事之下右丞。事見李治安：《忽必烈傳》，歷史．中國史（新北：臺灣商務印書館，二〇一七），頁六〇四～六一〇。此處龐德或將完澤與何榮祖混為一談，因為彙編元朝第一部法律《至元新格》（一二九一）者並非完澤，而是何榮祖。見蘇天爵（1294–1352）《至元新格．序》：「故平章政事廣平何公榮祖，明習章程，號識治體，當至元二十八年，始為新格一編，請於世廟，頒行多方。」收入：《滋溪文稿．卷六》，在《景印文淵閣四庫全書》第一二一四冊（集部．別集類一五三）（臺北：臺灣商務印書館，一九八三），頁七一。

㉑ Pound, *Cantos*, LVI: 304.

主要的爭議事項，使得這些詩節幾乎可以原封不動地拿來當作萊布尼茲《中國近情》的背景㉒：

這片草原合乎康熙的心意，
他決定延期返京，
繼續在長城外獵鹿……
一六九九韃靼諸部風平浪靜

閔明我（Claudio Filippo Grimaldi, or Fillipo 1638–1712）㉓、徐日昇（Tomé Pereira, 1645–

㉒ 譯註：見本書第五章頁一五九～一六六。

㉓ 譯註：義大利耶穌會士，一六六九年抵達中國，與本書第二章起陸續出現多次的西班牙道明會士閔明我（Domingo Navarrete, 1610–1689）並非同一人。兩人同名始末如下：如本書第二章頁七二所述，康熙曆獄期間，老閔明我與其他傳教士長期被拘禁在廣東；一六六九年，為協助老閔明我脫逃離華的計畫，小閔明我「乘機欲代受拘禁，俾人數無缺，不為華官所覺，乃矯裝由兩教民率入拘禁所」，遂亦頂替其名。事見Louis Pfister, *Notices biographiques et bibliographiques sur les Jésuites de l'ancienne mission de Chine, 1552–1773*, 2 vols., Variétés sinologiques 59–60 (Shanghai: Imprimerie de la Mission Catholique, 1932–1934), 1:372；中譯取自〔法〕費賴之著，馮承鈞譯，中華教育文化基金董事會編譯委員會編輯：《在華耶穌會士列傳及書目》，二冊，中外關係史名著譯叢（北京：中華書局，一九九五），1:369。一六七一年天主教重獲自由，各神父「奉旨回堂」，小閔明我亦沿用此名，由廣州赴京協助南懷仁（Ferdinand Verbiest, 1623–1688）修改曆法。龐德詩文次行「呈交請願書」一事，另詳方豪：《中國天主教史人物傳》，三卷（香港：公理真教學會；臺中：光啟出版社，

1708）、安多（Antoine Thomas, 1644–1691）和張誠（François Gerbillon, 1654–1707）
呈交他們的請願書（placet）：

歐洲文人
曾耳聞向孔夫子致敬的中國禮儀
並以牲禮祭天等事
而且這些儀式都奠基於理性的基礎之上
如今我們乞求得知這些儀式的真義，而且特別是
某些術語的詮釋，例如物質的
天（Material Heaven）還有上帝的意義是什麼？是物質的天的統治者嗎？
孔子在陰間的靈（manes）
會接受穀物、鮮果、絲綢和香火的供奉？
　還有他會進入祭祀的牌位（cartouche）之中嗎？

歐洲教會執事之人仍納悶是否能達成共識。㉔

1967–1973；北京：中華書局，一九八八），2: 256–261。

㉔ Ibid, LX: 329–330.

由於龐德決定在墨索里尼主政時期繼續居留義大利，甚至在同盟國與法西斯對抗的黑暗時刻，挺身為墨索里尼政權發聲，導致二次世界大戰後，龐德因此被強制收押於精神病院，聲譽也一落千丈。龐德早年的見解認為中國呈現給歐洲的是一種典範，而到了龐德晚期的詩篇，有不少是在墨索里尼時期寫成，他看待中國的態度也大有轉變——中國社會的儒家價值觀，與義大利法西斯追求的社會秩序、生活的嚴苛與內部凝聚力等新價值觀正好可以和諧共處。如果不是確實堅守龐德信仰的讀者（Poundian），恐怕很難覺得這些詮釋具備詩學上的說服力，也不覺得這些詮釋在意識形態上足以令人信服。不過在一〇以及二〇年代，龐德確實廣受敬重而且影響力十分可觀：艾略特把名作《荒原》（*The Waste Land*）獻給龐德，詩首題詞便稱龐德為「高明的巧匠」（"Il miglior fabro" ["the better craftsman"]）。而在龐德《詩經》（*Book of Songs*, 1954）譯本前言中，一位傑出的中國學者[25]引用艾略特的話，也贊同龐德是「我們這個時代，中國詩的發明者」。[26]

龐德筆下的中國原以孔子為依歸，卻悄然偏往法西斯主義的方向靠攏。同時代中，與他年歲相仿的尤金．歐尼爾（Eugene O'Neill, 1888–1953）——龐德生於一八八五年，歐尼爾生於一八八八年——則先由馬可．波羅的故事汲取中國素材，再默默朝向嚴厲批判資本主義的路線前進。歐尼

---

[25] 譯註：哈佛大學比較文學學者方志彤（Achilles Chih-t'ung Fang, 1910–1995），其博士論文研究龐德的《詩篇》（*Materials for the Study of Pound's Cantos*, Ph.D. diss. 1958），也因此與龐德志同道合。

[26] Achilles Fang, Introduction, to *The Confucian Odes, the Classic Anthology Defined by Confucius*, trans. Ezra Pound, A New Direction Paperback 81 (New York: New Directions, 1954), p. xiii.

爾於一九二七年完成劇本《馬可百萬》（*Marco Millions*），此劇寫於《安娜．克莉絲蒂》（*Anna Christie*, 1920）和《榆樹下的欲望》（*Desire Under the Elms*, 1924）之後，以及《素娥怨》（*Mourning Becomes Electra*, 1931）和《送冰人來也》（*The Iceman Cometh*, 1940）之前。歐尼爾這部以波羅為主題的劇本一向不如前述其他作品受歡迎，因為對時下的讀者而言，這部劇本太過傾向於道德說教，所以幾乎難以搬演。不過關於蒙元統治下的中國舊事，這部劇作顯然提供了一種原創性的觀點，並且在當代美國社會的視野下重現早年的一些主題。

歐尼爾這部劇本發想的起點，似乎正是源自波羅《世界之描繪》中魯斯特謙羅（Rusticello）記載的幾句話：東韃靼（Levant）汗王阿魯渾（Arghun, 1258–1291）近日喪偶，馬可、其父及叔父受忽必烈汗委任，一路護送可汗賜予阿魯渾的新妃。㉗根據波羅的文本，新妃是「一位名喚闊闊真（Kukachin）的少女，容貌秀麗，風姿綽約」，芳齡十七，出身為已故皇后的族脈。此外，這三位威尼斯人照顧闊闊真以及與其隨行的侍女，如同「對待自己的掌上明珠」。而這些綺年玉貌的女士，也以父執之禮尊敬他們，甚至聽從他們的話惟謹」。而闊闊真對「這三位男士的依戀尤其深刻」，所以「她願意為自己父親做的事情，她也都心甘情願為他們去做」；於是當護送新娘的航程結束，三位威尼斯人繼續踏上自己的返鄉旅途之時，「她因為他們的離去而悲傷得泣不成聲」。㉘

㉗ 譯註：即《馬可．波羅行紀》第十七章〈尼古剌、瑪竇、馬可之求大汗放還本國〉。

㉘ Marco Polo, *Travels*, ed. Latham, pp. 42 and 45.

這幾個段落成為歐尼爾發想整齣戲劇的引子。按照這齣劇序幕的場景安排，「威尼斯的波羅兄弟以及後輩馬可．波羅三人」，早就計畫好攀附這個天上掉下來的交情，並巴望著把「一整個船隊的商品」銷售給闊闊真及其夫婿。㉙接著場景倒回至二十年前㉚，其馬可．波羅正隨父親與叔叔前往中國。一出場的馬可幼稚天真，成天顛三倒四說些色情和種族的笑話，一旦最初的羞澀褪，馬可輕易就被妓女引誘，並且持續把精神貫注於金錢以及金錢可以購得的那些財貨。波羅一家幾經跋涉，終於在第一幕第六景中踏上中國的土地；而這一幕劇本上長篇大論的舞臺指示，等於概述了歐尼爾眼底中國的過往形象。這段冗長的舞臺指示看似直接借用了早先伏爾泰改寫的《趙氏孤兒》結局——成吉思汗最後終於心服口服，承認中國的道德價值遠優於蒙古的野蠻暴虐。歐尼爾是這麼寫的：㉛

> 編制完整的中國樂隊和韃靼樂隊眾樂齊鳴，鑼鼓聲喧囂震天、尖銳的笛聲響徹雲霄，交相激盪出逐漸增強的劇烈鳴響。燈光由暗而明緩緩增強至令人炫目的光亮。緊接著就在

㉙ Eugene O'Neill, *Marco Millions, a Play* (New York: Boni Liveright, 1927), p. 16.

㉚ 譯註：第一幕第一景，二十三年前。

㉛ 譯註：中譯另參〔美〕尤金．歐尼爾著，劉海平、漆園合譯：《馬可百萬》，收入南京大學外語學院：《當代外國文學》一九八八年第二期，頁一一三～一四九；另見本書第一章頁二三～三四（註㉙）。

燈光與樂音都達到最高點的那一刻，一切突然歸於死寂。舞臺上映入眼簾的是大可汗忽必烈在大都汗八里（Cambaluc, Cathay）皇宮的正殿——那是個極為宏敞的八角形房間，以金銀裝潢巍峨的牆壁。在遠處的底牆後方，有一處深深凹陷的壁龕，如同祭祀偶像的聖壇，那是偉大可汗的御座。御座由地面升高三層臺階，每層臺階有三步之深。忽必烈身穿厚重繁複的金色皇袍，坐在御座頂層的織金座墊上。他雖然已是耳順之年，但體力各方面仍然處於顛峰，他的臉上流露著自負與尊貴的神色，表情帶著冷嘲熱諷的幽默與苛刻，但內心卻充滿悲天憫人的仁慈。他身上結合了成吉思汗後裔驍勇善戰、不屈不撓的力量，以及中國人富有人性的文化；被征服的中國人已經開始同化他們的征服者。㉜

在忽必烈謹慎的睿智之下，他一眼就看出馬可這個魯莽的小夥子個性上有「乖戾、扭曲」之處，不過忽必烈還是決定任命馬可為中國特使，並囑咐其每次回宮皆須呈報旅行見聞。㉝

第二幕的場景設置在十五年之後，此刻的馬可任職揚州知州，儘管在財政上的巧取豪奪大幅增加了稅收，然而百姓飽受壓榨，揭竿而起之勢一觸即發（忽必烈手下官員的橫徵暴斂同樣曾引起龐德注意，如同我們在《詩篇》第五十六篇所見）。聽聞馬可即將入京向忽必烈覆命，可汗手

㉜ Ibid., p. 70.

㉝ Ibid., p. 79.

下的資深大臣楚英（Chu-Yin）譏諷道：

看來這次他又要用滔滔不絕的豐功偉業來討可汗您的歡心。我們的馬可還真是個積極任事的知州。從揚州居民向可汗您乞求恩惠，呈來的請願書來看，那兒可真是最治理有方的城市了。老臣近日才和一位從城裡落荒而逃的詩人談上幾句；他說揚州過去是座有靈性的城市，而如今是座有嶄新衙門的城市。另一位從城裡逃出來的是學問廣博的有識之士，他告訴老臣，我們這位信奉基督的知州大人，不只撲滅了鼠害，還一併根除了我們的生活樂趣，好像這二者是同種的害蟲一樣！㉞

可汗回覆道：

他那些怪誕可笑的滑稽動作已經開始讓我不耐煩了。逗樂的丑角要能帶來歡笑，他的畸形還得不讓人反感。但是馬可精神上的畸形（spiritual hump）開始讓我作嘔。他沒有血肉之軀的靈魂，只有貪得無厭的脾性。我們提供他一切學習的機會，他什麼都背誦下來了，但是沒有一樣學得成。他流覽了所有事物，但卻一無所見。他渴望得到一切，卻從未

㉞ Ibid., p. 89.

真心喜愛過一樣事物。他充其量不過是個精明狡猾、詭計多端的貪心鬼。我真該把他趕回老家的豬圈爛泥裡去。[35]

但是忽必烈的孫女闊闊真卻強烈抗議，此舉無非向二人透露她已心屬馬可。

為何你們對他這麼不公平？難道他沒有把你指派給他的每件任務處理得有聲有色嗎？難道他沒有把別人沒辦成的事都辦妥了嗎？難道他沒有憑著自己的毅力和決心，在你們的公署裡一路晉升到最高階級嗎？

〔此時她的怒氣漸消——卻更加支吾其詞。〕

對於不瞭解他的人而言，他或許有些奇怪，但那完全是因為他與眾不同，他比別人厲害多了！他有靈魂！我知道他有的！[36]

忽必烈怒氣衝天，呵斥闊闊真退下，命令她即刻準備啟航前往波斯，下嫁當地可汗；接著他詢問楚英這樣的愛苗如何滋長而來，畢竟波羅和闊闊真每隔一、兩年才能說上幾句話，而且每次的

[35] Ibid., p. 90.

[36] Ibid., pp. 90–91.

交談也很短暫。楚英的回答乾淨俐落，顛覆了一般人對於異國風情的刻板印象：把他們隔離開來「是不智之舉，因為這麼一來，他永遠都是她陌生又神秘的夢幻騎士，來自遙遠的西方異土；他永遠都是她的不解之謎，身上總帶著幾分討人喜歡的男子氣概」。㊲波羅這位成功進取的官僚此刻穿過苑囿就要進入殿內，楚英於是憑窗向下觀察波羅的一舉一動，再滔滔不絕向忽必烈轉述。而楚英的描述概括了歐尼爾對於中國文化脈絡中不敢恭維的某些日常舉止——所有形式粗魯的熱心支持（boosterism）和漫不經心、虛情假意的熱烈歡迎：

> 他在知州的官服外面，還套著祕密兄弟會「孔教神武會」（Mystic Knights of Confucius）的神雞（Cock of Paradise）徽飾外袍呢！連軍樂隊的上都（Xanadu）分隊都跟著他自己的軍樂隊一塊兒來了！他騎著一匹膘肥的白馬。然後他跨下馬背，就緊挨著您皇宮的臺階！他拍了拍一名禁衛的背，問他怎麼稱呼！他輕輕逗弄一名嬰兒的下巴，然後問孩子母親這嬰兒的名字。雖然那是名女嬰，這位母親卻謊稱小孩名叫「馬可」。他微微一笑。這下他大聲說著話，以便讓每個人都聽得見。他送給這嬰兒壹元，說算是給她的帳戶存下第一筆錢，又鼓勵她日後要節儉。女嬰的母親大失所望，不過四周群眾倒是喝采叫好。他發現一位藝術家正在為他素描，於是擠出笑容掛在臉上。他與一位曾經參與鑾子

㊲ Ibid., p. 92.

（Manzi）[38]戰役的獨腳老兵握手並詢問其姓名。老兵深受感動，眼眶裡浸滿淚水。老兵報上姓名——但是波羅才一轉身向群眾說話，就把這名字忘得一乾二淨。他揮手示意，要求群眾肅靜。樂隊也停止演奏。這隻手上他戴了五枚巨大的玉戒指。另一隻手則放在——同時輕拍著——一只青銅製龍頭，那是古代「陽」（Yang）的象徵，也就是宇宙中的「雄性」之道。[39]

這齣戲突然不可思議地偏離歷史，馬可．波羅成為紙幣的發明者，叔叔馬斐歐則研發出以火藥為動力的大砲，而馬可的家族還引入運送並裝卸貨物的作業線系統。就在馬可指揮的船艦前往波斯的長途航程中，闊闊真對他愛慕之意濃烈至熱戀，然而渾然不覺的馬可，只一心一意專注在他的工作和錢財。

《馬可百萬》的結局是悲劇與荒謬交集。正當闊闊真為了愛情變得憔悴時，馬可已經回到威尼斯；他一如以往粗俗，而且貪財好利，娶了他二十年前棄之於不顧的青梅竹馬為妻——如今的朵娜塔（Donata）身形臃腫，已步入中年[40]。在成群貪得無厭又滿懷妒忌的親戚與食客之中，馬可與朵

---

[38] 譯註：蒙古人對於當時南宋管轄區域的稱謂，參見《行紀》第一三八章〈大汗之侵略蠻子地域〉。

[39] Ibid., pp. 92–93.

[40] 譯註：見本書第一章頁三四（註[29]）。

娜塔完婚了，這一幕不知不覺呼應了闊闊真向波羅泣訴的苦澀告別辭：「狼吞虎嚥吧！吃得呼嚕作響！再打個滾給大夥兒樂樂！」（Guzzle! Grunt! Wallow for our amusement!）㊶當忽必烈的朝臣建議他應該派軍征服歐洲，將其納入龐大的帝國版圖時，他厭煩地回答：「我的疆土已經太龐大了。為什麼你會想征服西方呢？那肯定是塊悽慘的土地，精神匱乏，物產貧瘠短。跟這種貪婪、虛偽的地方打交道，只會讓我們原有的一切蕩然無存。征服者首先從被征服者那裡學到的，永遠是他們所有的缺點。還是讓西方自己吞噬自己吧。」㊷

歐尼爾此劇的尾聲是個不尋常的轉折㊸。當布幕落下、燈光亮起的那一刻，他的舞臺指示裡安排了一名男子從臺前平面區的前排座位上站起來，打了個呵欠，伸了伸懶腰，隨後戴上帽子，逕自朝向出口走去。他的裝束是十三世紀威尼斯人的式樣，因此透露他就是馬可．波羅本人，而且「看來昏昏欲睡」，歐尼爾的舞臺指示這麼寫下去：

㊶ 譯註：第二幕結束前，闊闊真安然抵達波斯，對馬可的唯利是圖與薄倖深感痛心，極度的絕望轉化為刻薄的憤怒，於是她向夫婿合贊（Ghazan, 1271–1304）汗要了一箱賞金，大把大把撒向跪在地上的波羅父子三人，歇斯底里地喊出這句話。

㊷ Ibid., pp. 111, 145, and 152.

㊸ 譯註：第三幕結束後的收場白（Epilogue）。

……他稍微有點困惑，儘管有一度，他確實無法控制自己隨著剛結束的劇情而心情起伏，但他並沒有絲毫惱怒。他似乎並未察覺自己與眾不同，沒有半點忸怩，走在人群之中，完全就像人群中的一分子。走到大廳，剛剛在舞臺上搬演的那些令人心神不寧的回憶漸漸褪去，淡淡的陰霾從他臉上一掃而空。噪音和街燈立刻使他恢復本色。他不耐煩地等著車子，東張西望，把目光投向周圍人群的一張張臉孔；他的眼裡透露客觀且不帶情感的思索，舉止冷漠並帶著一分尊嚴，那股神情來自於他深知自己在世界上的定位。他的豪華禮車停駛在人行道旁，他俐落地鑽了進去，車門砰然關上。禮車徐徐沒入車潮，在全然舒適的狀態下，**馬可・波羅**滿足地輕嘆一聲，重新開始自己的生活。㊹

葛瑞菲、龐德及歐尼爾藉由強調他們選擇的中式異國風情元素，各自尋覓出一種美國式的路線，修正他們視野中的中國文化，藉以適應當代美國在政治與經濟上長久以來對中國先入為主的觀念。而賽珍珠（Pearl Buck, née Sydenstricker, 1892–1973）卻另有創見；在她的視野裡，對西方而言最強烈的異國風情，其實暗藏於中國大地上最庸碌而且最不受西方關注的居民身上——那些多不勝數的中國農民和他們的家人。賽珍珠生於一八九二年，因為出生在傳教士家庭，長年都在長江中

㊹ Ibid., p. 182.

游的安徽省生活與工作㊺，所以相較於之前幾乎所有的美國觀察家，她在中國居住的時間最長，對於中國這塊土地及其人民工作的規律，也自然知之最深。她在中國奶媽的照料之下，與中國學童和玩伴們一起長大，也因此深諳中文。一九三一年發行的《大地》（*The Good Earth*）是她最受歡迎的小說，全書完成於她居住中國期間；這本小說除了從她年輕時的記憶取材之外，還涵蓋了她在一九二〇年代末期國民革命軍北伐戰事中的個人經歷、她不愉快的婚姻，以及她得知獨生女嚴重智能不足並且無法醫治之後的傷痛——基於醫學上的考量，她終生未再生育。㊻

《大地》的故事性極強，文字直白流暢，題旨不解自明，這或許正是這本小說在三〇年代初期銷售超過一百萬冊的原因（隨後的電影版本更吸引了超過二千萬的觀眾）。賽珍珠自鳴得意地引用很長一段的普魯斯特（Marcel Proust, 1871–1922）的文字作為書前題詞㊼，有了普魯斯特的加持，

㊺ 譯註：此處有誤。賽珍珠的父親為美南長老會傳教士賽兆祥（Absalom Sydenstricker, PCUS, 1852–1931），一八八〇年來華，傳播福音的足跡先後遍及江蘇省蘇州、淮安、鎮江、徐州、南京等地，是美南長老會江北教區的奠基者。賽珍珠幼年時期隨父母定居鎮江，一九一〇年赴美求學，取得學位後再次返回中國，一九一七年結婚後才隨夫婿定居安徽北部的宿州。

㊻ Peter Conn, *Pearl S. Buck: A Cultural Biography* (Cambridge: Cambridge University Press, 1996).

㊼ 譯註：賽珍珠取自《追憶似水年華》（*In Search of Lost Time* [*À la recherche du temps perdu*, 1913–1927]）第一卷：《在斯萬家那邊》（*The Swann's Way* [*Du côté de chez Swann*, 1913]）第二章：〈斯萬之戀〉（"Swann in Love" ["Un amour de Swann"]）的一段話。

偶然拾起《大地》的讀者，也會因此認為賽珍珠的自抬身價並非名不符實；賽珍珠在《大地》第一段就開門見山，用直接而不矯飾的簡潔筆法，切入這個動人的故事：

> 今天是王龍（Wang Lung）的大喜之日。床榻周圍罩著布幔，黑暗之中他睜開雙眼，一開始還沒想通為什麼今天這個晨曦似乎跟往常不大一樣。屋子裡一片死寂，只聽見他的老父親上氣不接下氣的微弱咳嗽聲。老父親的房間在中堂的另一頭，正對著他的房間。每天清晨他聽到的第一個聲音，就是老人家的咳嗽聲。聽到咳嗽聲的時候，王龍通常還是賴在床上，直到咳嗽聲離他愈來愈近，接著父親房門上的木頭鉸鏈嘎吱作響，然後他才起床。
>
> 但是今天清晨他可沒閒功夫等。他一躍而起，把布幔拉到一邊。這是個幽幽暗暗透著般紅的黎明，破破爛爛的窗紙被風吹得啪噠啪噠響，透過窗眼，隱隱約約浮著青銅色的天際，微微泛著曙光。㊽

王龍必須到附近鎮上的「大宅」裡接回他的新媳婦，她是那宅門裡簽了賣身契的家奴。這趟

㊽ Pearl S[ydenstricker] Buck, *The Good Earth*, introd. and ed. Peter Conn, WSP Enriched Classics (New York: Washington Square Press, 1994), pp. 1–2.

短短的行程——對他而言——就像造訪異域，一如意料之中，他飽受羞辱與欺詐，不過他終究得到他的女人，帶她回家，佔有了她：

「我的女人就在那裡。這事兒辦得成了。」

他硬著頭皮開始脫自己的衣服。至於那個女人，則躡手躡腳爬到布幔一角，默不作聲開始鋪床。王龍生硬地說：

「一會兒妳躺下的時候，先把燈給熄了。」

然後他躺上了床，把厚棉被拉上肩頭，假裝睡覺。其實他沒有睡著，他躺著哆嗦不止，身上每一根神經都是清醒的。過了好一陣子，當房間暗了下來，那女人慢慢、悄悄地在他身邊輕手輕腳地挪動，一陣得意的狂喜填滿了他，似乎就要衝破他的身體。他朝著那一片漆黑啞笑一聲，把她攫進懷裡。㊾

婚後王龍和妻子阿蘭（O-lan）努力幹活，養家活口；農忙、收成、生兒育女，然後繼續這樣的生命節奏，而對於他們這個階段生活的描述，正是賽珍珠全書裡最感人也最震撼人心的部分。然而如果這個故事不想落於俗套，那麼賽珍珠顯然必須狠心切斷這樣按部就班的恬靜生活。為了做到

㊾ Ibid., p. 24.

這點，她先安排了一場嚴重的旱災侵襲他們的田地，王龍淪為乞丐，舉家流落到附近的城鎮謀生。王龍最後成了黃包車夫，直到賽珍珠把一場內戰的動亂精心安排成雙重且同樣難以置信的巧合：王龍和阿蘭在這意想不到的一刻裡，居然分別在一幢遭災民洗劫的富貴人家宅邸，將別人暗藏於牆壁中的財寶據為己有——王龍拿走了儲藏的金子，阿蘭則是取走一包珠寶㊿。有了金子，王龍得以買回失去的農地，並且擴張自己的財產，最後還買下阿蘭曾經為奴的那座大宅。

然而阿蘭找到的這批珠寶卻成為家道中落的罪魁禍首。由於這筆意外之財，王龍用金錢買來一名情婦[51]而且從她身上得到無法言喻的歡愉，漸漸沉淪於耽溺性愛卻又無法自拔的生活。由於這段情節，賽珍珠得以一頭栽進那個讀者早就拭目以待的國度——那個東方淫蕩與縱慾的想像國度：

> 接著她舉起那隻彎彎的小手搭上他的肩頭，慢慢沿著胳膊向下滑動。非常慢。雖然他從未感受任何事物如同她的碰觸那樣輕盈、柔軟，但若非他親眼看見，他不會察覺有隻手正滑過他的胳膊，但他確實看見那隻小手，而且盯著那隻小手順著他的胳膊往下滑。那感

㊿ 譯註：此處有誤。阿蘭發現牆上一塊鬆動的磚頭，趁著四下無人，移開磚頭後取走其中暗藏的珠寶，見《大地》第十六章開頭。但王龍的金子並非覓自牆內夾層，而是趁機要脅富人性命而得，見《大地》第十四章末尾。

[51] 譯註：茶館姑娘荷花（Lotus），後來成為王龍的姨太太。

覺像是小手後頭跟著一團火焰，燒進袖子下的臂膀，鑽進臂膀裡的筋肉。他盯著那隻小手滑到袖口，一剎那技巧嫺熟的遲疑之後，才落上他光溜溜的手腕，跌進他那隻粗黑、鬆軟的手掌心上。他竟開始顫抖，不知如何應付這一切。

接著他聽到一聲倩笑，那麼輕巧伶俐，那清脆的聲音就像寶塔上隨風搖蕩的銀鈴。一個就像剛剛那聲倩笑一樣小巧的聲音說道：

「唉，您怎麼什麼都不懂啊，大爺？還是我們就整晚坐在這兒讓您盯著我看就行了？」

聽她這麼一說，王龍抓起那隻小手，捧在自己兩手之間；他小心翼翼，因為那小手就像一片脆弱的枯葉，又熱又乾。他帶著哀求的語氣跟她說話，連他也不明白自己說了些什麼：

「我什麼都不懂——教我吧！」

於是她教了他。[52]

在小說的尾聲——阿蘭早已不在人世，王龍與情婦的激情也只是消逝的回憶——此時王龍像是精神恍惚的鴉片鬼，只有一位小侍妾的出現讓他覺得窩心[53]。而他的兒子們正盤算著，想要瞞著老

---

[52] Ibid., p. 182.

[53] 譯註：梨花（Pear Blossom），王龍最後的情慾與情感寄託。

父，變賣他刻苦耐勞又費盡周折才得來的土地：

> 老人任憑稀落的淚水滴在臉頰上乾去，留下兩道鹹鹹的淚痕。他屈身抓起一把泥土，牢牢攥在手心裡，喃喃說道：
>
> 「地要是賣了，那可就完了。」
>
> 兩個兒子一左一右攙著他，扶著他的手臂，他手裡則緊緊握著那把暖暖鬆鬆的泥土。大兒子和二兒子一遍又一遍哄著他：
>
> 「放寬心吧，爹，放寬心吧。地不會賣的。」
>
> 但是他們的目光越過老人頭頂，相視會心一笑。[54]

《大地》的轟動並沒有讓其他美國人就此停止追尋真正的中式異國風情。在一九三五年出版的超現實小說《勞博士的馬戲團》（*The Circus of Dr. Lao*），查爾斯・芬尼（Charles G[randison] Finney, 1905–1984）便占了上風，從尚未有人嘗試過的角度制高點，發揮「永恆不變的東方智慧」（timeless Oriental wisdom）的構想：《勞博士的馬戲團》帶給美國希臘羅馬的神話世界，在中國人的監製之下，重現於世人眼前。

---

[54] Ibid., p. 360.

馬戲團在報上刊登的廣告「占了八個欄位，二十一吋高」——歐尼爾筆下的波羅可能就會這麼安排——使讀者警覺其商業化的程度，而廣告文案中複雜難懂的演出保證，更將讀者的想像力推展到極限。然而那位親赴報社，要在「八月三日阿巴隆早報（*Abalone Morning Tribune*）」[55]刊登廣告的「中國小老頭」，付了現金之後，既沒有留下姓名，也沒有任何線索足以揭露他的身分，甚至連他們演出的名稱都不得而知。只有幾名自告奮勇的人，像是校對員伊陶英先生（Mr. Etaoin），或是高中英文老師艾格妮・波桑小姐（Miss Agnes Birdsong），才沒有把這一切未知數放在眼裡，大膽前往「烈陽下灰塵漫天的劇場」一探究竟，並有幸見到那面紅黑配色的大旗幟，聲明謎底就是「勞博士的馬戲團」。[56]

勞博士這位馬戲團哲學家也像個叫販，芬尼筆下引薦他的亮相，堪稱西方歷史上所有描繪中國形象的文字中，最怪誕詭奇，也最多采多姿的一個段落：雖然這段出場詩自有其拼湊而成的押韻體式，但其間所累積的形象，還是一點一滴透露幾個世紀以來——西方人對中國風的念念不忘以及刻板印象：

> 熱浪烤得皮膚焦灼。塵土瀰漫，熏得眼睛睜不開。聲波震得耳膜欲裂。鑼聲鏗鏘，噹

---

[55] 譯註：阿巴隆為小說中虛構的城市，位於亞利桑那州。

[56] Charles G[randison] Finney, *The Circus of Dr. Lao* (New York: Viking Press, 1935), pp. 13 and 39.

噹響著；其中一頂帳篷敞開，推出來了一座舞臺，一位中國佬輕快躍上舞臺，鑼聲乍歇之際，此人開始朝著群眾高談闊論；勞博士的馬戲團就此開演了：

「這是勞博士的馬戲團。
我們秀給你們看的，都是你們根本不知道的事。
我們說給你們聽的，都是你們永遠到不了的地方。
我們滿世界尋蹤覓跡
為這場不可思議的表演活捉珍禽異獸
從狂風怒號的高山
到甜美和風輕拂的群島。
噢，我們不畏艱苦也不計代價；
我們發掘塵封久遠的祕密；
我們上窮碧落下黃泉，
因為我們只想讓這場演出他媽的讚。
你們即將看到的表演將會長存腦海，散發光采
穿越時光流年，直到冬日的皓雪
冰凍了夏日的花花裙襬。
因為這是勞博士的馬戲團。

「青春會來歲月會走；
但像這樣的表演再也不可得！」

這位個頭矮小、膚色蠟黃、滿臉皺紋還跳著舞的人，在舞臺上從這頭跳到那頭，口裡單調地唱唸著跟不上拍子的揚抑抑格（dactyls）和抑揚格（iambics）音步；黑色、紅色、白色人種摻雜的群眾盯著他看，驚嘆於他那忘我的境界。[57]

觀眾們最後發現他確實有理由渾然忘我，因為正如廣告文案裡的演出保證，世界上神話故事裡的生物都還活著——即使古怪——還好端端出現在他們眼前，而且世界末日就要來臨了。

芬尼的中國狂想小說，把我們從大蕭條時代的美國，拉進危險的怪誕空想之中，除了十九世紀晚期一些末日啟示（apocalyptic）的「黃禍」（yellow peril）書籍，其實這樣的幻想主題過去並不常見；這些作品使讀者膽戰心驚，以為美國文明可能會被大批中國移民淹沒，或者被中國人帶來的疾病消滅。這種精心安排的毀滅實際上是一種文類的變體，替過去以蒙古人的南征北討為框架、充滿殺戮與死亡的長篇傳奇（saga），換上新的文學外衣。蒙古人的驍勇善戰和強勢兵力的顯著形象，曾經使他們短暫地打造一個連結黑海與太平洋的龐大帝國，一統中亞，這段殘酷的歷史記憶長年以來在西方的集體意識中延續。約翰·史坦貝克（John Ernst Steinbeck, 1902–1968）一九三九

[57] Ibid., pp. 40–41。

年發表的短篇小說〈強尼・貝爾〉（"Johnny Bear"），也是這種負面印象的另一種變體；對於中國人可能為西方文明帶來的毀滅，史坦貝克有他自己的詮解。[58]

儘管史坦貝克敘說的故事乍看之下規模僅限於親暱的私人領域——一個女人離開人世，一個男人黯然神傷，這一切都發生在加州小鎮勒馬（Loma）——但是相較於芬尼或是賽珍珠的小說，他筆下涵蓋的道德範疇顯然更加寬廣。因為僅由一個中國男人——他始終沒有在故事中正面現身——就可以將勒馬鎮社群自己建立的道德價值徹底毀滅。小說技巧性地留到結尾最後幾行才表明，當愛情和語言的才能從中國傳遞到西方時，如何可以招致誘惑與毀滅。因為直到故事的最後一刻我們才瞭解，原來鎮上最受大家喜愛的女人艾美小姐（Miss Amy）一直都和一位從未在故事中現身的中國牧場工人，有著無法公開的親密關係。這位中國情人向來只是一閃而過，就算真的被人瞥見，那也不過是迷霧中的一縷模糊身影；就算真的被人聽見他的行蹤，充其量也只有涼鞋在地上拖沓的聲音，說不清是否是說不清他發出來的輕聲嗚咽，又或者只是一連串單調扁平的字串，溫柔而深情地說著一遍又一遍。

史坦貝克的非凡成就在於他在美國鄉村的中心，安置了一處中國城，他在那裡創造了一個世界；在這個世界裡，任何人都不能再開誠布公大聲說愛——儘管愛情自己掙扎著要在種族與經濟的

---

[58] John Steinbeck, "Johnny Bear," *The Long Valley* (New York: Viking Press, 1938), n. p. 譯註：中譯參見〔美〕斯坦恩培克著，胡仲持譯：《約翰熊的耳朵》，英漢對照文藝叢刊三（桂林：文苑出版社，一九四四）。

藩籬之間蔓延下去——除了勒馬鎮上的傻子強尼·貝爾，任誰都再也無法大聲說愛了。強尼·貝爾唯一具備的天賦是一種近似於人類的能力，也就是模仿。而模仿，當然無法帶來任何貢獻，更毫無創造可言。把中國帶回美國人的老家，期間歷經一連串的實驗：實驗的起點是淘金熱時期美國遠西的採礦營地，而實驗的終點，則是這位大蕭條時期最嚴謹的時代紀錄者——史坦貝克眼中所見的那片蒼涼人性。

第 X 章

激進眼光

這座城市革命的時機已經成熟：
儘管保守派的砲艇在河面上巡弋，
「裝甲列車也在鐵軌上待命」，
瀋陽工廠裡不滿的情緒卻仍不斷高漲……
富商們也願意和工人共組聯合陣線，
對抗令人憎惡的外國帝國主義者；
失業群眾也發起了絕食暴動。

一九二〇年代中後期，許多觀察家對中國的看法產生決定性的衍變。此前大多數情境下，西人方寸之間映現的那個中國，與時間的聯繫可謂漫漶迷茫。與幅員萬里的土地相應的，是橫亙千年且深不可測的過去，即便言及確切的歷史要角及故實，也只是置之於最籠統的時序架構中。伏爾泰和歐尼爾皆認為只要有約略設想出的「蒙古」時期作為背景即可。品篤筆下的明朝讀來總似朦朧之中的虛構奇想，但對於培雷拉、克魯茲和利瑪竇來說，他們似乎可以全然置身於當代政局之外。閔明我[1]和狄福則一如安森與馬戛爾尼的論調，以泛泛之詞草草帶過滿州入侵的史實，然而細節對他們來說毫無重要性可言。在十九世紀的西方旅人與傳教士眼裡，太平天國的起義分子與義和團的拳民只不過代表了威脅與死亡的先聲，但鮮少有人靜下心來細細思量他們的滿腔怒火究竟從何而來。在賽珍珠的小說裡，王龍家裡的人曾隱約提到「咱們北邊打仗了」，或者「現在打到南邊去了，一天一天朝這兒逼近」，但無論是戰爭的各路陣營或者戰事的導火線，都跟她的故事無關。在許多革命黨人眼中，那條長長的髮辮象徵滿人統治之下最屈辱的奴役身分，但王龍剪去髮辮卻是為了討好他深深著迷的一名歌妓，而非出於政治信仰或屈服於脅迫。雖然謝閣蘭把《荷內．雷斯》的故事背景約略安排在一九一一年推翻滿清的那場革命前夕，但書中卻未有隻字片語闡明辛亥革命的來龍去脈，謝閣蘭只是利用革命作為一種最別出心裁的方式，使小說情節中的感官成分愈發濃烈。

時至二〇年代末期，深受俄國布爾什維克革命吸引的觀察家終於開始把中國置於世界革命的脈

---

[1] 譯註：指本書第二章的西班牙道明會士閔明我。

絡之中，並以不同於以往的精確態度，探索中國內部發生激變的驅力。因此，無論是一九二一年中國共產黨建黨，乃至於一九二七年蔣介石（1887–1975）領導的國民黨勢力大舉肅清共產黨員，以及隨後共產黨員在中國偏鄉最遼遠地域近乎奇蹟般的存活，都使觀察家對中國的左翼勢力萌發新的評價。

一九三三年，馬勒侯（André-Georges Malraux, 1901–1976）發表了新書《凡人命運》（*Man's Fate*, 1934 [*La condition humaine*, 1933]）②，幾乎可以肯定地說，在以這些動盪時局之下的八方風雨為題材，並成功引起廣大通俗讀者注意力這方面，馬勒侯是首位締造此一佳績的西方作家。乍看之下，馬勒侯似乎不太可能是以這種新近殘酷政治為題材的寫實作家，畢竟在他最早一部有關中國的作品裡，他看來完全就沉浸在羅逖、柯勞岱與謝閣蘭筆下呈現的世界——那個充滿中國式異國風情的世界。比方在一九二六年出版的《西方的誘惑》（*The Temptation of the West*, 1926 [*La Tentation de l'Occident*, 1926]）裡，二十五歲的馬勒侯用這些詞彙描述中國：

> 每年春天，紫蕊的韃靼白玫瑰開遍蒙古人的乾草原。往來的商隊從那裡經過：長途跋涉又蓬頭垢面的商旅牽引著頎峻、毛髮蓬亂的駱駝，駝背上重重馱滿了圓鼓鼓的包裹，商隊一旦駐足，這些包裹就會像石榴一樣爆裂開來。於是這個雪國裡引人入勝的一切珍

---

② 譯註：中譯參見〔法〕馬爾羅著，丁世中譯：《人的境遇》（北京：人民文學出版社，二〇〇九）。小說以中國國民黨清黨第一階段的「四一二事件」為背景，以「日」為單位，描述一九二七年三月二十一日深夜至次日間一場發生於上海的刺蔣行動。馬勒侯也以《凡人命運》一書榮獲一九三三年龔古爾文學獎。

奇——色澤猶如澄空或者凍溪的寶石，光彩如同晶冰折射的瓊玉，灰鳥的皎白羽毛，色如霜雪的皮毛，鑲嵌銀砂的土耳其玉——源源不絕傾瀉而出，全數被商旅敏捷的十指一網打盡……③

在此書前幾頁，穿插於馬勒侯文字間的其他中國形象還包括：那是一片「鴉片與迷夢」的大地，滿布「頹老的幽魂」，還有「被野蠻的弩箭射穿狠狠釘在城牆上的皇后」；讀者很可能以為這些中國形象的運用對於馬勒侯來說應該已經足夠。儘管《西方的誘惑》中充滿類似的元素，但書中卻也可見馬勒侯展現他對於中國的新興關懷，亦即中國在知識層面與社會層面的各種失衡。就結構而言，《西方的誘惑》為書信體小說，故事的發展圍繞在兩位主角的魚雁往返，其一是至中國旅遊的法國青年，僅知其名為「亞迪」（A.D.），另一位則是首度赴法的中國青年「凌某」（Ling）。《西方的誘惑》在本質上毫無情節可言，較之相較於戈德斯密的書信體小說《世界公民》有過之而無不及，不過讀者不久就會發現，真正推動故事發展的驅力，其實是亞迪與凌某對各自以及彼此社會的批判。

隨著小說情節進展，政治的關聯亦愈加昭然可辨。其間的關鍵發生在亞迪抵達中國之後，因

③ André Malraux, *The Temptation of the West*, trans. and introd. Robert Hollander (Chicago: University of Chicago Press, 1992), pp. 4–6.

緣際會之下捲入一場與中國耆老王樓（Wang-Loh）的對話；這位王樓不僅是大儒，過去更是政治領袖。新時代的輪廓已逐漸成形，他們在上海浦江飯店（Astor Hotel）的會晤因此頗為應時；王樓不久就向亞迪坦露心跡，他不只瞧不起中國的新青年——「那些陶醉在大學教育無稽之談裡的蠢材」，更鄙視當今政府裡主事的「滿手血腥的跳樑小丑」。不過王樓最感到悲痛和憤慨的，則是眼下的世界「儒家道統已然崩壞……我們的精神漸趨**空洞**」。歐洲對中國唯一的貢獻，就是「讓他們理解所有思想中最沒有意義的那一面」。④

黯然思量亞迪捎來、詳載這段晤談的信件後，凌某從巴黎回覆，謂他不得不同意亞迪的分析。然而王樓的評論卻刺激凌某更審慎看待廣東的孫逸仙（1866–1925）革命政府，以及日益擴張的全球文化對於中國的影響。凌某回信給他的朋友寫道：

> 華中與華南諸省已經完全依附於廣東那個怪異的政府。那個政府籌製政治宣傳影片的同時，卻一面抑制英國思潮，一面尊崇古聖先賢；我們快馬加鞭從西方得到的，只不過是生活方式的表象罷了。電影、電力、鏡子、留聲機，就像新品種的寵物誘惑著我們。對於大城市的人而言，歐洲永遠只是一個機械化的仙境。⑤

---

④ Ibid., pp. 101–104.

⑤ Ibid., pp. 109–110.

這樣的看法不禁使凌某聯想到可能的末世天啟：

> 數百萬苦難同胞們感受到的是不公不義，而非公平正義；是顛沛流離，而非安居樂業。同胞們憎惡自己的領袖，也因此理解原來這才是國民的共通之處。我帶著幾許好奇心，期待是否真的會有那個人降臨：他來到我們中間登高一呼，說他要求的是報應而不是公義。[6]國家的力量一旦能建立在道德倫理的基礎上，國家的力量必能大大增強。那麼那些單單因為仇恨之名就甘冒死亡風險的人們，又會採取什麼樣的行動呢？一個新的中國正在化育之中，那將是連我們也不能理解的國家。深重的集體情緒過去曾經數度劇烈撼動她，這次也會因此再掀波瀾嗎？深沉的毀滅之聲遠比先知的頌禱更加鏗鏘激越，如今就連亞洲至為悠遠的回響之中亦得聞此聲……[7]

一九二六與一九二七年間，凌某揆情度理之間的暗示，開始在真實生活中粉墨登場。孫逸仙曾經為發展初期的中國共產黨與他領導的中國國民黨打造聯合陣線，一九二五年撒手人寰之後，他在國民黨內的領導地位由門徒蔣介石繼任——但黨內各派流竄不滿的異議自是不在話下。一九二六

---

⑥ 譯註：參見《舊約．以賽亞書》35: 4。

⑦ Ibid., pp. 112–113.

年底，蔣介石率領結合各地區勢力的國民革命軍北伐，成功掃蕩北洋軍閥勢力，使中國重新歸於一統。此際，在蔣介石政治勢力範圍之中受共產黨支配的派系分子，結合來自蘇聯的共產國際顧問⑧，於長江沿岸的漢口建立了政府根據地⑨，致使蔣介石將注意力集中於上海，意欲奪之，而與其分庭抗禮。一九二七年四月十二日，在一次不動聲色發動的血腥政變中，蔣介石的部隊協同當地祕密社團與幫派組織——並在控制上海租借地的外國勢力默許下——一舉擊潰共產黨與工會組織的勢力。

在一九三三年的小說《凡人命運》中，馬勒侯開始詳盡探究這些事件在精神層面的意義以及道德層面的衝擊。儘管馬勒侯從未造訪中國，但他確實在東南亞落腳一段時間——在二〇年代稍早，他甚至曾因盜賣高棉古物遭法國當局逮捕，他也曾和越南的國家主義者與激進團體共事。因此他輕而易舉便能樹立一層印象，讓讀者以為他同樣曾經親身涉入中國劇烈的革命動盪；他傳達這層印象的手法頗見高明，乃至於幾十年後讀者才恍然大悟，原來在那段非同小可的時局裡，馬勒侯壓根就不在中國。《凡人命運》的故事主軸是一九二七年蔣介石肅清上海共產黨組織的行動——馬勒侯稍早著有一本篇幅較短的小說，故事處理的則是這場革命在廣東的初期階段⑩——此際，中國內

⑧ 譯註：如廣州國民政府時期的政治顧問鮑羅廷（Mikhail Markovich Borodin [Михаи́л Ма́ркович Бороди́н], 1884–1951）等人。

⑨ 譯註：指武漢國民政府。

⑩ 譯註：即《征服者》（*Les Conquérants*, 1928），故事以一九二五年六月爆發歷時一年四個月的省港大罷工為背

部的國共革命鬥爭已逐漸成形，馬勒侯在《凡人命運》中集結了嚴謹的史實憑據與編年，加以故事性的詮釋手法，呈現鬥爭之間「人的氣節與承諾」；而書中描述的氣節與承諾非但一路延續到一九四九年共產黨接管中國政權，甚至還繼續流傳下去。

馬勒侯把整本小說的情節集中在一九二七年春日的六天裡，其中五天在上海，一天在漢口。小說的每一段落，都以事件開展的明確日期及時間做為區隔，因此在歷史洪流波瀾壯闊的喧囂之中，讀者總可以感受到時間一分一秒流逝。這本小說中的所有人物在全書伊始就以列表介紹，一如劇本開始前的角色列表；而透過這些節略的描述，讀者已經可以預期情節的推展⑪：

陳達爾（Ch'en Ta Erh）：中國恐怖分子。

景，新版英譯參見 André Malraux, *The Conquerors*, trans. Stephen Becker, fwd. Herbert R. Lottman (Chicago: University of Chicago Press, 1992)。一九三〇年，馬勒侯又發表了《王者之路》（*La Voie Royale*, 1930），敘述一段中南半島的探險，故事背景橫跨柬埔寨、寮國、暹羅與越南山區，英譯參見 André Malraux, *The Royal Way*, trans. Stuart Gilbert, Modern Library Paperbacks (New York: Random House, 1935)。以上兩部小說與《凡人命運》，合稱馬勒侯的「亞洲三部曲」（la trilogie asiatique）。

⑪ 譯註：此處的敘述並不準確，案人物列表乃史景遷所用英譯本中的設計，並未見於馬勒侯的法文原版（Éditions Gallimard, 1933），而列表中尚有其他次要人物，如漢口的共產黨官員（Vologin & Possoz）中國恐怖分子（Pei & Suan）等人。

強・吉索（Kyo Gisors）：法日混血，上海起義組織人之一。⑫

老吉索（Old Gisors）：強之父，曾任北京大學社會學教授。

玫・吉索（May Gisors）：強之妻。

柯拉琵男爵（Baron de Clappique），法國商人，販售骨董、鴉片與走私物品。

卡托夫（Katov），俄國人，起義組織人之一。

費哈（Ferral），法國商會會長，法亞財團總裁。

娃列希（Valérie），費哈的情婦。

馬西阿（Martial），上海警政廳長。

柯尼什（König），蔣介石的保安局長。⑬

由這份角色列表可以即刻清楚看出一個重點：整部長篇小說裡唯一主要的中國角色，就是恐怖分子陳達爾；而且除了有一半日本血統的強矢之外，其他角色都是歐洲人。因此所謂「革命」，

⑫ 譯註：小說中多以「強」稱呼，但馬勒侯以腳注說明他的本名為「強矢」（Kyoshi）。

⑬ 見 André Malraux, *Man's Fate*, trans. Haakon M[aurice] Chevalier (New York: Vintage Books, 1990) 標題頁。對於這部小說有力而動人的深論，特別是針對強矢這個角色，詳見 Claude Tannery, *Malraux, the Absolute Agnostic, or, Metamorphosis as Universal Law*, trans. Teresa Lavender Fagan (Chicago: University of Chicago Press, 1991)。有關馬勒侯生平，另詳 Jean Lacouture, *André Malraux*, trans. Alan Sheridan (New York: Pantheon, 1975)。

在馬勒侯筆下呈現的面貌，就是所有具備革命潛力的初步素材其實都處於西方人的操縱與壓制之下。正當警察勢力和商業菁英全力部署，對抗獻身革命的志士及其共產國際顧問之際，恐怖分子陳達爾則雀躍不已，因為此刻他剛發現了自己身為殺手的力量，也發現了自己在其中的失敗——儘管這些新發現最後終究讓他離自己的同胞愈來愈遠：「陳達爾不再屬於中國……徹徹底底自由，使他徹徹底底只屬於自己的心。」忠於自己內心的這層轉變，陳達爾懷抱著「狂喜般的歡愉」奔向行進中的汽車，而刺殺蔣介石的企圖，無疑也使他奔向自己的生命終點。[14]

陳達爾雖然遠離了凡人俗世，但他起碼還被賦予了身分。相對而言，其他為革命投注心力的中國人——好比有些中國人，試圖在起義行動總部內架設障礙物，阻擋蔣介石虎視眈眈的部隊——在馬勒侯的明喻描述之下，竟只在非人的世界裡執行不具人格意義的行動，「迷霧之中他們沒有具體的身形，只像濁水裡的游魚」，或是「像一窩昆蟲……四處竄動，充滿活力，儘管意義模糊不清，然而動作卻十分明確」。[15]

甚至是強矢這樣意志堅定的革命分子，當他潛行於上海街頭，企圖組織起義時：

> 他已不是在泥濘中趔趄，而是在一張地圖間徜徉。數百萬升斗小民汲汲營生的嘈啐已

[14] Malraux, *Man's Fate*, pp. 58 and 243.

[15] Ibid., pp. 268 and 270.

煙消雲散，另外一種生活模式壓倒了舊有的一切。在租界區、富戶區，以及街尾那些經過雨水洗刷的柵欄，眼下的意義只象徵了威脅，象徵了隔閡，像是沒有窗口的監獄長牆；這些暴戾恣睢的地段——也就是最多突擊隊出沒的地段——埋伏的群眾伺機而動，他們的顫慄反倒使這些街區生氣盎然。⑯

決心與蔣介石風雨同舟抵抗共產黨的法國商會會長費哈，對於賽馬之事如數家珍，因此他便以這種視角刻劃中國人的形象：

就像場上的一匹賽馬要超越另一匹賽馬，先是頭，接著是脖子，然後是肩頭，人群也如此這般緩慢，而逐步朝著他的轎車「逼近」。漸次追趕上來的是獨輪手推車，車上的飯碗間穿插著小孩子伸出張望的頭臉，陸續還有北京式的獨座老馬車、黃包車、長毛矮馬。甚至還有塞進六十幾個人的卡車，車上載滿醜陋怪異的床褥，連同整間房子的家具層層堆疊，猶如怒髮衝冠一般，伸出一支支桌腳；這樣一輛輛卡車看來就像巨人，伸出的胳膊尖端還掛著搖搖晃晃的畫眉鳥籠，那些胳膊像是要保護車上個頭嬌小的女眷，而她們的背上

⑯ Ibid., p. 18.

還掛著一大窩的小孩。⑰

性格剛毅的共產國際革命行動特工卡托夫，是《凡人命運》中用至高勇氣面對死亡的角色。他不像恐怖分子陳達爾，懷抱熱烈的狂喜奔向命運的終結，而是沉著鎮定地地用悲慟的方式，踏上自己的歸途。他最後的舉動充滿無上的風度，因為他讓出自裁用的氰化物藥丸，使兩位躺在他身旁奄奄一息的中國同志——兩位與他有「可憐的兄弟情誼」的戰友——能夠平靜地自我了斷，免於令人喪膽的嚴刑拷打，以及在牢房外等著他們的處決行刑。這次西方為了中國而做出的奉獻，在馬勒侯眼裡，正是卡托夫能夠提供的「至高饋禮」；當卡托夫慷慨赴義——在鐵路岔道等候會車的裝甲列車鍋爐中活活燒死——群集的中國人「伴著他起伏七步伐追隨身後，懷著敬愛和畏懼，也懷著聽天由命的無奈」。⑱

對於當代讀者而言，這些中國人內心的煎熬和共產國際特工的勇氣，在馬勒侯的描寫之下頗具說服力；然而對於布萊希特（Bertold Brecht [Eugen Berthold Friedrich Brecht], 1898–1956）而言，他很清楚這些關於革命分子的描述未免太過簡單，對於犧牲的抽象定義也顯得內涵過淺。布萊希特生於一八九八年，比馬勒侯年長三歲。但正是這短短的三年導致重要的差別，因為出生於巴伐

⑰ Ibid., pp. 79–80.

⑱ Ibid., p. 325.

利亞的布萊希特年齡正好夠資格，得以加入一次大戰的德軍陣營。即使因為學生時期曾經略習醫學，因此得以分派至軍醫院服務，這段經歷卻也足以讓他看透戰爭的本質及其招致的惡果；在他的認知裡，這一切都是中產階級社會的愚昧及偽善造成的永恆印記。他的社會主義思想異於尋常，摻雜了說教的教條與個人經驗；不過，像布萊希特這樣的作家，他的思想除了受到馬克思主義薰陶之外，還受到十五世紀法國詩人維庸（François Villon, 1431–1463）及當代達達主義影響，這樣的理念並不讓人覺得太過意外。布萊希特一九二八年寫完《三文錢歌劇》（*The Threepenny Opera* [*Die Dreigroschenoper*]）後，又於一九三〇年完成《馬哈格尼城興衰史》（*The Rise and Fall of the City of Mahagonny* [*Aufstieg und Fall der Stadt Mahagonny*]），而關於共產國際對中國革命的影響，布萊希特又在同年，以戲劇形式表達他的個人見解。這份成果便是深具實驗性質的說教戲劇《手段》（*The Measures Taken* [*Die Maßnahme*]）並於一九三〇年十二月十三日在柏林首演。

包括馬勒侯以中國為背景的小說在內，大部分西方人論及中國革命，總把眼光聚焦於廣東或上海；但布萊希特卻未如此選擇，他反而把《手段》的場景安排在中國北方的城市瀋陽（Mukden）。按照布萊希特的描寫，這座城市革命的時機已經成熟：儘管保守派的砲艇在河面上巡弋，「裝甲列車也在鐵軌上待命」，瀋陽工廠裡不滿的情緒卻仍不斷高漲。紡織工人罷工抗議；苦力們拖著沉重的運穀駁船進城，河岸的泥濘害他們雙腳不停打滑，因此叫苦連天；富商們也願意和工人共組聯合陣線，對抗令人憎惡的外國帝國主義者；失業群眾也發起了絕食暴動。此時有四名革命鼓動分子，三男一女，經由莫斯科方面派遣，來到瀋陽暗中煽動革命；而為了避免砲艇和裝甲列車的矛頭轉向蘇聯，他們絕不能透露自己來自莫斯科。因此這四人都受到黨中央的指示，必須戴上面具以掩飾自己的真實身分。當他們準備跨越邊界潛入中國時，黨中央告訴他們：「從這一刻開始，在你們消失無蹤之前的所有可能狀況下，你們都是沒名沒姓的工人和鬥士。你們是中國佬，你們是中國母親所生，你們的皮膚是黃色的，即使在睡夢中甚至失去意識胡言亂語，你們也只准說中文。」⑲

在距離邊界的最後一個黨部據點，有一位黨內同志加入他們的行列；這位同志也戴著面具，受黨中央指派，擔任他們的領路人，他們稱他作「青年同志」。這幾位革命鼓動分子在舞臺上簡述了他們與青年同志的旅程：

> 我們喬裝成中國佬向瀋陽進發，共為四男一女，此行的主要目的是政治宣傳，並且以共產主義經典和政治宣傳者的學說——也就是《共產主義入門》（*ABC of Communism* [*Азбука коммунизма*, 1919]）——協助中國共產黨。對於無知的人，我們要帶給他們教誨，讓他們檢視自身的處境；對於受壓迫的人，我們要帶給他們階級意識；對於已經具備階級意識的人，我們要帶給他們革命的實用知識。⑳

⑲ Bertolt Brecht, *The Measures Taken*, trans. Carl R[ichard] Mueller, in *The Measures Taken and Other Lehrstücke* (London: Methuen, 1977), pp. 12–13.

⑳ Ibid., p. 13.

接著歌隊（chorus）附和，表示贊同[21]：

為了共產主義而戰的人
必須分辨何時可作戰，
何時可放棄抗爭
必須分辨何時說真話，
何時不據實以告
為民服務或反其道而行
置自身於險境和規避險惡
廣為人知和不為人知
凡為了共產主義而戰的人
歸根結底，唯有一種美德：
就是他為了共產主義而戰。[22]

---

[21] 譯註：《手段》中以歌隊代表黨中央（the Control Chorus）。

[22] Ibid., p. 13.

這四名莫斯科革命鼓動分子的行動愈是稱職，受指派去為他們帶路的青年同志就愈不服從他們的指令；他只憑據內心的情感行事，但他的情感早已被眼前所見的種種苦難，摧殘得千瘡百孔。在四名革命鼓動分子眼裡，他的舉動開始透露岌岌可危的懦弱，顯然已經成了「惻隱之心的犧牲品」。這四人在瀋陽的部署可謂雷厲風行：他們創設共黨學校，在工廠裡組織共黨小組，訓練城裡的激進分子成為中堅幹部，同時指導他們如何製作與散播共黨文宣。他們教導工人如何在街頭戰鬥，在密室裡暗藏排版機器，甚至積極拉攏一名富商，因為「不少年輕黨員以他馬首是瞻」，如此一來必可「視資本主義的槍桿子為無物，一舉團結黨內的人際網絡」。[23]

然而這名青年同志的感情用事，卻常常在不知不覺間破壞四名革命鼓動分子的工作；他非但沒有協助他們一步一步暗中設立堅實的革命基地，反而力促襲擊當地軍營，佔領工廠，慫恿失業群眾起義。他魯莽的行動導致工人分裂為對立的派系，還使有關當局盯上這四名革命鼓動分子。在他心目中，貧窮的老百姓對於苦難已經忍無可忍，在這種慘況下還要驅策他們克制自己，簡直是荒謬絕倫，教導他們革命的作為也只是浪費時間。工人們該知道的早都已經知道了，他大聲疾呼：

> 他們心知肚明：他們的不幸並非像痲瘋病那樣從胸膛冒出來；他們的貧困也不是像屋頂上的瓦片一樣掉下來；所有的災難和貧困都是人為的惡果。爐子上頭，鍋子裡煮的是匱

---

[23] Ibid., pp. 14 and 25.

乏，他們僅有的食物是悲慘。㉔

四名經驗豐富的革命鼓動分子嚴厲斥責青年同志，直到最後，他在盛怒與沮喪之下，把他們交給他分發的共產黨文宣撕得粉碎。他扯下隱藏自己身分的面具，朝著群集的悲慘群眾們高喊，表示自己是來幫助他們的。四名革命鼓動分子用陰沉嚴肅的措辭向黨中央彙報事件的餘波：

我們看著他，在拂曉的微光中
我們看到他赤裸裸的臉龐
帶著人性和純真，卻絲毫不帶狡詐。他把
面具扯得稀爛。
房子裡傳出
被剝削者的喊叫：「是誰
打斷了窮人的睡眠？」
一扇敞開的窗內傳出吼聲：
「那邊有外國人！抓住那些鼓動革命的傢伙！」

㉔ Ibid., p. 26.

我們就這麼洩露身分！
那時我們聽到騷動喧鬧聲
從下城傳來，無知的群眾還在
議院裡等候，此時赤手空拳的群眾也湧上街頭。
我們把他撂倒
抬起他來，火速離開這個城市。㉕

四名革命鼓動分子急急忙忙把青年同志送出城去，趕在那些圖謀報復的追捕者之前，搶先一步開槍射殺了青年同志；他們把屍體丟進石灰窯裡，如此一來青年同志就會燒得面目全非，而無法辨識，也才不會洩露了他們的身分。「你們的工作十分成功，」黨中央聽完工作彙報後，這麼告訴他們：

你們順利傳播了
《共產主義入門》
這部經典中的學說

㉕ Ibid., p. 30.

教導無知的人們認識自身處境
把階級意識帶給受壓迫的人們
至於已經有階級意識的人們，則帶給他們革命的實用知識。
革命的腳步已推進到那裡
而那裡的戰士，行伍也紀律森嚴。
我們同意你們的做法

然而你們的報告卻告訴我們
何謂改變世界之所需：
怒火和韌性，知識和義憤
果決行動，謹小慎微
冷靜忍耐，堅毅不拔
對個體的理解以及對總體的理解：
只有從現實中學習才可能
改變現實。㉖

㉖ Ibid., p. 34.

《手段》在柏林首演之後六個月，一批屯駐於瀋陽的日本陸軍軍官以離奇的手法，在真實世界裡搬演布萊希特的革命戲劇。這批日本陸軍軍官自導自演一件中國軍隊的「侵略」事端，並以此為藉口，發動大規模的報復性突襲，趁機擴大勢力範圍，致使這片地大物博而富於工業資源的地區，最終有絕大部分落入日本手中㉗。與此同時，中國共產黨已經被驅離上海、漢口等主要城市據點，被迫在華中與華南貧瘠山區的游擊據點安身避險。日本勢力的擴張帶給蔣介石莫大壓力，他決定首先安內，肅清共產黨勢力；其次攘外，對抗日本。蔣介石對紅軍根據的地區發動一波又一波的圍剿，一九三四年秋天，他終於迫使共產黨中央紅軍往北方撤退，開始一場勞師動眾而且曠日持久的「長征」；儘管傷亡使軍隊人數大幅縮減，長征的隊伍最後還是抵達黃河大彎南岸的陝西延安，在那裡建立新的根據地。這個區域儘管赤貧如洗，卻因坐擁絕佳的天然屏障，使得中國共產黨新進嶄露頭角的領袖人物——湖南出生的農民毛澤東（1893–1976）——駐紮在蔣介石部隊勢力範圍未及之處，以及日軍擴張東北勢力轉移了國民政府注意力，又因地處偏遠而無法與共產國際或蘇聯

㉗　譯註：此處指「九一八事變」的導火線「柳條湖事件」。一九三一年九月十八日夜間，屯駐瀋陽北部虎石臺的日本關東軍步兵，炸毀南滿鐵路柳條湖路段的一小段鐵道，又刻意在爆破現場棄置三具身穿奉軍制服的中國人屍體，以此嫁禍中國東北軍破壞鐵路。關東軍在東北諸地駐師早已待命，事件爆發後星夜砲轟時稱奉天的瀋陽城與奉天機場，圍攻東北軍北大營。以此事件為起點，不出數月，東北三省的主要城市如長春、齊齊哈爾、錦州、哈爾濱等悉數落入關東軍之手。一九三二年三月一日，日本扶植的魁儡政權滿州國在長春宣布建國，發表〈建國宣言〉，年號「大同」。

接觸的情況下，專心致志鞏固自己的部隊實力。

出生於堪薩斯州的艾德格・史諾（Edgar Parks Snow, 1905–1972）就見證了這大大小小的風風雨雨。史諾生於一九〇五年，家中務農，父親從事印刷業。青少年時期的長途火車之旅讓他見識了加州。青年時期他曾在密蘇里大學的新聞學院就讀，隨後棄學，短暫遷居紐約工作了一段時間，直到一九二八年，他才決定前往中國試試運氣。選擇中國作為目的地，並非因為他有所自覺，而是因為他的體內有股不羈的躁動使然——那就像是一首「城市之歌」不停在他腦海中敲奏——啟程之前他這麼向父母說道。[28]儘管史諾錯過了一九二七年大規模肅清共產黨的運動，不過一九二八年他人就到了上海，專訪不少當時負責肅清運動的國民黨領導分子以及一些反對派人士。他還親眼見識了一九三一年中國的大飢荒，以及當年稍晚日本在中滿邊界尋釁導致的後果，而在令人忐忑的和平協議之後[29]，他又目睹繼之而來的戰爭暴力夢魘，亦即一九三二年日軍侵犯上海[30]；凡此種種，使他深

㉘ S. Bernard Thomas, *Season of High Adventure: Edgar Snow in China* (Berkley: University of California Press, 1996), p. 33. 譯註：中譯參見〔美〕伯納德・托馬斯著，吳乃華、魏彬、周德林譯：《冒險的歲月：埃德加・斯諾在中國》（北京：世界知識出版社，一九九九）。

㉙ 譯註：「九一八事變」爆發後，當時國民政府駐國際聯盟（League of Nations）代表施肇基（1877–1958）立即向國際聯盟申訴，國際聯盟理事會亦作出數次決議要求日本即日撤軍，恢復滿州原狀，但日方均置之不理。

㉚ 譯註：「九一八事變」爆發後，中國百姓排日情緒高漲，抵制日貨等排日運動在全國各地皆有所聞，嚴重打擊日本對華貿易。一九三二年一月，日本間諜川島芳子（1907–1948?）策畫「日僧事件」，煽動中日對立，

知全面性的戰爭已然一觸即發，幾成定局。

史諾對於中國左派勢力的同情與日俱增，一九三五年北平學生大遊行（一九二七年蔣介石定南京為首都，此後改稱北京為北平）他也在場聲援㉛；後來他甚至發現，中國共產黨員在他毫不知情的狀況下，暗中利用他的住處作為祕密會議地點。㉜一九三六年夏天，毛澤東與部隊的長征已告一段落，但尚未悉數遷移至延安，而此時史諾受邀到共產黨基地參訪。儘管此行出夷入險，他仍即刻應允，旋即於七月抵達當地。

史諾在中國經歷的一切，或許還可連同其早年生活的經歷來看，使他具有下列傾向：身為一位觀察者，對於社會組織的激進運動，他總是站在支持的那一方；這幾乎可以確定為他受邀參訪的原因，也正是共產黨為何願意周到地帶領他突破國民黨部隊的層層追剿。史諾不如布萊希特那樣對於共產黨及其策略有所理解，他也沒有布萊希特在政治上思維清晰的務實態度。青年同志在《手段》的一幕中沮喪地哭喊，「黨究竟是什麼？」專業的革命鼓動分子答道：

也使日本海軍艦隊與陸戰隊有藉口襲擊上海，史稱「一二八事變」或「淞滬戰爭」。上海商務印書館不幸在轟炸中燒毀。

㉛ 譯註：即中國共產黨主導的「一二九運動」，透過北平學生聯合會發動北平的愛國大學生與中學生走上街頭。運動的主要訴求是抗日救亡，全國團結一致對抗日本帝國主義，維持中國領土完整。

㉜ Ibid., pp. 123–124.

我們就是黨。
你和我和他——我們全都是。
它就藏在你的衣服裡，在你腦袋裡盤算
我住的地方就是它的家，你遭受攻擊時它就還擊。

黨中央歌隊更加上幾句評注：「它是群眾的前鋒／它竭盡所能奮戰不懈／依據的是我們經典著作中的方針，而這些方針乃出自／對於現實的體認。」㉝

儘管史諾並不一定抱持同樣見解，然而共產黨領袖毛澤東卻深諳此「體認現實」之道，他之所以能掌權得勢，正是出於他因應時局而權時制宜，持續調整自己的策略及意識形態。毛澤東特別擅長利用農民的力量，以填補甚至取代都市工人的力量，乃因他盱衡之下，深知共產黨無法在大城市建立據點顯然已成未來幾十年大勢之所趨。史諾以《紅星照耀中國》（*Red Star Over China*）描繪毛澤東及其支持者㉞，一九三七年甫一出版，旋即在英國及美國成為暢銷書，銷量之高超過此前所有以中國為題的非虛構類書籍，並僅以一票之差，未能名列「當月書選俱樂部」（Book-of-the-

---

㉝ Brecht, *Measures Taken*, pp. 28–29.

㉞ 中譯參見〔美〕埃德加・斯諾著，董樂山譯：《西行漫記》（北京：三聯書店，一九七九），新版改題《紅星照耀中國》（北京：人民文學出版社，二〇一六）。

Month Club）的推薦書。[35]

一如賽珍珠的書使一整個世代的美國讀者領悟中國農民生活的苦難，史諾的記述也使這代讀者見識中國激進主義的新力量。目睹中國革命的種種自發行為，這些表現特別觸動史諾的心弦——而對於政黨動員的強制與操控層面，他則絲毫不以為意。關於史諾隨行的第一支紅軍部隊，他筆錄行軍的情形如下：

> 雖然他們之中，幾乎所有人的生命都曾遭逢悲劇，但或許因為年紀尚輕，他們並沒有因此懷憂喪志。對我來說他們都相當快樂，也許是我見過的中國無產階級之中，最具有快樂意識的一群人。消極的滿足是中國的普遍現象，然而更為難能可貴的快樂，其實意味著對於生存抱持積極的態度，這在中國確實少之又少。
>
> 一路上他們幾乎整天都在唱歌，歌曲來源似乎取之不盡。沒有人指揮他們唱歌，他們完全是自動自發，而且還唱得挺好。無論誰什麼時候心有所感，或者誰靈機一動想到什麼恰到好處的曲子，只要有一個人突然起了個音，指揮官和其他人就會加入齊唱。他們連夜裡也唱歌，還向當地農民學習些新的民謠，農民也會拿出陝西弦琴伴奏。[36]

---

[35] Thomas, *Snow*, pp. 168–170.

[36] Edgar Snow, *Red Star Over China* (Yew York: Random House, 1944), pp. 66–67.

在史諾眼裡，部隊可不是只有忘情歡唱而已；對於別人的物產，他們有種出於本能的尊重，在部隊紀律方面，他們也依循固有的禮教規範：

他們所遵守的紀律，看來完全是出於對自我的要求。當我們行經山坡上的野杏林，部隊驟然四散，直到每個人口袋塞滿野杏，而且總會有人摘回一大把給我。臨走的時候，這片樹林就像經歷強風襲擊一般，樹上空無一物，緊接著部隊很快恢復秩序，加快行軍的腳步以彌補損失的時間。但是當我們行經私有的果園，卻沒有人摘取樹上的果子，我們在村子裡食用的穀糧與蔬菜，也都是照價付清。㊲

史諾的書成為世上第一份詳細評估毛澤東的資料，而這項評估的本質，終究對於這位共產黨領袖在西方的形象，造成舉足輕重的影響：

我抵達不久後就見到毛澤東：他身形枯瘦，體態頗似林肯，個子比一般中國人要高一些，但背有些駝，頭上濃密的黑髮蓄得頗長，一雙大眼炯然銳利，鼻梁高挺，顴骨豐厚。轉瞬之間，我對他的面容有種印象：那是張聰明人的臉，精於盤算，不過接連幾天我都沒

㊲ Ibid., p. 67.

有機會加以印證。下一次見到毛澤東是在黃昏的街上，他沒有戴帽子，和兩位年輕農民邊走邊談，還認真比劃著手勢。起先我沒認出他來，直到有人告訴我那就是毛澤東——他泰然自若地與其他在街上溜躂的民眾一起走動，南京懸賞二十五萬美元要他人頭的事，他絲毫沒放在心上。[38]

甚至當史諾刻意用拐彎抹角的方式讚美毛澤東，如此安排卻反而帶來更強大的普遍效果：

首先，千萬不要以為毛澤東是中國的「救星」。那是無稽之談。單單一個人永遠不可能成為中國的「救星」。然而無可否認，你可以在他身上感受到某種命運的力量。那不是什麼稍縱即逝或曇花一現的氣質，而是一股實實在在的原始生命力。你可以感覺出來，無論這個人身上的超凡氣質究竟該何以名之，那都是來自他綜論數百萬中國人民的迫切需要時，那份無以名狀的氣勢；當他論及農民時，那種氣勢就特別明顯——那些人們一貧如洗、挨餓忍饑、飽受剝削、目不識丁，但是卻親切和藹、慷慨待人、勇敢無畏，如今甚至還高喊反抗，這些人現在就是中國人民中的絕大多數。[39]

[38] Ibid., p. 70.

[39] Ibid., p. 71.

儘管毛澤東「老謀深算」而且博學多聞，史諾卻善於將他描繪成一個可愛又單純的人。毛澤東住在一處簡陋的兩房窯洞裡，一如華北當地村民住在這種由黃土挖掘而成的穴居住宅。至於他的財產則是一目瞭然：只有兩套棉質制服，一床蚊帳，以及屬於他的幾本書。凡此種種，更深化了史諾對於毛澤東革命氣節的認知：

在我眼裡，毛澤東是個十分有趣而複雜的人。他身上帶有中國農民的純樸和自然，還有活潑的幽默感，喜歡爽朗大笑。當談論的主題是他自己和蘇維埃的缺點時，他甚至還笑得更厲害——那是種孩子氣的笑，私毫不會動搖他內心對於使命的深刻信仰。他說話直率，生活簡樸，有些人可能覺得他太粗俗鄙陋；但實際上這些異於常人的特質，卻在他身上合而為一：樸實無華之中，帶著最敏銳的機智還有最老練的世故。㊵

毛澤東曾經接受史諾的一系列專訪，其中談及他的成長過程、所受的教育以及革命經驗，至今那仍是所有學者及歷史學家研究毛澤東時最重要的資料來源；雖然訪談的內容及扭曲顯然經過毛澤東一手精心安排。史諾在書中曾有小結如下：他以為「如果有任何名稱，得以讓馬克思（Karl Marx, 1818–1883）接受用來指稱自己理論之下的模範產物」，那麼紅軍根據地區的經濟結構，

㊵ Ibid., p. 74.

「更精確的名稱應該是農村平等主義（rural equalitarianism）」；這番言論明顯反映出共產黨當前拉攏自由主義盟友的意願，不過這些盟友一旦得知共產黨更傾向極端主義的手段，也許就會將之拒於門外。[41]就像要將幾世紀以來中國帶給人的負面印象一筆勾銷，因此在史諾的報導裡，紅軍根據地區乞丐絕跡，纏足陋習為民摒棄，殺嬰慘事再無所聞，一夫多妻也成了歷史。[42]

在與紅軍相處的時間裡，史諾也曾與紅軍將領彭德懷（1898–1974）有一段深長的對談；而為了加深共產黨與國民黨的對比，彭德懷回溯了一九二八年的時光。其時國民黨在共產黨固守的鄉間實施焦土作戰，摧毀所有農民的屋舍與作物，意欲迫使共產黨現形。彭德懷描述這個戰略徹底失敗，因為農民早已將穀糧掩埋起來，以規避國民黨的稅收，他們還把馬鈴薯和野菜根拿出來與紅軍部隊分享。[43]這種把國民黨視為笨拙威權專制的觀點，迅速獲得當時外國觀察家的認同，特別是曾經駐足重慶的觀察家——一九三七年夏天日本發動全面攻擊，加速了那場無可避免的大戰在中國爆發，蔣介石於是把首都遷到重慶這個長江上游的四川重鎮。

美國作家葛拉漢．皮克（Graham Peck, 1914–1968）算是這些觀察家裡，筆力最為入木三分的其中一人。皮克曾述及三〇年代一次早期訪問中國的行程中，他「有時候懷疑，看見的每一個人

---

[41] Ibid., p. 232.

[42] Ibid., p. 241.

[43] Ibid., p. 304.

都暗中致力於某種巨大的惡作劇」。㊹時至四〇年代初期，他終於有時間細細檢驗重慶的生活，而他也更確信自己曾經的猜疑。這個城市「擠滿了山崖，稱得上是半現代化，卻也可以說是是半毀的首都」，已經算是不言而喻的「某種惡作劇」了，㊺此外，更因為這座城市裡的中國人顯然都背著西方人，參與某種陰謀。舉例來說，當黃包車夫和乘客穿越城中曲折蜿蜒的狹窄街弄時，就提供了完美的實證：

這些穿梭於羊腸小徑間的黃包車，本是設計在平坦的地域使用。在陡峭的坡度上行時，車伕們必須奮力向前弓身，以致於臉孔幾乎要貼上路面。他們緩慢上行的速度遠遠比不上走路的步伐，但是他們的乘客卻寧可坐在車上，心滿意足又懶洋洋地窩在座椅裡，臉上掛著那樣的微笑。下行的路段，車伕則必須在兩柄車轅間賣力保持平衡，將車身急劇向前傾斜，坐在車上的乘客也得冒著頭皮著地的風險。接下來車伕會以驚人的速度衝下斜坡，他們大步跨出的雙足只偶爾踩著地面。對於乘客的驚聲尖叫，他們則面帶微笑。㊻

㊹ Graham Peck, *Two Kinds of Time*, introd. John K[ing] Fairbank, 2nd ed. (Boston: Houghton Mifflin, 1967), p. 85.

㊺ Ibid., p. 86.

㊻ Ibid., p. 87.

國民黨部隊也許不像史諾筆下的部隊那麼會唱歌，他們的笑聲也不像毛澤東那樣「孩子氣」，但在這個神秘的世界裡，他們還是佔有一席之地：

過了一會兒，一列邋遢襤褸的軍人有氣無力地走上山；他們身上穿著灰色棉軍服，腳下踩著草鞋，技術上來說，他們在快步行進，但實際上看來，他們只不過做做樣子而已。他們一步一步向前邁進的速度，比身負重物的家庭主婦還要緩慢。如同中國各地的軍人，他們口中誦念數字，好讓步伐整齊劃一：「一、二、三……（踏、踏、踏）……四！」當他們的軍官大吼要他們動作快點，他們便開始愈念愈快，快到就要跟不上拍子，但是他們的兩隻腳還是重重拖在地上，像原先那樣慢慢踱著。他們全都掛著那種微笑。㊼

皮克以此例及其餘諸例，提出他個人對於中國目前困境的詮釋：「中國人時時刻刻帶著那種令人同情卻又惹人惱怒的笑容，是因為他們很清楚自己永遠是無法控制的外力之下的犧牲者。」㊽蔣介石在西方世界流傳的形象向來是獲得讚譽，他提倡「新生活運動」（1934-1949），意欲以此作為他道德改造計畫的核心，取代共產主義的意識形態；不過皮克用一則隱喻，把這些讚譽形象層層

㊼ Ibid., p. 93.

㊽ Ibid., p. 98.

瓦解終至分崩離析。在皮克看來，這場「新生活運動」的目的，意在教導中國人視蔣介石為君父（ruler-father），並對他懷有幼兒般的依賴，而對於復興儒家價值鼓吹最力者，永遠都是支持蔣介石的富裕人家。「因此在蔣介石統治下，人民永遠都是小孩，而家長則時時刻刻對他們諄諄教誨，要改善自己的命運，就要先做一個品行端正循規蹈矩的人；然而蔣介石自己，卻耽溺於種種頗堪質疑、也許還涉及不法卻又絕對稱得上自我毀滅的行徑。許多中國人看似對這些早就心知肚明。他們臉上總是自然而然掛著一抹神秘的微笑。」㊾

在葛拉漢·皮克眼裡，這一抹神秘的微笑，是在遭受接二連三的時代苦難後，生命唯一可能萌發的反應。無論是馬勒侯描繪的革命英雄事蹟、布萊希特闡述的革命法度紀律，或是史諾提供的革命純粹樣貌，這個世界裡的一切看似都已逐漸油盡燈枯，消耗殆盡；或許重拾清明神智的唯一良方，只有重新歸納這個世界的定義：一個四海歡鬧嬉戲的世界。

㊾ Ibid., pp. 98–101.

第 XI 章

權力的奧秘

青銅人偶一成不變地演奏絲毫不帶情感的曲調，
這樣機械性的重複深深安撫秦始皇的不耐……
不久之後又有上了亮漆的木頭僕人，
侍候這位大帝斟酒端菜。
始皇帝只要輕鬆伸手就有控制機關，
可以調節假人的動作快慢，
好讓每個假人按照他的指令行動。

一九三〇年十二月十三日，《手段》在柏林愛樂廳首演，那天魏復古（Karl August Wittfogel, 1896–1988）就與布萊希特比肩而坐。八天之後，在當地一所學校的會堂，曾就此戲舉辦一場公開討論，其時魏復古擔任主席，布萊希特則是講臺上的一員。當天出席的人自然都熟知馬克思主義及當時的共產國際政策，發言故而也針鋒相對。討論間大部分的爭論都聚焦於這些議題：對於犯錯的同志，共產黨是否格殺勿論，又共產黨這麼做是否名正言順，還有在死刑之外的其他替代方案。當天包括魏復古在內的部分出席人士，都堅稱對於忠誠共產黨員而言，相較於開除黨籍，肉體上的死亡並非那麼慘無人道。然而大多數與會人士卻認為，處死犯錯黨員不是政黨理所應當的行為，布萊希特也因劇中處理青年同志死亡的手法，在這場討論中備受指謫。

這批與會人士也重申政黨萬能（party omnipotence）的概念——布萊希特在劇中亦曾抱持此論——人只有兩隻眼睛，反之黨卻有一千隻眼睛。布萊希特向這批與會人士說明，他已經決定在劇中讓青年同志於臨死之前**自問**，除了一死，是不是還有其他選擇，而年輕同志的自答則是否定的。①修訂過後的最後一景是這樣的：

> **革命鼓動分子**：……我們必須槍殺你，再把你丟進石灰窯裡，這樣石灰就會毀去你的

---

① G[ary] L. Ulmen, *The Science of Society: Toward an Understanding of the Life and Work of Karl August Wittfogel* (The Hague: Mouton, 1978), p. 123. 關於解析魏復古的論文，另詳 G[ary] L. Ulmen, ed., *Society and History: Essays in Honor of Karl August Wittfogel* (The Hague: Mouton, 1978)。

面目。但是我們必須先問你一句：你有其他更好的辦法嗎？

青年同志：沒有。

革命鼓動分子：我們問你：你同意我們的做法嗎？

〔遲疑〕

青年同志：是的。②

這一瞬「遲疑」背後，代表了多少政黨紀律的精髓以及對於共產國際的態度，魏復古與布萊希特想必瞭若指掌。他們深知在這個他們決意加入的政治世界裡運作著怎樣的遊戲規則，儘管日後他們各探一隅，相與背道而馳：布萊希特在戰時的好萊塢歷經長期的理想幻滅，最終回到共產黨統治下的東德，指導他所創的名聞遐邇的「柏林劇團」（Berliner Ensemble）；而魏復古則在中國住了幾年之後，轉變為激進嚴厲的反共分子，之後他在美國定居，繼續潛心埋首撰寫他的理論大作《東方專制政治》（*Oriental Despotism*, 1957）③。不過多年以來他們持續保持聯繫，最晚在一九四三年，當時兩人恰好都在美國，布萊希特還把新戲《四川好女人》（*The Good Woman of Setzuan* [*Der*

② Brecht, *Measures Taken*, p. 33.

③ 譯註：中譯參見〔美〕卡爾・魏特夫著，徐式谷、奚瑞森、鄒如山等譯：《東方專制主義：對於極權力量的比較研究》（北京：中國社會科學出版社，一九八九）。

gute Mensch von Sezuan〕）④的打字稿寄給魏復古。不過布萊希特此劇主題並非中國，只不過取中國為故事背景，實際欲藉此劇探究的主題乃人性的良善與殘酷。此後兩人之間歧見日深，在一次發生於紐約的爭辯當中，終於瀕臨決裂的邊緣。是時魏復古指控布萊希特否認蘇聯乃一剝削的社會，布萊希特則反駁工人最終會控制國家：當我們眼見驢子遭到主人鞭打時，千萬不要忘記鞭打只是膚淺的表象，因為事實上驢子正利用主人達到自己的目的。魏復古則堅持正是因為史達林（Joseph Vissarionovich Stalin [Ио́сиф Виссарио́нович Ста́лин], 1878–1953）在一九三一與一九三二年間發表這番論調，才幫助希特勒（Adolf Hitler, 1889–1945）掌控大權。⑤

在魏復古之前，史上已有諸多先哲嘗試將中國置於一巨大系統的中心，而如何解釋世界上各個社會的形成與發展，其關鍵即暗藏於此系統之中⑥；魏復古個人的思想體系發展歷經許多階段，他一路走來，終至成為此論一脈相承的最後一人。魏復古與布萊希特由最初的志同道合而至最後的形同陌路，只不過是他在發展思想體系的漫長過程裡經歷的兩個階段而已。魏復古一八九六年生於

④ 譯註：中譯參見〔德〕布雷希特著，彭鏡禧、鄭芳雄合譯：《布雷希特戲劇：四川好人／高加索灰闌記》，聯經經典．國科會經典譯注計畫（臺北：聯經出版公司，二〇〇五）；或見〔德〕貝托爾特．布萊希特著，劉森堯譯：《四川好女人》，愛看戲八（臺北：書林出版公司，二〇〇六）。

⑤ Ulmen, *Life of Wittfogel*, pp. 238–240.

⑥ 詳參本書第五章所論。

德國，是他父親第二次婚姻的獨生子，其父年邁，是福音路德教會的學校老師。說來甚巧，馬勒侯在《凡人命運》中也塑造了一位年邁的路德會學校教師；恐怖分子陳達爾自幼父母雙亡，其性格之養成便深受此教師的影響。年幼的陳達爾在他的熏陶之下成為一個「粗魯無禮而且沉默寡言」的人，受制於「無盡的愛，抑或無盡的恐懼，端視自己在望德（hope [espoir]）中的堅強與虛弱而定」。⑦不過魏復古的老父同時也是位養蜂人，又熱愛健行，他提供給兒子魏復古的是一個理想的田園式成長環境，並訓練他成為不拘一格又好追根究底的讀者。⑧

隨後幾年，魏復古接受優良的教育，在智識上他日漸醉心於尼采（Friedrich Wilhelm Nietzsche, 1844–1900）的思想，並探索馬克思主義、佛教、韋伯（Maximilian Karl Emil Weber, 1864–1920）以及格式塔心理學（Gestalt psychology），更對中文研究的艱鉅與前途傾心不已；此外他的身影也穿梭於社會運動之間，參加過德國青年運動、工人教育組織，以及一些社會主義研討小組，探討

⑦ Malraux, *Man's Fate*, p. 62.
譯註：史景遷在這裡的敘述並不精確。按《凡人命運》原書對於陳達爾早年信仰教育的描述（在一九二七年三月二十二日清晨四點的小節中，老吉索的敘述），陳達爾的雙親在張家口（Kalgan）的浩劫中遇難，這位「粗魯無禮而且沉默寡言」（insolent and taciturn [silencieusement insolent]）的孤兒剛來到路德會學校，老吉索就對他特別關注。而後面一句話則是這位年邁的路德會學校老師對老吉索勾勒路德形象時所言，而非對陳達爾造成的影響。

⑧ Ulmen, *Life of Wittfogel*, pp. 7–9.

羅莎・盧森堡（Rosa Luxemburg [Ró a Luksemburg], 1871–1919）與卡爾・李伯尼（Karl Liebknecht, 1871–1919）發起的斯巴達克斯派（Spartacist）革命運動⑨。當盧森堡與李伯尼二人於一九一九年遇害之後，他隨即加入德國共產黨。魏復古在法蘭克福大學研讀歐洲經濟史、中國史料及語言時，他還身兼教師、劇作家以及政黨中的活躍分子；魏復古貫注愈來愈多精神於早期中國經濟制度的確切本質，以及盤根錯節的學術論據，他也因此漸漸把自己在法蘭克福大學專攻的兩個學術領域，共治於一爐。

一九二五年，他撰寫了第一本以中國為題的專著，後於一九二六年出版，是一本關乎時事也涉及政治的書，卻不是以歷史為出發點。這本書題為《覺醒的中國》（*Awakening China* [*Das erwachende China, Ein Abriß der Geschichte und der gegenwärtigen Probleme Chinas*]），以馬克思主義的觀點分析中國革命的前期階段，一直到一九二五年的統一戰線（United Front）為止⑩。此書的基本意旨在於為

⑨ 譯註：「斯巴達克斯派」是德國社會民主黨（SPD）左派人士建立的組織，以羅莎・盧森堡與卡爾・李伯尼為首，他們信奉馬克思主義，最初的意圖在於反對德國社會民主黨支持政府加入大戰，故而倡導德國無產階級發起反戰罷工。一九一八年十一月，德皇威廉二世（Wilhelm II [Friedrich Wilhelm Viktor Albert von Preußen], 1859–1941）退位後，德國宣布無條件投降，「斯巴達克斯派」在該年底重組，一九一九年元旦宣布成立德國共產黨。繼十一月革命之後，「斯巴達克斯派」在一九一九年一月發動第二波革命運動，盧森堡與李伯尼等人遭右派自由軍團鎮壓，兩人下獄後於一月十五日遇難。

⑩ 譯註：指第一次國共合作。

列寧（Vladimir Lenin [Влади́мир Ильи́ч Улья́новв], 1870–1924）的先見之明辯護：亞洲國家確實正從「歷史的長眠」中醒來，而且註定要在即將到來的世界革命浪潮中扮演舉足輕重的角色。書中並嘉許共產國際的各個機構，為了中國的理想「全力以赴」。⑪《覺醒的中國》廣受共產國際成員佳評（但並非所有成員都對書中持論心悅誠服，因為當時史達林和托洛斯基黨人之間的論戰，已使整個組織分崩離析），魏復古也因此在一九二七年秋天，接受共產國際委任，為蘇聯一份重要的孫逸仙演講集執筆撰寫導論。魏復古提出一項理性的論據做為這篇長文的結論：儘管孫逸仙公開表示對馬克思主義的興趣，然而他本身並非馬克思主義者，充其量只能算是「中產階級革命家」，主要任務是在中國內部發展反帝國主義的力量。⑫

直到一九二八年，魏復古才有時間完成他討論中國早期農業的博士論文；一取得學位，他隨即啟程前往蘇聯，展開嚮往已久的朝聖之旅。一到達心目中的聖地，他就投入與蘇聯學術界長時間的熱烈辯論，探討馬克思所稱「亞洲式（Asiatic）生產模式」的真義，以及這些理論對當前中國的革命而言是否合乎時宜。魏復古也和鮑羅廷（Michael Borodin [Михаи́л Ма́ркович Бороди́н], 1884–1951）討論這些問題；鮑羅廷是先前共產國際在中國的最活躍專員，他對中國革命分子逐字轉達的史達林指令，而此舉成為一九二七年上海喋血事件的重要導火線，後來馬勒侯在《凡人命

⑪ Ibid., pp. 59–60 and 84，及該書參考書目頁五〇九～五一三。

⑫ Ibid., pp. 84–86.

運》中更翔實載錄事件始末。⑬

回到德國後，魏復古開始從多年研究所得中取精用宏，集成一部得以解釋中國的過去和現在的研究總整理，定名為《中國的經濟與社會》（*Economy and Society in China* [*Wirtschaft und Gesellschaft Chinas, Versuch der wissenschaftlichen Analyse einer großen asiatischen Agrargesellschaft*, 1931]）。按照魏復古在書中的假設，舊中國有太多根深柢固的結構性要素，因而對於任何改變都拒之千里，不過如今這些要素就要一掃而空。馬戛爾尼曾經把中國視為一艘航行於狂風暴雨中的老船，一旦撞上礁石便難逃支離破碎；魏復古在一則入木三分的隱喻裡復持馬戛爾尼之見，不過他的腦海中的形象，甚至更為蒼涼無望：「整個結構已經徹頭徹尾地腐爛。舊『亞洲式』中國殘存的枯莖朽骨，就像被白蟻蛀空的木屋，只要一場稍大的暴風雨就會導致棟折榱崩。」⑭

一如章前所論，意圖建構一個全球性的知識系統並全然將中國囊括於內，起源於十七世紀末的萊布尼茲，而到了八世紀中期，孟德斯鳩和伏爾泰在此基礎之上鑽研。然而時至十八世紀末期，赫德卻一反此說，對於中國的系統研究提出嚴厲的負面意見。自此開始，若干思想家也試圖解決中國引起的問題，並以各自的方式尋求這些謎團的解決之道。亞當・斯密（Adam Smith, 1723–1790）

---

⑬ Ibid., p. 88，關於莫斯科參訪以及與鮑羅廷的會談。
譯註：中國國民黨第一階段清黨中的四一二事件，見本書第十章頁三四六（註②）譯註。

⑭ Ibid., p. 111.

嘗試以經濟與政治的觀念，解釋中國龐大人口和經濟不振之間的關係。黑格爾（Georg Wilhelm Friedrich Hegel, 1770–1831）認為世界歷史的發展是邁向自由的進程，這是他歷史哲學的核心前提之一，因此黑格爾也思索在自由的進程中，中國的定位究竟何在。他認為儘管中國文化很早就已出現在人類歷史的編年軸線上，然而中國卻一直置身於人類進化的發展幹線之外，因此理所當然也就被排除在真正的歷史進程之外。這一切現象皆源於中國皇帝僭取異常的權力，以及其權傾朝野卻又奴顏媚骨的當朝官僚，他們合力創造了一個社會，其中「只有一個人自由」，其他人卻被迫向加諸他們枷鎖的專制暴政低頭折腰。⑮只有當西方煥發的進步動力迫使中國置身於今時今日的世界，中國才有可能成為世界歷史的一部分。

馬克思也呼應了黑格爾的看法，視中國為「毫無進步」的社會，對於所有的社會變遷都有「抗拒的本能」。馬克思認為社會的經濟在形成過程中有四個主要階段，每個階段都和控制生產方式的手段本質有關：這四個階段「循序漸進」（亦即有因果的連續性）為亞洲式的（Asiatic）、

⑮ 譯註：以上論點可見黑格爾在柏林大學的《世界歷史哲學演講》（*Vorlesungen über die Philosophie der Weltgeschichte*）中一八三〇年的演講，英譯參見“Second Draft, 1830” in Georg Wilhelm Friedrich Hegel, *Lectures on the Philosophy of World History*, trans. H[ugh] B[arr] Nisbet, introd. Duncan Forbes, rpt. ed., Cambridge Studies in the History and Theory of Politics (Cambridge: Cambridge University Press, 1984), p. 54ff；或見別題為《歷史哲學》（*Philosophie der Weltgeschichte*）中的導論，英譯參見 Georg Wilhelm Friedrich Hegel, *The Philosophy of History*, trans. John Sibree (1857), pref. Charles Hegel, introd. C. J. Friedrich (New York: Dover, 1956)。

遠古的、封建的以及現代中產階級的社會。⑯雖然後三者彼此間有邏輯上的必然關聯，亞洲式的生產模式卻隔離在外，在發展的序列中並無明確定位。「從無法追憶的上古時代開始」，馬克思寫道，亞洲式的政府——好比中國的政府——只有在三個層面運作：「內在劫掠」（歲入）；「外在劫掠」（戰爭）；以及公共工程領域，圖謀透過灌溉去控制水源的使用及分配。西方的私人產業為了追求水源分配的公平合理，因此出現「志願團體」。然而在亞洲式的社會裡，由於國家控制過於嚴密，以致於私人產業無法興起，遑論促進類似的團體；而事實上，這些團體的地位已由孤立而分散的農村公社取而代之。在馬克思的研究之中，他曾就太平天國之亂深入分析，不過按照他的評估，英國資本主義對於中國整體發展帶來的巨大革命性影響，遠遠超過中國國內叛亂者的所作所為；原因在於英國人帶來的結果是把當地的農業和工業區隔開來，進而促成新的社會型態誕生。⑰

隨著十九世紀結束，時序進入二十世紀，馬克斯・韋伯潛心探究中國，試圖解釋何以地大物博的中國並未發展出資本主義的各種樣貌，以及對於這種發展的停滯現象而言，儒家思想、傳統帝

⑯ 譯註：馬克思以「亞洲式社會」（Asiatic society）區別西方社會，在〈不列顛在印度統治的未來結果〉（"The Future Results of British Rule in India," 1853）一文已經可見（英文發表）。上述四個社會經濟的發展階段（asiatische, antike, feudale und modern bürgerliche），見於《政治經濟學批判》（*Zur Kritik der Politischen Ökonomie*, 1859）一書的〈序言〉。以上二文中譯參見中共中央馬克思恩格斯列寧史達林著作編譯局譯：《馬克思恩格斯全集》，五十冊（北京：人民出版社，一九五六～一九八五），9:247 (246–252) 及13:9 (7–11)。

⑰ 論馬克思，見 Ibid., pp. 44 and 66–68。

王制度與官僚體系、中國城市的性質等條件，相對而言又可能扮演怎樣的角色。始自一次世界大戰期間，一路延續至大戰結束之後，奧斯華・史賓格勒（Oswald Arnold Gottfried Spengler, 1880–1936）在《西方的沒落》（*The Decline of the West*, 1926 [*Der Untergang des Abendlandes*, 1918 & 1922]）中深思中國語言、政治、藝術與地景，意欲藉此衡量中國在世界歷史上帶來的早期影響，以及中國日後衰落的緣由，還有值此西方主宰地位日益式微之際，中國又如何透過其「神秘的普遍主義」（mystic universalism）在戰後這個正百廢俱興的世界，重新恢復自己形塑世界的角色。[18]

由於長年閱讀，魏復古遍覽群書，對於這些理論家的著作他自是如指諸掌，也曾在自己的著作中討論。他的雄心壯志之一便是在馬克思和韋伯的中國研究之上，創造自己的綜合理論，結合前者在經濟論述上深刻的原創性，以及後者對於中國官僚體系的詳備探討。此外魏復古也深深感覺此刻他已有能力踵事增華，更進一步發展馬克思的理論——馬克思的舉證僅與少數幾個西方歐洲社會息息相關——但魏復古自己則由於博覽中文史料，故有能力由此汲取出更加透徹的理論洞見；好比他進一步質疑，人類歷史上無論是亞洲式的階段或是遠古的階段，是否皆可以封建制度做為與下一階段之間的過渡。[19]

---

[18] Osward Spengler, *The Decline of the West*, trans. Charles Francis Atkinson, 2 vols. in 1 (London: G. Allen and Unwin, 1932), 2:373.

[19] 關於韋伯及馬克思，見 Ulmen, *Life of Wittfogel*, pp. 36–39 and 44–45。

在前述列位嘗試建構所謂「系統」的學者中，魏復古是唯一具備深厚中文學養的學者，故得以直接閱讀中文典籍原文，因此他的觀點受廣大讀者的敬重。不過時至一九三一年，他的理論卻因太具特殊性而不為莫斯科方面接受。魏復古鑽研中國經濟的人卷帙浩繁之作被禁止迻譯為俄文，而蘇聯舉辦一系列旨在探討「亞洲式生產模式」精義的重要研討會，魏復古也未受邀與會——儘管眾所周知他才是這個議題上真正的當世權威。依然忠於馬克斯教條的魏復古，此時對於史達林的政策深感不耐，因為史達林指示東德共產黨將政治上的精力用於顛覆社會民主黨，而非對付勢力日隆的納粹黨。時至一九三三年，他為文攻訐希特勒的行為早已為納粹黨人熟知；三月希特勒掌權之後，魏復古旋即遭到逮捕，直至當年歲末都在德國親衛隊（SS, Schutzstaffel）控管的一連串殘酷集中營裡度過。由於國內外學者齊心施壓，魏復古終於獲釋。他隨後遠赴英國與美國，希望覓得一片得以讓他繼續從事學術研究的新天地；他最後的決定前往中國，並於一九三五年夏天抵達。

魏復古有一位早年結交的朋友也在中國，就是賽珍珠的前夫卜凱（John Lossing Buck, 1890–1975）。卜凱滿懷壯心，全面考察中國農村現況，而他也不吝與魏復古分享龐大的研究所得。當年稍晚，魏復古曾頻繁與艾德格．史諾晤談，不過他最終仍婉拒史諾的提議，並未隨同參訪位於延安的中國共產黨基地。⑳魏復古在中國居住期間，除了埋首於大量的研究計畫，還試圖向那些虔誠的

⑳ 關於卜凱事，見 Ibid., p. 190；論史諾，見 Ibid., p. 202–205。至於魏復古對史諾的影響，則未見於 Thomas, *Snow* 一書。

左派分子證明，史達林大清洗（purge trials, or Great Purge）的嚴重性及恐怖性㉑。一九三七年七月，日本發動全面侵華戰爭之後不久，他離開中國返美，自此就以美國為家。當他得知希特勒和史達林簽訂德蘇互不侵犯條約（Hitler-Stalin Pact）㉒之後，他終於在一九三九年與共產黨分道揚鑣。

因此在試圖為中國建立系統的理論家中，魏復古不僅是懂中文的唯一一人，更是唯一實際在這個國家居住過並以第一手方式直接研究的一位。時至一九五七年，他終於把林林總總的閱歷綜合整理成書，以《東方專制政治》之名出版。魏復古以「極權的比較研究」（"The Comparative Study of Total Power"）作為此書的副標題，而魏復古這麼選擇也清楚反映出一個事實：在投身建構系統之學的諸位才高識遠的前輩當中，就中國問題而言，他認為最能與他心意相通的人，既非黑格爾也不是馬克思，而是孟德斯鳩。因為孟德斯鳩是第一位指出，在那個只許一人擁有自由的世界裡，中國皇帝必然有高處不勝寒的煢煢孤寂；關於中國，孟德斯鳩還指明以下數點：體罰的濫用；身為皇帝的臣民，私人財產有多麼朝不保夕；道德觀（mores）、風氣規矩（manners）和法律之間模糊的界線㉓；缺乏獨立的宗教及司法組織。此外，孟德斯鳩還認為中國的專制之所以脫離世界其

㉑ 譯註：三〇年代中期，時任蘇共中央總書記的史達林為維持黨內意見的一致性，而展開的黨內肅反運動和政治迫害，受難者約在百萬之譜。

㉒ 譯註：一九三九年八月二十三日在莫斯科祕密簽訂。

㉓ 譯註：詳見本書第五章頁一六八。

他地區的君主統治，乃因其並非以榮譽作為領導的宗旨，而是以恐懼取而代之。

儘管魏復古受到孟德斯鳩的影響，然而形塑魏復古最終的綜合論述者，恐怕還是他自己在智識及政治上的廣泛遊歷所造就的不凡格局：希特勒和史達林在一九三九年簽訂的密約證實了他對兩種制度向來抱持的疑懼，二次世界大戰的進程更絲毫沒有改變他的見解。時至五〇年代初「麥卡錫時期」（McCarthy period），魏復古轉而直言不諱，批判美國左派及自由派人士，這樣的態度使他遭到許多學院派人士及昔日政治盟友拒於門外。而此時那個他經年累月研究的中國，在他心中已然與現代極權主義的運作——無論是史達林或納粹——以及民主國家令人惶恐不安的愚弄，合而為一。魏復古晚年有段題外話頗值玩味，他提及「托克維爾（Tocqueville [Alexis Charles Henri Clérel, Viscount de Tocqueville, 1805–1859]）**狡猾**對待孟德斯鳩所提出的『東方專制政治不變性』的概念。」㉔此處使用「狡猾」一字頗不尋常，顯示魏復古對許多中產階級自由派批評家的輕視。魏復古解釋，托克維爾遺漏的是——孟德斯鳩以社會政治的精準眼光，洞見「東方專制政治不斷自我延續」（self-perpetuation of Oriental Despotism）的理由。這種不斷的自我延續才是極權主義暴政真正駭人之處，

㉔ Ulmen, *Life of Wittfogel*, p. 504，一九七三年十一月二日的演講，粗體乃本文所加。
譯註：法國政治歷史學者，法蘭西學院院士。托克維爾出身貴族，初習法律，在法院任職；一八三一年五月受派前往美國考察刑法與獄政，遊歷美國九個月後返回法國，將他對於民主制度的觀察著成兩卷《民主在美國》（*De la démocratie en Amérique*, 1835, 1840），該書也被視為現代社會學研究的先聲。

也使這樣的君主專制與較為暫時性的「暴政」不可同日而語。㉕

魏復古在《東方專制政治》第一頁寫道，孟德斯鳩至為關切者，乃源於這種嚴酷政體下「殃民的惡果」。隨後的許多思想家也仔細檢視了這類國家在管理層面的能力，以及由龐大的水道建設造就的水力複雜性（hydraulic complexity）——這項建設旨在保持暢通無阻的交通及維護灌溉系統。這樣的國家無可避免發展出龐大的官僚系統，以處理水力問題，同時這些官僚也會是他們自己轄區內最大的地主。皓首窮經三十年，鑽研橫亙千年、許多不同社會中的類似現象後，魏復古寫道他發現這些是「極權力量」下的系統，這樣的社會他現在改稱作「水力」（hydraulic）社會，而非「東方」社會。在一些這樣的社會裡，極權力量非但沒有消亡，反而如同「來勢洶洶的致命厲疾般蔓延」。㉖對於魏復古而言，這種說法毋庸置疑「強調的是人類活動，而非地理環境」，而且使水力社會更容易與其他地區的封建社會及工業社會相互比較，也能幫助解釋水力社會中普遍存在的「官僚地主所有制」（bureaucratic landlordism）以及「官僚資本主義」（bureaucratic capitalism）。㉗

秦始皇在西元前二二一年建立苛政獨裁的秦朝，對魏復古來說，這位始皇帝是水力社會得以成形的關鍵人物。正是這位秦朝皇帝在西元前三世紀把當時中國現存的許多延亙城牆串聯起來，

㉕ Ibid., p. 505，文中指出魏復古此處在附和亞里斯多德。

㉖ Karl A[ugust] Wittfogel, *Oriental Despotism: A comparative Study of Total Power* (New Haven: Yale University Press, 1963), p. 2.

㉗ Ibid., pp. 3–4.

「方才造就人類興建最長的連續防禦設施；由這個舉措——如同隨後繼之而來的重建工程——水力經濟以及由政府指揮的民眾勞力，其持續耐久的效率便可見一斑。」這位秦朝皇帝同時也執行了其他計畫，像是阿房宮與地下陵墓群等「龐然大物」，都召集了超過七十萬人的工作團隊。㉘

魏復古運用他博古通今的學識成書，在《東方專制政治》中隨處可見痕跡；這本書也是道地的比較研究，中國只是其中的構成要件之一，此外還有印加、馬雅、印度、巴比倫、拜占庭、埃及與俄羅斯等元素。不過全書幾處樞軸，特別是下筆滿腔激昂，題為「全面恐怖—全面臣服—全面孤寂」的第五章，魏復古由畢生研究及經驗中汲取的中國印象，似乎成為該章的核心。平行比較的兩條軸線一次又一次吸引讀者的注意力：一邊是魏復古筆下呈現的歷史，另一邊則是椿椿令人髮指的暴行——史達林主義、納粹主義、韓戰之後毛澤東掌權時期中國的「反右運動」，以及方興未艾的「大躍進」。對於水力專制的恐怖統治，魏復古概括評論如下：

> 猶如猛虎，權力的操控者必須具備實際傷害人身的手段，才能置受害者於死地。以農治國（agromanagerial）的專制君主的確具備如此手段：他對軍隊、警察或情治單位的掌控不受任何限制，他還能隨心所欲差遣獄卒、刑吏和劊子手，更能肆無忌憚運用各種必要工具以逮捕嫌犯，並致使其殘廢甚至粉身碎骨。

㉘ Ibid., pp. 37 and 40.

尤有甚者，他在利用這些手段之際，還能附加心理層面的效果。無論在世界哪一個角落，執掌政府大權或倚仗財勢的人，總喜歡讓自己的某些行為蒙上神秘色彩；不過由於政體的根本性質，專制政府的行事手法本來就撲朔迷離。在這樣的國家機器內部掌權的人因為只對自己負責，所以即使處理微不足道的事務，他們仍然祕而不宣；當他們想要威嚇脅迫或攻其不備，他們更會把調弄玄虛提升為一門藝術。不可預測性正是專制恐怖統治的基本武器。㉙

魏復古揀選出中國人的「依法拷打」和「司法恐怖」，視之為中國社會特有的現象，他也注意到即使是孔夫子也相信「順民才是良民」，一如儒家教育「要求對父母及師長絕對服從，這樣的要求奠定了完美的基礎，使人民對於社會上的各級長官也絕對服從」。一個人面對權威時跪拜在地的舉動——如同章前所述中國人的叩頭——正是此一信念的合理延伸。在一個受到「全面恐怖威脅」的社會裡，這樣的行為是不可或缺的訓練，人們因此陶養出一種智慧：如果「想要生存下

㉙ Ibid, p. 141.
譯註：這兩段引文雖然相連，但在原書中分屬兩個不同的小標題，對於水力專制的恐怖統治，前段申論的是恐怖的人身層面，後段申論的則是恐怖在心理層面上的不可預測性（unpredictability）。

去，就不要激怒控制不了的怪獸」。㉚

這種情況下所生成的「全面孤寂」——對所有人心生猜疑——以皇帝為源頭，進而擴及到每一個人，除了疑鄰盜斧，甚至對家人也都疑神疑鬼。魏復古補充道：

> 古代希臘有許多寂寞的自由人；即便在今日的民主國家，還是有許多寂寞的人。然而這些自由的個體之所以感到寂寞，大體而言乃因他們受到忽視，而非因為受到權力的威脅——人性的尊嚴朝不保夕，隨時可能被恣意剝奪一空。一個受到忽視的人，仍然可以和少數親朋好友維持某些往來，也可以藉由擴展社交圈或是建立新的歸屬關係，克服自己這種被動而局部的疏離感。
>
> 那些生活在極權形勢下的人可就沒有這麼幸運。基於無力抵制形勢，只好以謹小慎微、逆來順受的態度為明哲保身之道。為了避免發生最壞的狀況，他總是時時刻刻未雨綢繆。㉛

為了說明何謂「殞命時刻的全面孤寂」，魏復古以中國最偉大的史家司馬遷（145–c. 86 BCE）

㉚ Ibid., pp. 144, 149, and 151.

㉛ Ibid., p. 157.

為例。司馬遷因為替一位戰敗的將軍辯護㉜，觸怒了漢武帝。由於沒有任何友人膽敢對他伸出援手，以致於他無力以鉅額贖金減輕刑罰㉝，終至慘受腐刑——套句魏復古悲涼的點評：「就像一頭牲畜給帶進暗室裡閹割。」魏復古的補充可謂鏗鏘有力：「就一個開放社會的標準而言，這位中國史家承受的磨難確實駭人聽聞。不過倘若以他所處的局勢為衡量的尺度，那他並非沒有受到一絲幸運的眷顧。儘管遭受宮刑割勢，他終究苟延殘喘；而且正由於他在官場之上已經無足輕重，才得以繼續專心致志於撰著《史記》。」魏復古認為現代「極權管控國家」又細部改良了「審判」的手段，亦即就不實的指控公開認罪。只要有意，舊時的水力專制政治絕對有辦法讓任何人屈打成招，但是他們「在農村或民間社區裡，沒有見到把衝突開誠布公的理由」。他們認為「沒有必要促進這種昭彰於耳目而且一清二楚的自我異化（self-alienation），不過時至今日，極權政治下的『人民』法庭就專門從事這種自我異化」。㉞這項重大的轉變或可簡要陳述如下：在舊社會裡，農業專制政治（agrarian despotism）雖然握有至高的政治權力，然而對社會與知識層面的控制卻十分有限。而在

㉜ 譯註：李陵（ob. 74 BCE），事見〈報任少卿書〉，在《漢書・卷六十二（司馬遷傳第三十二）》，或見《昭明文選・書上（卷第四十一）》。

㉝ 譯註：魏復古書引〈報任少卿書〉：「家貧，財賂不足以自贖，交游莫救；左右親近不為壹言。」此注引《漢書》，《文選》用字略異。

㉞ Ibid., pp. 159–160.

「充分開發而且全然以機構管理的社會（managerial apparatus society）」裡，工業專制政治（industrial despotism）不僅握有至高的政治權力，還「完全控制社會層面及知識層面。」㉟

魏復古在《東方專制政治》的最後一章，把嚴密的分析眼光轉向中國共產黨的社會，他明白指出中國人向蘇聯取經，且絕不會只以恢復傳統的農業專制政治自滿。毛澤東退居鄉村絕對只不過是權宜之計，他心知肚明，由國家引導的快速工業化才是邁向他們心目中強大「極權管理秩序」（total managerial order）的最佳途徑：

> 這些觀念與中國共產黨的長程目標息息相關。毛澤東若將固守鄉間視為長久奉行的準則，而非一時的權宜之計，那就不能算是離經叛道的共產黨員，充其量只不過是愚氓而已——彷彿因為過去藏身樹林的時候只有木棍可以防身，現在就偏好使用木棍而捨棄槍桿。
>
> 但是毛澤東當然不是愚氓而已。農民的利益是共產黨的動機，卻也是限制；毛澤東和他的追隨者從未將自己定位為這種農民政黨的領袖。當國共內戰的局勢迫使中國共產黨必須退守鄉間休養生息，其實他們一直希望能夠重回城市。等他們終於佔據城市了，他們的作為完全是十月革命（一九一七）之後布爾什維克黨人的翻版。城市裡原有的產業，他

㉟ Ibid., p. 400.

們悉數予以恢復，強化之後還更進一步發展，他們顯然還迫不及待地控制現代工業和機械化交通網路。因此他們就和蘇聯政府機構中的官僚首長一樣，對於亞洲式的復興（Asiatic restoration）與趣缺缺。㊱

大膽聲稱毛澤東「斷非愚氓」的同時，魏復古也試圖在這種新型態的水力專制政治中，將毛澤東深植於更穩固的定位——他是文前所述「不斷自我延續」（絕非只是一成不變）潮流的最新實證。在魏復古眼裡，中國領導人工於心計而且老奸巨猾，這樣的歸結對於美國政治權力核心而言，一點也不顯得唐突；而對於此一趨勢最能洞察隱微者，當屬一九七一年底至一九七二年初的美國總統尼克森（Richard Milhous Nixon, 1913–1994）及其國家安全顧問季辛吉（Henry Alfred Kissinger, 1923– ）；其時他們正祕密計畫美國總統訪問中國的行程，以結束過去二十年來中美雙方幾乎完全斷絕的往來，因為這樣的隔絕對經濟及政治的每一層面都已構成相當影響。

就像是場冥冥之中的歷史重演㊲，尼克森利用馬勒侯為中美的交鋒預作沙盤推演——在總統出發赴華之前，兩人曾在白宮橢圓辦公室會晤並共進晚餐——他顯然對馬勒侯充滿奧秘的辭令相當滿意，並意欲以此為未來幾日的參訪鋪路。馬勒侯最近一次造訪北京時，曾獲准採訪毛澤東，因此他

㊱ Ibid., pp. 442–443.

㊲ 譯註：事見本書頁三八七，指魏復古與艾德格·史諾的晤談。

對毛澤東仍有鮮明的印象。「你將要跟一位巨人打交道」，馬勒侯告訴尼克森，「但卻是位面臨死亡的巨人」，而且深為後繼無人所苦。㊳而且馬勒侯早就看出「不能向毛澤東提問」，無論他的言論有多麼像神諭一般晦澀玄妙，聽的人都只能乖乖接受。不過一會兒之後，馬勒侯又提出了一些看法，讓尼克森瞭解毛澤東就在眼前可能會是怎樣的感受：

> 「總統先生，您要面晤的這個人一生波瀾壯闊，而且他相信自己正在演出此生的最後一幕戲。您或許以為他在跟您說話，但事實上他在敬告死神……這一趟走得值得！」
>
> 我又問他，毛澤東之後將會怎樣呢？馬勒侯答道，「正如毛澤東所說，他後繼無人。他這話到底是什麼意思呢？他的意思是在他看來諸如邱吉爾（Sir Winston Leonard Spencer-Churchill, 1874–1965）、甘地（Mohandas Karamchand Gandhi, 1869–1948）、戴高樂（Charles André Joseph Marie de Gaulle, 1890–1970）這些偉大的領袖乃由時勢所造，而這樣令人傷痛的歷史事件卻再也不會發生了。正是由於這樣的觀點，他才自覺後繼無人。有一次我請教他，他是否自詡為自十六世紀以來中國最後幾朝聖明皇帝的繼承人。毛澤東說：『我當然是他們的繼承人』。總統先生，您以理性處世，毛澤東卻不然。他身上有點巫師的成分：

㊳ Richard M[ilhous] Nixon, *The Memoirs of Richard Nixon* (New York: Warner Communications, 1978), p. 558.

幻想盤據在他體內，他也被幻想支配。」㊴

尼克森對這趟意義不凡的旅程早就心嚮往之，他甚至和季辛吉把這次計畫命名為「波羅二號」（Polo II）；尼克森日後回憶，那是因為他從馬勒侯安心定志的勸慰中肯定了自己的重要性：「我們正著手展開一趟深具不確定性的哲學發現之旅，在某些層面甚至還深具危險性，猶如史上早期的地理發現之旅。」根據尼克森回憶錄，毛澤東確實如馬勒侯所說像位「巨人」。尼克森寫道在他們一九七二年二月的會面中，毛澤東不僅表現出「獨樹一幟的自嘲」，而且「心念之敏捷有如星馳電掣」，使這位年邁的主席妙語如珠，時機上「分秒無差」。不只如此，毛澤東還「活力充沛，領會談話中的每一處毫末之別」；因此當尼克森引用毛澤東廣為人知的一句詞時㊵，毛澤東立刻天外飛來一句蓋過尼克森的話，他附和道：「一般說來，大家比較喜歡聽我說一些放砲的話……

㊴ Ibid., p. 558.

㊵ 譯註：尼克森在談話中引用的一句是「只爭朝夕」，典出毛澤東〈滿江紅·和郭沫若同志〉下闋：「多少事，從來急；／天地轉，光陰迫。／一萬年太久，只爭朝夕。」關於尼克森與毛澤東此次會晤在國際關係與現代史上的意義，另詳 Margaret Macmillan, *Seize the Hour: When Nixon Met Mao* (London: John Murray, 2007)，中譯參見〔加〕瑪格蕾特·麥克米蘭著，溫洽溢譯：《只爭朝夕：當尼克森遇上毛澤東》，歷史與現場一九二（臺北：時報文化，二〇一一）。尼克森生前出版的最後一本書亦以「只爭朝夕」為題，見 Richard Nixon, *Seize the Moment: America's Challenge in a One-Superpower World* (New York: Simon & Schuster, 1992)。

好比說，像是『全世界應該聯合起來，打倒帝國主義，打倒修正主義，打倒反動分子，建立社會主義』。」[41]這是尼克森總統第一次造訪毛澤東北京寓所，在會談尾聲，他直接拿自己和東道主人類比：

「主席先生，」我說，「我們都熟知您的一生。您出身一個赤貧的家庭，一路登上全世界人口最多的偉大國家頂端。」

「我的身世則較鮮為人知。我也是從赤貧家庭的出身，登上一個十分偉大的國家頂端。歷史的風雲促成我們比肩而坐。儘管我們的中心思想涇渭分明，但我們都腳踏實地，都來自人群，關鍵在於我們有沒有可能造就突破，不僅造福中國與美國，更在往後的時歲造福整個世界。這正是我們不遠千里而來的緣故……」

毛澤東送我們到門口。他拖著沉重的步伐，告知自己近來身體有恙。

「但是您看起來氣色很好，」我答道。

「外表是會騙人的，」他微微聳了個肩說道。[42]

儘管季辛吉意欲塑造自己冷靜務實的政治現實主義者形象，但他對毛澤東卻甚感欽佩，其

[41] Ibid., pp. 559–563.

[42] Ibid., p. 564.

程度相較於尼克森可謂有過之而無不及。季辛吉稱這位中國領導人是「現代歷史上偉岸的巨人之一」，他還寫道毛澤東的生活「離群孤僻而神祕莫測，就如同他鄙棄的那些皇帝一樣。」㊸正如三十五年前在延安採訪的艾德格．史諾，季辛吉，他親眼見證的震撼是毛澤東的簡樸生活型態，而不是毛澤東分明可挾領導人的權位，一聲令下便唾手可得的無盡優渥奢華：

室內的陳設就像外觀一樣簡樸。毛澤東就站在那裡，群書環繞著他，就中國人的身形來說，他算是高大魁梧的了。他盯著來訪的客人，臉上掛著敏銳卻又略帶嘲弄的笑容，他的舉止似乎在警告來者：你們有什麼性格上的缺陷或是表裡不一的心計，都休想逃過眼前這位專家的法眼。也許除了戴高樂之外，我還沒有見過一個人身上流露如此不假修飾而聚精會神的意志力。他直挺挺站著，有一位女隨侍從旁扶持（我上次來訪時還協助他起身）；他主宰整個房間——多數國家都會賦予領袖些許壯麗威嚴，但毛澤東主宰的力量並非來自浮華的盛觀，而是來自他身上自然流露的一股震懾人心的魄力，那股魄力瀰漫於整個房間，幾乎伸手即可觸得……

沒有任何外在的虛飾能夠清楚傳達毛澤東散發的權威感。我的孩子們跟我說過流行歌手散發出來的「震撼力」，但我必須承認，他們說的我根本無動於衷。不過毛澤東渾身卻

㊸ Henry Kissinger, *White House Years* (Boston: Little, Brown & Co., 1979), p. 1057.

散發著由力量、權勢與意志結合而成的震撼力。㊹

無論是有康熙皇帝相伴的約翰．貝爾，或是與乾隆皇帝面對面的馬戛爾尼，都沒有這種蕩魂攝魄的震撼：儘管深受這些君王的睿智及高壽觸動，他們還是有權衡事物輕重緩急的自持能力，甚至也沒忘記保有玩心。因此，如果要鋪排一則相近的類比，我們或許應該踅回全書開篇，馬可．波羅偕魯斯特切羅回想第一次見到忽必烈汗——那位他曾經見識過的真正王中之王——所感受到的衝擊。

接著就讓我告訴您偉大的萬王之王忽必烈汗的相貌。他的身材健美，既不矮也不高，正是恰到好處的高度。他的四肢筋骨結實，鍛鍊出比例勻稱的體態。他神采奕奕，紅光滿面就像朵玫瑰花，炯炯有神的眸子黑白分明，英氣勃發，鼻型飽滿又端正……㊺

我還該說些什麼呢？當尼柯羅閣下、馬斐歐閣下及馬可抵達這座宏偉的城市，他們旋即趨赴皇宮正殿，覲謁可汗，舉目所見乃滿朝文武與公卿權貴。他們跪伏於可汗座前，心懷至高的謙卑向可汗恭順拜禮。可汗吩咐他們起身，盛情歡迎他們，又以上好的酒菜款待。可汗詳細探問他們的狀況及別後的生活；兄弟兩人向可汗擔保，這一路走來他們過得

㊹ Ibid., pp. 1058–1059.

㊺ 譯註：這段描述節錄自《行紀》第八十一章〈大汗之體貌風儀〉。

很好，只要能見到可汗身體無恙、國運昌盛就好。……此時的馬可還是個年輕小夥子，可汗一見到馬可，便詢問他的身分來歷。「大人，」尼柯羅閣下說道，「他是我兒子，也是您忠實的臣僕。」「竭誠歡迎，」可汗說道。此後還有什麼需要多說嗎？㊻

另外有些時候，季辛吉的文字讓我們回想起維多．謝閣蘭在《荷內．雷斯》裡描寫的敘述者，特別是當他在北京城中央勒馬的那一刻。季辛吉是這麼寫的：

> ……毛澤東談話裡那層層疊疊的含義，當我理解得更透徹，就更能體悟原來這就像紫禁城裡的深深庭院：每一進都通往更幽深的下一進，重重庭院之間僅有比例上的些微差距得以作為相互鑑別的判準；然而若以整體視之，則實有一終極奧義留駐於重重庭院之上。只有在經過悠遠的慎思之後，才能明辨此一終極奧義為何。㊼

不過當論及毛澤東的統治手段，季辛吉的論點還是比較接近魏復古，而非波羅或者謝閣蘭。

㊻ Marco Polo, *Travels*, ed. Latham, pp. 40 and 121–122.
譯註：這段情節出自《行紀》第十四章〈尼古剌瑪竇馬可覲見大汗〉。

㊼ Kissinger, *White House Years*, p. 1061.

季辛吉認為，「毛澤東冒險犯難，開創一番遠非人類尺度可以估算的新局面，然而隨之而來的是無法分割的苦難。如果想要強制扼殺社會上產生的衝擊，那麼社會上最原始的抵抗力反而會因此增長，也會讓這位滿腔壯志、視挑戰諸神為抱負的巨人，產生前所未有的嚴重痙攣。」[48]季辛吉以一則比喻為自己的敘述下結論，可謂與魏復古心有靈犀。時間回溯到一九七六年毛澤東辭世前幾個月，季辛吉發現他仍然用盡自己的最後一口氣，鬥垮最勢均力敵的對手們；於是季辛吉最後寫道：「這位經天緯地、深具魔力、先知先覺、勢不可擋的風流人物，終於像秦始皇帝一樣消逝於歷史的千古洪流；他經常以這位偉大的皇帝自況，卻又惶惶於自己早晚要為世人遺忘的命運。」[49]

這位讓人心生畏懼的秦朝創立者，他的作為不僅震服了魏復古及季辛吉，我們在年輕法國學者兼小說家尚・李維（Jean Lévi, 1948–）的小說裡，發現新一代史官的春秋筆法。李維生於一九四八年，在一九七三年——也就是尼克森和季辛吉訪問中國之後的隔年，他以學生身分抵達中國旅遊，結果一待就是好幾年。文化大革命期間的生活經驗深刻影響李維，導致他試圖以秦始皇的生活為題材，創作一本小說，再現中國人權力的本質。這本小說一九八五年在法國出版，題名為《中國皇帝》（*The Chinese Emperor* [*Le Grand empereur et ses automates*]）。而李維在小說將近尾聲時描述的秦始皇——認為自己的生命若白駒之過隙，忽然而已，這與季辛吉和尼克森對毛澤東的記載出奇地

㊽ Ibid., p. 1064.

㊾ Ibid., pp. 1065–1066.

相似：

> 迷亂而駭人的畫面不斷來回侵擾，再次喚醒他常年的疑懼——無論是四時的週而復始、晝夜的輪轉更迭、人世的悲歡離合——即使是那些最窮苦最卑微的子民——在他殞落之後仍然照常運行生息，猶如他從來不曾存在。即使大地輕微震盪，即使高山崩塌，在微弱的顫動泯沒之後，世界還是會依照自己的模式繼續運轉，就像拉肥車只是灑了點糞肥出來而已那樣。
>
> 強按自己的意志模鑄子民的君王，自己最後也會被宇宙的巨模吞噬——先是磨碎，然後揉製，最後根據盲目卻也毫無偏見的意志塑型。[50]

小說的年輕主角後來成為中國歷史上貫徹政令最見效率，執行手段卻也最暴虐的皇帝，故而在小說開頭，李維就依這位主角高明的行政管理技巧，以「政令」（Ordinance [Ordonnance]）作為他的名字。[51]為了建構這位年輕主角的整體形象，李維甚至毫不客氣地回歸早年法式異國風情時期的描寫手法——比方描述嬴政對於異性的冷感，即使傾國傾城的佳人當前，他依然無動於衷：

---

[50] Jean Lévi, *The Chinese Emperor*, trans. Barbara Bray (New York: Vintage Books, 1989), pp. 243–244.

[51] 譯註：主角「嬴政」或「秦王政」之名，在李維的小說中不用拼音，而是直接稱呼為“Ordonnance”。

比起舞伎們淫靡的歌聲和撩人的倩笑，更讓他興奮的其實是將軍們激越的怒吼和厲聲咆哮的軍令。對於法家先哲們申論立法與行政的著述，他愛不釋手。他渴望接掌統治權，表面默不作聲，內心卻早已迫不及待。但像是牢牢套上韁繩一樣，他們在背後操控他，當他是個傀儡、是塊畫著君王面容的木頭、是尊陪葬的墓俑那樣利用他……他喜歡狩獵，那讓他聯想到沙場征戰的激昂。魁偉彪炳的征馬與戰車；麾旗與旌旄隨風飄打拍動；馳騁於畋獵；箭矢猶如雨點落在獵物身上；面對峙猛虎時的千鈞一髮；鮮血的腥味，以及負傷野獸的垂死嗚嗥——全都讓他心往神馳。其餘的玩樂對他來說，都是那麼索然無味、那麼不稱心意。[52]

及至年歲漸增——此時的嬴政已經登上皇帝之位——在勢如水火的朝臣們交相慫恿下，秦始皇開始縱情性事，而且愈來愈投入，也愈來愈邪門，試圖藉此主宰自己的身體及內在的精氣。根據中國上古醫學典籍中提倡的養生之術，他採取閉精的祕法，亦即在高潮時抑制射精，如此一來便能吸收女方體內的陰氣，而不致損耗自己體內的陽氣。另一種方法則是以齋戒淨身，同時將「伴侶置於八個起風的方位上」。不過儘管這位天子「根據斗轉星移以及國運星象所得的繁複步驟，周行於她們之間」，「小心翼翼遵循正確的律動」，又「深深呼吸，雙眼半闔，聚精會神，舌頭緊緊頂

[52] Ibid., pp. 99–100.

住上顎」，得到的結果卻只是喘不過氣，頭暈目眩，欲望全失。[53]

魏復古重新在我們眼前生動搬演司馬遷的命運；李維由太史公司馬遷取材[54]，追溯秦始皇耽溺於追逐性事與政事上的力量，以及他極其殘暴的行徑：坑儒、焚書、遷徙全國百姓以修馳道、築長城、興宮殿、建陵寢。秦始皇對血肉之軀的僕從已經深感厭煩，既嫌棄他們的行動無法預知，又嫌棄他們的節奏反覆無常，於是他求助於手下最出神入化的巧匠，為他創造一套一套的人偶。其中第一套是一組樂隊：[55]

> 青銅人偶一成不變地演奏絲毫不帶情感的曲調，這樣機械性的重複深深安撫秦始皇的

---

[53] Ibid., pp. 286–287.

[54] 譯註：指《史記．秦始皇本紀》。

[55] 譯註：此處所述秦始皇銅人樂隊，故事原型出自晉代葛洪（283–343）取材於西漢劉歆（ob. 23）的《西京雜記．卷三》，後見載於唐人段成式（c. 803–863）的筆記小說集《酉陽雜俎前集．卷之六．樂》等書，茲錄於下以供參照：咸陽宮中有鑄銅人十二枚，坐皆三五尺，列在一筵上。琴、筑、笙、竽各有所執，皆組綬花彩，儼若生人。筵下有銅管，吐口高數尺，其一管空，內有繩大如指。使一人吹空管，一人紉繩，則琴、瑟、竽、筑皆作，與真樂不異。有琴長六尺，安十三絃二十六徽，皆七寶飾之，銘曰「璵璠之樂」。玉笛長二尺三寸，二十六孔，吹之則見車馬出山林，隱隱相次，息亦不見，銘曰「昭華之管」。見〔唐〕段成式：《酉陽雜俎》。在《四部叢刊》正編二四（臺北：臺灣商務印書館，一九七九），頁四一。

> 不耐。舞伎肌肉不由自主的顫動，歌伎因為呼吸和氣血循環造成的演出瑕疵，這些都再也不會引起他的反感……
>
> 不久之後又有上了亮漆的木頭僕人，侍候這位大帝斟酒端菜。始皇帝只要輕鬆伸手就能控制機關，可以調節假人的動作快慢，好讓每個假人按照他的指令行動。他像個小男孩一樣雀躍。它們是他的產物，它們只服從他。它們沒有欲望，沒有思想，除了主人授意的吩咐，它們不會有其他的動作……
>
> 嬪妃在後宮日漸凋萎、喪失生氣，歌伎的美聲不再動聽，專門討皇帝歡心的優人竟也變得豐腴。有些舞伎假扮成人偶，模仿它們斷斷續續的動作，刻意從皇帝面前招搖而行，希望贏回他的寵幸。不過她們立刻就被摘下面具，處以斬首之刑。[56]

根據司馬遷的記載以及尚・李維的複述，秦始皇駕崩後，他賓天的消息對外保密，不止老百姓不知道、朝臣們不知道，就連皇太子都一無所知。為了掩蓋皇帝腐屍的臭味，以及維持秦始的體力依舊康強無恙的假象，他的心腹們繼續和眾臣一同跟隨秦始皇的鑾駕巡遊，但暗中帶了腐魚，以

56 Ibid., pp. 302–303.

便混淆腐屍的臭味⑰⑱。

李維運用中國過去的史料，創造出一篇複雜難明又賦有歷史真憑實據的托喻，探討中國人民的苦難以及統治者的濫權。一如其他嘗試建立系統的前輩，同時也正如魏復古，李維把中國皇帝的獨斷專權，抽絲剝繭，一步一步追本溯源。然而在這趟對於權力奧秘的探索中，李維的技巧甚至更後來居上：他的論據完全固守於向內挖掘權力本身的奧秘，而非向外旁徵博引，並且證明這位宇宙的主宰在試圖實行絕對恐怖統治的同時，其實是膽顫心驚，而且無能為力。

⑰ 譯註：見《史記．秦始皇本紀》：「三十七年（210 BCE）……七月丙寅，始皇崩於沙丘平臺。丞相斯為上崩在外，恐諸公子及天下有變，乃祕之，不發喪。棺載轀涼車中……會暑，上轀車臭，乃詔從官令車載一石鮑魚，以亂其臭。」

⑱ Ibid., p. 324.

第 XII 章

大師戲筆

以中國為題材的小說中，
最具美學成就的三部作品都是在二十世紀寫成——
卡夫卡的〈中國長城〉，
波赫士的〈歧路花園〉，
以及卡爾維諾的《看不見的城市》。

以中國為題材的小說中，最具美學成就的三部作品都是在二十世紀寫成——卡夫卡的〈中國長城〉（"The Great Wall of China," 1933 ["Beim Bau der chinesischen Mauer," 1917]），波赫士的〈歧路花園〉（"The Garden of Forking Path," 1948 ["El jardín de senderos que se bifurcan," 1941]），以及卡爾維諾的《看不見的城市》（*Invisible Cities*, 1974 [*Le città invisibili*, 1972]）。就三部作品在時間軸上的分布來看，彼此相互間隔大約四分之一個世紀：一篇發表於一次世界大戰期間，另一篇則是二次世界大戰，一本乃成書於一九七〇年代早期。而觀諸成長過程抑或智識上的根底，三位作家又都有錯綜複雜的背景。法蘭茲・卡夫卡（Franz Kafka, 1883–1924）一八八三年出生於今日捷克的一個猶太裔家庭，以德文寫作；豪爾赫・路易斯・波赫士（Jorge Luis Borges, 1899–1986）一八九九年出生於阿根廷，自幼就接受英文教育，而後遷往瑞士又習法文和德文，最後再返回阿根廷以西班牙文寫作；伊塔羅・卡爾維諾（Italo Calvino, 1923–1985）一九二三年出生於古巴，孩提之際返回祖國義大利，後來在都靈（Turin）取得文學學位。他們三位都是著作等身、孜孜不倦而且天賦異稟的作家，儘管對中國及其人民所知有限，卻都曾一度以中國為題材揮灑文采。三位作家分別選擇從不同的觀點切入，而這些觀點在中國歷史上確實茲事體大，非容輕議：卡夫卡討論權威問題，波赫士探討根源問題，卡爾維諾探索的則是受觀察的觀察者。三位作家筆下不見故作姿態的文字，反而隨處可見精確與洗練，又迴避愛慾與煽情，他們創造的故事純屬虛構但卻幾可亂真，經得起一讀再讀，品味再三。

卡夫卡在一九一七年春天撰寫短篇小說〈中國長城〉，當時他在布拉格的「勞工職災保險組織」工作，一天輪值六小時（若依德文逐字對應，這篇故事的標題應譯作〈中國長城之修築〉）。

長城作為中國輝煌歷史最磅礴的象徵，屏障萬里幅員，巍然屹立多少世紀，堪稱最廣為人知的中國事物；卡夫卡也透過漢學家衛禮賢（Richard Wilhelm, 1873–1930）的德文翻譯，持續研讀與中國有關的題材——包括儒家典籍和道家／道教思想① ——而幾乎與此同時，衛禮賢的這些譯作也深刻影響魏復古。卡夫卡的辦公室抽屜裡，至少都會放上一本衛氏翻譯的道家經典，對於感興趣的段落他還會在書頁空白處加上眉批。②

---

① 譯註：一八九九年，漢學家衛禮賢接受同善會（AEPM, Allgemeinen Evangelisch-Protestantischen Missionsvereins）的派任，抵達當時德國強行租借的膠澳地區（今青島）擔任牧師，創設禮賢書院。衛禮賢在中國長居二十五年，精研中華經史，曾受邀以榮譽教授身分於北京大學講學（一九二一），擔任德國駐華使館文化參贊（1922），亦與當時的知識分子如辜鴻銘（1857–1928）及徐志摩（1897–1931）等人往來。衛禮賢譯著甚豐，較為學界熟知的翻譯有：《孔子：論語》（*Kung-Futse: Gespäch*, 1910）、《老子：道德經》（*Laotse: Tao Te King—Das Buch des Alten vom Sinn und Leben*, 1911）、《列子：冲虛真經》（*Liä Dsi: Das wahre Buch vom quellenden Urgrund*, 1912）、《莊子：南華真經》（*Dschuang Dsi: Das wahre Buch vom südlichen Blütenland*, 1912）、《孟子》（*Mong Dsi: Die Lehrgespräche des Meisters Meng K'o*, 1916）、《易經》（*I Ging: Das Buch der Wandlungen*, 1924）、《呂氏春秋》（*Frühling und Herbst des Lü Bu We*, 1928）、《禮記》（*Li Gi: Das Buch der Riten, Sitten und Gebräuche*, 1930）等，另外還有與心理學家榮格（Carl G[ustav] Jung, 1875–1961）合作的《太乙金華宗旨》（*Das Geheimnis der goldenen Blüte: Ein chinesisches Lebensbuch*, 1929）。

② Gustav Janouch, *Conversations with Kafka*, trans. Goronwy Rees (New York: Quartet Books, 1985)；關於魏復古與衛禮賢，見 Ulmen, *Life of Wittfogel*, p. 16。

不過卡夫卡的長城徹頭徹尾都出自他個人的創造，甚至對於建築工法以及為何要修築長城，都有他自己的一套詮釋。按卡夫卡自己的說法，儘管中國的這座萬里長城是極為審慎的工事，卻是零星以小段興建：這些各自盤據一隅的零星城墉每段約莫五百碼，由一隊隊二十名上下的民工興建。某一隊在興建某處城墉的同時，另一隊也在他處興建，而各自興建的五百碼城墉延亙出去，終將各有一端能兩兩相連，不過建築工事一旦完成至此，這兩隊民工對於接下來長城全貌的發展，便再無所知。因為此刻這兩隊民工們就會被送到另外一處工地，重新開始一段城墉的建築工事。卡夫卡在敘事上的縝密使故事具有百分之百的說服力，他化身為敘事者，置身於中國歷史的洪流之中，回顧自己孩提時期如何在「接近西藏高原的交界處」長大成人，即使身處南疆，距離上述長城輪替而築的工地有迢迢千里之遙③，然而每當聽聞那些可能發生在長城與北疆外族之間的種種傳聞，他的心神仍然避無可避地受到影響。就連他在童稚時期所受教育，也是為了日後參與築牆工事預作準備：

如今我還記得非常清楚站在老師的庭園裡，那時我們尚在稚齡，連站都站不穩，老師就指揮我們用小卵石堆砌一堵類似城牆的結構。接著老師提起長袍束在腰間，全力向城牆衝刺，想當然耳，這座小石牆應聲而垮；老師怒不可遏，斥責我們堆砌的城牆粗製濫造，

③ 譯註：據註④史景遷所用英譯，故事中的敘事者「來自中國東南方」，然而敘事者在後文又稱「我們在千里之遙的南方，幾乎快到西藏高原的交界處了」（亦即位於中國西南方），兩處敘述的地理位置相悖。

於是我們嚎啕大哭，四散跑回父母身邊。這不過是件微不足道的小事，卻深刻反映了那個時代的精神。④

敘事者接著以同樣縝密的敘事手法，道出自己的好運：長城開始興建的時候他正好滿二十歲，因此他不會像前人一樣，雖然接受築牆技術的訓練卻毫無用武之地。敘事者若有所思繼而言之，這些前人「腦海中有最壯麗的建築藍圖，卻落得無所事事、遊手好閒，成千上萬的人都身陷這種沒有指望的人生」。反之，他除了能將所學派上用場、實際投入長城的興建之外，他甚至還是長城的歷史見證人，成為長城「守正不阿的觀察者」：「我的探索是純然歷史性的；雷雨雲層既然消逝已久，又何來轟雷掣電；對於長城分段而築的這套系統，當時自有讓人們滿意的解釋，不過我斗膽謀求的是一個更為深入的答案。」⑤

然而這樣的探索，其範疇卻是「無垠的」。敘事者提出的每個問題都可以找到答案，不過每個答案立刻又會歸結成更深入的問題。也許有人會問「為什麼要興建長城？」為了抵禦北境外族；但是為什麼來自遼遠南方的人，就像敘事者和他的家人，必須全心投入一件距離他們這麼遙

④ Franz Kafka, *The Complete Stories*, ed. Nahum N[orbert] Glatzer, fwd. John Updike (New York: Schocken Books, 1983), p. 236.

⑤ Ibid., pp. 236–237 and 240–241.

遠的事情呢？因為領導階層頒布了這樣的命令。但是領導階層可不是「匆匆忙忙把官員們聚集起來，為的只是心血來潮開個會，討論某人的春秋大夢，然後同樣匆匆忙忙宣告散會」——領導階層「自古以來便一直存在，興建長城的決議也是如此」。⑥因此，如果興建長城的構想一直存在，那麼北疆的外族自然就不可能是興建長城的動機；因為在古遠的時代根本就沒有這些北方人，也沒有皇帝頒布過興建長城的詔令。

為了加強探索的複雜性，某位學者提出另外一種理論——我們所知的長城只不過是地基，目的在於建造新的巴別塔（Tower of Babel）。「因此先建長城，然後才蓋高塔」。但是怎麼會有這種事呢？也許答案就在中國這個民族的心裡。敘事者若有所思說道：

> 自從長城開始興建以來直到此時此刻，我幾乎廢寢忘食，一心只思考民族間的比較歷史——有些問題甚至可以說非得要藉著這種方法，才能探究其中的精髓。我發現我們中國有好些民間的機構與政府的機構，其中有些機構的獨特之處在於其耳目昭彰，然而另外一些的獨特之處則在於其晦澀不明。我一直以來都想追溯這些現象的成因，特別是後面一種現象，這個念頭不斷深深吸引我，於今猶然；而長城的興建在本質上就是和這些問題息息

⑥ Ibid., p. 241.

相關的。⑦

藉由卡夫卡一絲不苟精心建構的論點，我們可以看出他小心翼翼另闢蹊徑，洞察這個國家及其領導階層的晦澀難明。〈中國長城〉原先曾遭退稿，而從該版本中倖存的一段文字，我們得以一窺卡夫卡最初的構想：在他寫下這部短篇小說的時代，異國風情仍然蔚為風潮，也因此使那些因襲陳腐的中國形象為人熟知；而卡夫卡當時意欲采用的，正是這些形象。這個卡夫卡棄用的段落有如下的摹寫：

興建長城的消息如今傳遍大地——不過消息實在來得太晚，距離初次昭告天下已過去三十個年頭。那是在夏日的垂暮，當年十歲的我，傍著阿爹站在河岸上。那是個諠譁熱烈的重要時刻，至今我還記得所有的細枝末節。阿爹一手牽著我——他到晚年都還喜歡這麼做——另一隻手攥著他又長又細的煙桿來回把弄，好像那是把笛子一樣。他頜上的鬍鬚稀疏而粗糙，一根根直挺挺地伸展，他一邊將目光橫過河面，微微仰首顧盼，一邊陶醉地抽著煙桿。由於他後腦的長辮，孩子們特別敬重他；頭這麼一仰，這下他的辮子又垂得更低了些。阿爹身上是那套只有重要節日才穿的金絲繡花長袍，長辮輕輕摩娑著，隱隱約約沙

⑦ Ibid., p. 242.

沙作響。⑧

煙管、長辮、繡花絲綢，這些早年中國風流行時期囤積下來的庫存物件，藝術家卡夫卡後來全都捨棄，一件不留。他反而讓這位身為歷史見證人的敘事者，將探索的方向轉移到社會核心。〈中國長城〉裡有一段描繪十分精采，其中卡夫卡觀察中國皇帝的著眼點，是中國的老百姓壓根弄不清楚現在是什麼朝代又是哪一位皇帝當朝——不過一如典型的卡夫卡，對於接下來要描述的故事，他最後都會補上一句否認⑨：

我們的國土幅員廣袤，就算用虛構的故事都沒辦法比喻得恰當，連天幕都幾乎蓋不住她——北京不過是其中一個點的大小，紫禁城甚至連一個點都不夠格。不過就另一個角度來看，紫禁城裡的皇帝權力卻是凌駕塵世所有位階之上，這已是舉世公認。但是……皇帝身旁總是圍繞一幫貴族和朝臣，他們才氣縱橫但身分卻曖昧不明——在忠僕和良友的偽裝下，其實包藏著惡意與敵意——他們形成一股反面力量與皇權抗衡，日日夜夜想方設法，企圖用毒箭這樣的陰謀把統治者拉下寶座。帝國是永垂不朽的，但皇帝卻可能在王位上搖

⑧ Ibid., p. 248.

⑨ 譯註：又如下文的使者寓言。

搖欲墜，甚至跌落，沒錯，所有的朝代最後都將頽喪，在奄奄一息的喋喋不休中，嚥下最後一口氣。老百姓永遠都不會知道這些掙扎和痛苦。他們就像姍姍來遲的人，又像城裡初來乍到的異鄉客，從容自得地站在水泄不通的小巷盡頭，津津有味大聲嚼食著自己帶來的食物，而在大老遠的前端，在城區中心的街市廣場上，他們的統治者馬上就要被斬首示眾。⑩

一九二四年，卡夫卡因為結核病辭世；從一九一七年秋天起，結核病就無情摧殘著他的身體。卡夫卡並未在生前發表〈中國長城〉，不過他曾在一九一九年擷取其中片段，發表於布拉格的一份猶太週報上。他把這篇半成品定名為〈皇帝的敕令〉（"An Imperial Message" ["Eine kaiserliche Botschaft"]）。⑪讀者們因此可以推測，卡夫卡認為這段文字完全足以自成文章——雖然在完整版的故事手稿裡也可見這個段落的蹤影，因此卡夫卡故去之後，隨著〈中國長城〉的出版，這個段落又再一次呈現在世人眼前。中華帝國的遼闊及其在意義上的模稜兩可，便是卡夫卡思索再三的主題；假若安放在〈中國長城〉的脈絡裡閱讀，這段插曲看似便只是卡夫卡沉思中的一部分。不過若獨立觀之，則這段文字的含義則更顯得赤裸裸——這是一首讚詩，旨在頌讚認知的不可能性

⑩ Ibid., p. 243.

⑪ 關於故事的這些版本，見上書參考書目，頁四六七及四七一。

(impossibility of knowing)：

有則寓言故事是這麼說的。皇帝下了一道諭旨給你這位卑微的子民，你這個在皇天杲杲朝日之下、蜷縮在最迢遞的遠鄉裡微不足道的一抹影子。皇帝在他臨終之際的龍榻單獨給你下了道諭旨……

皇帝的函使即刻啟程；他是個孔武有力而且不屈不撓的傢伙，這會兒伸出右手推開人群，過一會兒又用左手，就這樣左右開弓，開闢一條自己傳旨的路線；一旦遇上阻撓，他就指一指胸口閃耀熠熠光華的朝日徽飾，便能輕而易舉繼續前進，如入無人之境。但是老百姓的數量盈千累萬，人山人海似乎永無盡頭。如果能穿過人群來到一馬平川的開闊原野，那麼他便能健步如飛地奔馳，如此一來，無疑過不了多久，你就會聽到他拳頭捶門的佳音。但事實卻背道而馳，他只是徒勞無功、費盡力氣：他仍在持續前進，穿越宮闕最深處的廳堂，但他永遠也到不了重重廳堂的盡頭；就算他通過了也無濟於事，因為接下來他還得奮力奔下重重臺階；就算他奔到底了，還是一樣無濟於事，因為他得繼續穿越重重庭園。然而在這重重庭園之外，還有第二環的宮宇必須穿越，等著他的是更多的臺階和庭園；穿越之後又是再一環宮宇；如此環環復環環以至無量，重重疊疊的宮宇就算耗費幾千年也到不了盡頭。就算最後他終於衝出了最外環的宮門——這永永遠遠不可能發生——他來到的地方也只是京城，那裡是世界的中心，塞滿數千年的沉積就在迸裂邊緣。即使帶著死人的口諭，也沒有人能夠從這裡穿越。這一切只不過是夜幕降臨時，你斜倚窗邊的遐思而已。⑫

卡夫卡在〈中國長城〉裡選擇的敘事聲音（narrative voice）出自一位無所不知但又無所不困惑的觀察者（一如他筆下諸多故事和寓言）；對於親眼目睹卻仍一知半解的事情，這位觀察者奮力理出頭緒，他同時相信只要拿出破釜沉舟的決心，必然可使真相大白，或者最起碼也得以從正確的角度思考評斷。不過在接近故事尾聲時，卻出現一段古怪又唐突的批判：按這位敘事者之見，他所描述的中國長城建築工人裡，普遍「沒有堅定的信念，想像力也十分虛弱」，以致於他們無法「使帝國從北京的沉沉暮氣中起死回生，也無法在他們胸臆之間，掌握帝國顯而易見的實際現況」。不過「這項弱點」，卡夫卡補充說明，「卻使我們民族團結一心至為重大的作用力之一；不錯，如果我們有足夠的勇氣承認這點，這就是我們賴以生存的基礎了。」⑬

波赫士的短篇故事〈歧路花園〉，看來像是精心設計的奮力一搏，藉此重申卡夫卡的敘事者所說——築牆工人「沒有堅定的信念，想像力也十分虛弱」的評價。在卡夫卡的故事裡，中國敘事者無論再怎麼精闢深入，也永遠只是一個沒有名字的聲音；但在波赫士的隱喻中，為了讓學富五車的崔本（Ts'ui Pên）創造的迷宮與花園能夠華實相稱，他因而對卡夫卡的模式敬謝不敏。波

⑫ Ibid., pp. 4–5 and 244.

⑬ Ibid., p. 247.

赫士反而像戈德斯密和過去的一些作家，替他的主角取了名字——余尊（Yu Tsun）——還概述了他的生平。我們幾乎在故事一開頭便立刻得知這位敘事者是余尊博士，「青島大學（Hochschule at Tsingtao）前任英文教授」。熟悉中國歷史的讀者想必清楚，在德國強佔山東省的幾十年間，青島一直是德國勢力的中心；因此即使一名中國教授教的是英文，但由於在當地德國學校任教，讀者可以假設他對德國必然有相當程度的瞭解，甚至還可能有親德的傾向。不過短短幾行的功夫，我們便發現情況正是如此。在小說中，余尊確實是「德國政府特派員」，背景設定在第一次世界大戰中對於交戰雙方都至為慘烈的一刻——這是個現成的背景——即一九一六年的索姆河戰役（Battle of the Somme）。不過余尊或許是出於無奈才成為間諜，因為他告訴我們：「這身間諜的落魄屈辱，是那個野蠻的國家強加給我的，我才不會在乎那樣的國家。」⑭

不難看出余尊應該曾有過幾年好日子——起碼「他曾在海豐一座布局配置對稱的花園度過童年」——也許那正足以解釋為何他的舉止總帶著幾分自負。「我這麼做是因為我感覺得出來，上頭（the chief [el Jefe]）對我們種族的人多少有幾分忌憚——忌憚匯集於我一身之內的無數先人⑮。我要

⑭ Jorge Luis Borges, "The Garden of Forking Paths," in *Labyrinths: Selected Stories and Other Writings*, ed. Donald A[lfred] Yates and James E[ast] Irby, pref. André Maurois (New York: New Directions, 1964), p. 21.

⑮ 譯註：這是史景遷所用英譯本的意思。按波赫士的西班牙原文，這句話的意思應作「上頭其實挺瞧不起我們這個種族的人（yo sentía que el Jefe tenía en poco a los de mi raza）——瞧不起匯集於我一身的無數先人」。本章翻譯參照的〈歧路花園〉西班牙文版本，取自Jorge Luis Borges, "El jardín de senderos que se bifurcan," *Ficciones*

證明給他看：一個黃種人也可以拯救他的大軍。」⑯但是就算他曾在暗示秩序與平靜的對稱花園裡長大，余尊知道那裡還有另外一種花園——一座迷宮般的花園，別名「歧路花園」——並且曾在他的家庭裡造成騷動。

「我對迷宮略知一二」，余尊告訴讀者：

> ……我身為崔本的曾孫不是沒有道理的。想當年崔本貴為雲南總督，卻遁世離俗放棄高官厚祿，只為了想寫一本比《紅樓夢》有更多人物雲集的小說，還想建造一座所有人都走不出來的迷宮。他窮十三年之力，在這兩件本質上迥然相異的差事苦心勞形，但最終卻遭陌生人謀殺——於是他的小說成了一部毫無條理可言的天書，迷宮也不知所終。我在英格蘭的樹下遙想這座失落的迷宮：我想像這座迷宮就在一座神秘的峰頂遺世獨立，仍然完璧無瑕；我想像這座迷宮被稻田埋沒了蹤跡，又或者暗藏於水面之下；我想像這座迷宮遼闊無邊，不是由八角涼亭和通幽曲徑結合而成，而是由河川、州省與王國……⑰
>
> 我想到的是一座由迷宮組成的迷宮，一座蜿蜒逶迤又綿延不絕的迷宮，囊括過去而且

---

en *Obras completas: 1923–1972* (Buenos Aires: Emecé Editores, S.A., 1974), pp. 472–480。

⑯ Ibid., pp. 20–21

⑰ 譯註：此處刪節號為原著所有。

兼容未來，從某種角度來看甚至蘊含日月星辰。[18]

波赫士的敘事者所指的《紅樓夢》，是中國十八世紀最著名的小說，故事的主題乃塵世間的真真假假、虛虛實實，而主要的情節就發生在一座與世隔絕的庭園裡。在波赫士的小說裡，余尊曾經造訪英國學者史帝芬．亞伯（Stephen Albert）的花園，因此余尊提及《紅樓夢》，不僅為他祖上的花園平添幾分想像空間，甚至對史帝芬．亞伯的花園亦然。亞伯的花園也一如迷宮，同樣包含錯綜複雜的事物，分叉的幽徑上有小樹林子、涼亭和鏽跡斑斑的柵欄相伴，而且在隱約搖曳的燈籠光暈下，以及「鏗鏘激越，猶如音節抑揚頓挫」的中國樂聲裡——「隨著風勢的擺盪時遠時近，在距離和茂葉的阻隔之下而顯得迷濛」——整座花園登時活躍了起來。[19]過去西方以中國為題材的敘事，曾讓一些讀者深深著迷；而史帝芬．亞伯的花園諸景，勢必讓這些讀者回想起一七五〇年代末期戈德斯密設想的中國花園——就是《世界公民》第三十一章裡寫的花園，戈德斯密還用罕見的雙標題：「中國人在園藝上的盡善盡美。中國花園的性質描述」。在這章裡，連濟寫信告訴北京的友人福鴻，英國人已經開始仿效中國人建構花園的工法了，而且愈做愈精善，不過許多造微入妙的神髓，英國人恐怕還差得遠：

---

⑱ Ibid., pp. 22–23.

⑲ Ibid., p. 23.

……他們的設計師還沒有那本事把建築工法與美學合而為一。歐洲人大概不太能體會我的意思：比方說，當我告訴他們，中國花園無一不蘊藏著精微的寓意，深藏於平凡無奇的設計之中。漫步其間的感受並不像是接受某種明智的教誨，但出於樹叢、小溪與巖洞等景物的配置，卻能感受到崇高的真理或者微妙的戒律，隱隱散發著震懾人心的力量。請容我描述我在廣西的幾座園子，以闡明我話中含意。[20]

根據連濟的描述，他位於廣西的花園有兩個迥然有別的單元組成佈局。其中一個乍看之下令人望而生畏，然而經歷開頭這一番掃人興致的驚駭之後，繼之而來的卻是秀美明麗與寧靜祥和；另外一個入口則誘人一探究竟，不過遊園之人深入迂迴蜿蜒的小徑之後，最終卻對景色興趣全失。連濟接續評述，一旦進入這第二片園子，漫步其間的人立刻感覺出來：

……花草樹木配置的方式，顯然都是要營造愉悅人心的印象。然而隨著遊園之人漸行漸深，他會不知不覺感受整座花園呈現的荒涼氛圍：景色開始黯淡，小徑變得益發冗雜繁複，他似乎走向下坡，形狀駭人的石頭就像懸在頭頂，而幽暗的洞穴、突如其來的斷崖、

[20] Goldsmith, *Citizen of the World*, I: 123, Letter XXXI. 戈德斯密只在《世界公民》的目錄裡用了這個完整的長標題。在小說正文中，該信的標題僅作〈來自相同寄件人〉，以維持書信體小說在體例上的一致性。

陰森的斷垣殘壁、一堆堆未下葬的枯骨，以及暗伏的流水散發令人不寒而慄的聲響，這一刀漸漸取代一開始看來動人的景物。但若想就此踅回頭去，那根本是徒勞無功；這座迷宮太過錯綜複雜，除了我以外沒有人找得到出路。總而言之，在他充分為園中恐怖的諸景震攝之餘，以及體會自己的選擇太過魯莽之後，我會引領他從一扇暗門抄捷徑，回頭來到他誤入歧途的那一刻，他所在的位置。㉑

連濟向福鴻解釋，只需一個狹仄的空間，就可以將這樣的迷宮盡納其中，而英國的花園如果要涵蓋這樣的複雜設計，那得花上十倍的面積才得竟其全功。

於是〈歧路花園〉一如連濟的廣西花園，波赫士那些緊湊簡練但卻曲折精細的中國面向，也就得以盡納於早先中國風時期的先入之見；不過故事的另外兩個主要面向，則是從截然不同的史料中取材的設想——其一乃故事與傳教士史帝芬·亞伯間的關聯，其二則為故事與第一次世界大戰歷史間的牽涉。在波赫士筆下，史帝芬·亞伯是位身材高大、輪廓分明，長著灰色眸子及灰色鬍鬚的博學英國傳教士，他破解了崔本的迷宮之謎，因為他恍然得其要領，原來迷宮與小說根本是一體兩面。在十九世紀晚期的歷史脈絡中，史帝芬·亞伯的經歷從各種層面來看都相當可信：他原在天津傳教，後來放棄神召，轉而投身漢學，雅好中國藝術珍品，還有精雅的中文藏書，最後歸隱於

㉑ Ibid., I: 125.

英國士達福郡（Staffordshire）芬頓鎮（Fenton）的鄉間別墅，其間還利用牛津大學的資料翻譯中文珍善本古籍。實際上在英美兩國，有不少類似史帝芬．亞伯這樣遁世隱居的人。

余尊把亞伯比喻為哥德（Johann Wolfgang von Goethe, 1749–1832），也正因亞伯這分慧眼獨具的過人才智，才使得他在獻身傳教的同代人之中，顯得如此卓爾不群。誠如亞伯向余尊做的解釋，他此生成就的終極偉業在於發現崔本的「歧路花園」原來是「一道龐大的謎語或一則寓言，而其中心思想就是時間」。然而正由於中心思想是時間，崔本決定絕口不提這個關鍵詞。此處波赫士用非比尋常的細膩心思，觸及早先好幾世代西方學者及傳教士長久以來貫注精神的課題，亦即中國紀年與依據《聖經》的主曆編年之間的相對本質。史帝芬．亞伯繼續說下去：

〔我對勘上百種手稿（He confrontado centenares de manuscritos）〕，我攷正抄工粗心大意犯下的錯誤，我揣想這些毫無章法的混沌是不是別有用心的設計，我重建出——我相信我重建出——文本的原始結構，我翻譯了整部作品：我很清楚他一次也沒有用到「時間」（tiempo）這個字。理由顯而易見：《歧路花園》在崔本的構想裡，代表的正是宇宙具體而微的縮影，雖不算完整，卻毫不虛妄。不同於牛頓（Sir Isaac Newton, 1643–1727）和叔本華（Arthur Schopenhauer, 1788–1860）的論點，您的先祖並不相信時間是始終如一而且無條件唯一的。他相信有一系列的時間同時發展，這個系列無窮無盡，不同的時間或分歧發散，或匯聚於一，或平行共進，交織成一面不斷滋生蔓衍又讓人眼花撩亂的網絡。這面網絡上的時間或互相接近，或分岔而行，或戛然而止，又或者千百年來絲毫沒有察覺還有其他時間的存在，囊括**所有**時間的可能性。絕大部分這些時間裡並沒有我們的存在：在某些時間裡，您存在，卻沒有我；在另一些時間裡，我存在，卻沒有您；又在其他一些時間裡，您與我同時存在。在眼前這個時間裡，我因為三生有幸，故得您光臨寒舍；在另一個時間裡，當您穿越花園，卻發現我已與世長辭；而在又一個時間裡，我就說著跟現在一模一樣的話，但是我只是個假象，是一縷幽魂。㉒

我們可以推測：波赫士之所以選擇第一次世界大戰作為故事中的第三條情節主線，是因為偶然掠過心頭的一絲靈光——來自他早先閱讀李德．哈特（B[asil] H[enry] Liddell Hart, 1895–1970）所著大戰史實後的殘存印象。一九一六年夏天發生在「索姆河戰線」（Somme fronts）幾場慘絕人寰的會戰，造成英軍第一次世界大戰中最慘重的傷亡；我們可以從李德．哈特這本戰史中探得一條線索，即在會戰開打之前，英軍的總部及補給倉庫都位於一座名為「亞柏」（Albert）的小鎮。這麼平凡無奇的名字再加上背後死亡的弦外之音，讓波赫士聯想出故事的情節概要——通知德軍務必先發制人，轟炸亞柏鎮。㉓余尊於是謀殺了亞伯，他心裡明白這麼驚人的消息一定會登上英國報紙，

㉒ Borges, "Garden," pp. 27–28.

㉓ 相關段落可見 B[asil] H[enry] Liddell Hart, *A History of the World War, 1914–1918* (London: Faber & Faber, 1934), pp. 306–318，而非如波赫士在〈歧路花園〉引言所載之於頁二二一。波赫士載錄的日期也略有誤差，其事應在一九六一

這麼一來，自然也會傳到他在德國的上級耳裡。這個情節的構想看來荒誕無稽，但到了波赫士手裡卻不知怎地竟如此合情合理——背信忘義與冷酷無情合而為一，成為中國人最深的城府，而史帝芬·亞伯雖不知不覺，卻當居首功。「我一介英格蘭蠻人」——他向余尊驚嘆：「這個若隱若顯的奧祕，居然就落在我身上揭露」。不過由於亞伯在歷史上的學養，他後來也提醒余尊，「時間永無休止地分歧為數不清的未來。在其中一個未來裡，我是你的敵人。」㉔

史帝芬·亞伯同時也告訴余尊：「在所有虛構故事中，當一個人面對若干選項，他必然擇其一而捨其餘；在崔本的故事裡，他卻同時選擇全部。他以自己的方式**創造**各式各樣的未來、各式各樣的時間，而且這些未來和時間又自行增殖繁衍，再繼續分歧。」㉕這種情節發展無限相交的概念，

年七月，而非六月。不過其餘部分則毫釐不差。

譯註：一、中譯參見〔英〕李德·哈特著，林光餘譯：《第一次世界大戰戰史》，第二版，二冊，李德·哈特說戰史四~五（臺北：麥田出版社，二〇一四）。二、案注文中史景遷所用英譯本，《虛構集》中〈歧路花園〉第一句確實是「李德·哈特《第一次世界大戰史》頁二二」，考西文本《虛構集》確實如此（En la página 22 de la *Historia de la Guerra Europea*, de Lidell Hart），不過新近的西文版已經修正為頁二四二。至於史景遷指出的誤植七月為六月，則不知所據為何，因為案史景遷所用英譯本，波赫士載錄的時間確實作“the 24th of July, 1916”，西文本《虛構集》亦同（el 24 de julio de 1916），而非六月。

㉔ Borges, “Garden,” pp. 25 and 28.

㉕ Ibid., p. 26，斜體為原文所加。

也同樣深深吸引卡爾維諾，致使他在一九七九年以《如果在冬夜一個旅人》（*If on a Winter's Night a Traveller*, 1981 [*Se una notte d'inverno un viaggiatore*, 1979]）正式試驗這樣的概念。其實早在一九七二年的《看不見的城市》裡㉖，卡爾維諾就已經聚焦於說故事的藝術可以帶來的無窮衍變，並且以馬可・波羅和忽必烈汗的關係作為焦點。在馬可・波羅的《世界之描繪》中，闡述這種關係的文字僅有短短幾行，短得惹人急於探究其中緣由，卻又充滿可能：

> 於是當大汗察覺馬可見識不凡，舉止得宜，便差遣馬可為專使，前往需費時足足六月方得抵達之國度。這位少年豪俠奉命唯謹，務使不辱大汗所託。在過去幾個場合間，他注意當使臣們從世界其他角落返抵大汗之國，他們唯一能向君上呈稟的只有此行公務，故而在君上眼裡，這些使臣並不比庸才愚氓高明多少；大汗會說：「相較於你們只知匯報公務，我更欣然期盼聽到的是奇聞軼事，或是你們於不同國度所見的流風餘俗。」——因為大汗以聽聞異邦奇事為樂。故而當馬可出使，他便於往返途中勞神記錄各邦間的迥異之事，

㉖ 譯註：中譯參見（義）伊塔羅・卡爾維諾著，王志弘譯：《看不見的城市》，大師名作坊十九（臺北：時報文化，一九九三）。

返國覆命時即可奏稟大汗。[27][28]

這是威尼斯旅行家和他暫時的主人之間一段初始的對話；而在卡爾維諾筆下，兩人首次交談的過程精細入微地重現於讀者眼前：一開始波羅先用不同「姿勢、跳躍、帶著驚異與恐懼的呼喊」描繪他的經歷，再即席以簡單的啞劇詮釋——「一條魚從鸕鷀的長喙中死裡逃生」，「一個赤身裸體的人從火上飛奔而過」——之後又運用手勢使語言的描述具體化，於是「大汗戴滿戒指的白皙雙手，以威嚴的動作回應商人強健而靈活的雙手」。[29]

在這個雙方以手勢相互溝通的階段，大汗最後對波羅反覆絮叨的類似內容感到厭煩，他開始在腦海中構思自己的城市，並且詢問波羅見到的城市是否正是如此形貌。最後忽必烈命令波羅「追索出現在他夢境中的城市」。在鬱鬱寡歡的日子裡，大汗認定波羅所說的城市根本不存在；這些故事不過是「安慰人心的寓言」，真正的帝國正如同「沼澤裡的屍體，漸漸腐爛」。而在其他時候，大汗心中的陶陶安樂，讓他覺得自己的帝國就如同「水晶製品，其中分子結晶的排列盡善

[27] Marco Polo, *Travels*, ed. Yule and Cordier, I: 27–30.

[28] 譯註：這段情節出自《行紀》第十五章〈大汗遣馬可出使〉。

[29] Italo Calvino, *Invisible Cities*, trans. William Weaver (New York: Harcourt Brace Jovanovich, 1972), pp. 21 and 30.

盡美」。㉚

在更加深入探索內心之後，忽必烈開始構思一種城市：「所有可能存在的城市都得以從中演繹出來」，因為這種城市「包含了相當於基準規範的一切事物」。馬可也以自己設想的原型城市回應：一座「由各種例外、排除在外的事物、各種不協調和矛盾結合而成」的城市。㉛故事繼續進行，腦海中的想像力也愈來愈深刻，忽必烈的帝國雖日益豐饒強盛，卻也日漸被自己的重量壓垮——「臃腫，緊繃，笨重而遲緩」。為了卸下重負，大汗的夢裡陸續映現「輕如紙鳶的城市……如蕾絲般布滿洞眼的城市，如蚊帳般透明的城市，如葉脈般的城市」。㉜

當所有探索的途徑看似山窮水盡，當大汗已經訴盡所有夢境，波羅宣稱他已經描述過他造訪的所有城市之際，大汗對他的異邦訪客提出一項質疑：

> 「還有一座城市你從未提起。」
>
> 馬可．波羅低下頭。
>
> 「威尼斯，」大汗說道。

㉚ Ibid., pp. 59 and 60.

㉛ Ibid., pp. 69 and 73.

㉜ Ibid., p. 73，將 “laces” 改為 “lace”。

馬可微微一笑。「我一直以來向您奏稟的，您以為是其他的城市嗎？」

皇帝絲毫不為所動。「但是我從沒聽你提起那個名字。」

波羅說道：「每次當我描述一座城市，其實那都是威尼斯的影子。」

……

湖面揚起纖柔到幾乎無法察覺的漣漪；宋朝故宮映在湖面上的古銅色倒影，猶如落葉飄搖盪漾，散成片片，閃閃發光。

「記憶中的映像，一旦立於文字，隨即抹煞而不復存在，」波羅說。「也許我擔心一旦說出口，威尼斯就會悄然消逝。又或許，當我述及其他城市之際，我已經一點一滴，失去威尼斯。」[33]

於是大汗之國的統治者譴責波羅的旅行，原來只不過是場「記憶之旅」：

馬可想到遮蔽廣袤海洋及緜延山巒的薄霧，煙消雲散之後，留下乾爽輕清的空氣，遠方的城市昭然映現眼前。他凝望的眼光更企盼穿透無常易變的心緒的霧幕，遠眺他方：事

[33] Ibid., pp. 86–87.

物的形貌在距離之外，反而更易明辨。㉞

最終兩人開始質疑他們的談話究竟是否發生了——他們真的坐在這個特定的花園裡，在這特定的時間裡，談天說地嗎？或是忽必烈正在遙遠的沙場征戰，而馬可則在「遙遠的市集裡，為那一袋袋的胡椒討價還價呢？」㉟

> 說不定，〔忽必烈設想〕我們這段談話發生在渾名忽必烈汗和馬可．波羅的兩個乞丐之間；他們一邊在垃圾堆裡翻翻揀揀，堆積生鏽的破爛、破布、廢紙，一邊啜飲幾口劣酒而有幾分醉意，於是他們舉目所及就幻化為東方的寶藏，在他們身旁閃閃發光。

波羅於是答道：

> 也許這個世界只剩下一片滿布垃圾堆的荒原，還有偉大可汗宮殿裡的空中花園。區隔

㉞ Ibid., p. 98.

㉟ Ibid., p. 103.

兩者的是我們的眼瞼，但是我們無法分辨，何者在內，何者在外。㊱

為了釐清最後的真相，忽必烈限定馬可・波羅在皇宮玉階下的巨大棋盤上，走一局無聲的棋，僅僅借助棋子的移動，描述曾經到訪的城市，找出「在無盡的陋習與衝突之下，連貫並且和諧的秩序」；他一直把馬可留在左右，希望藉由這些受規則約束的棋步，增進他對自己帝國的認識。而作為回報，波羅則以如何從每一塊木料的形狀——巨大的棋盤便由這些木料鑲嵌而成——解讀大自然特定的過往，好比在早年裡生成的樹幹年輪，「幾乎看不出來的節瘤」，或是「在早春就急著萌芽」的芽苞。㊲

最後這兩個人——統治者和旅人，比肩翻看大汗發現的地圖集。汗八里是大汗的京師所在，他們在地圖上也看到類似的城市；他們又看到幾座波羅憶及的城市，像是耶路撒冷和撒馬爾罕（Samarkand）㊳；他們還看到那些明知存在卻無法造訪的城市，像是格拉那達、巴黎和廷巴克圖（Timbuktu）㊴；他們的頭幾乎就要貼到地圖上，兩人凝思著西方人至今仍未發現的城市，庫斯科

㊱ Ibid., p. 104.

㊲ Ibid., pp. 122 and 131.

㊳ 譯註：烏茲別克故都，過去為花剌子模與帖木兒帝國都城。

㊴ 譯註：西非馬利共和國中部的伊斯蘭文明古城。

（Cuzco）㊵和諾夫哥羅（Novgorod）㊶；他們看到被征服吞併以及消失於塵土之下的城市，像特洛伊、烏爾（Ur）㊷和迦太基。新的城市等待降生，這種城市不可思議的新型網絡無盡延伸，無法以特定形狀定義，就像洛杉磯與大阪。㊸當時仍未載於文字的應許之地，他們也在思維中造訪，像是烏托邦、新拉納（New Lanark）㊹與太陽之城（City of the Sun）㊺。㊻他們還觀覽了在夢魘中糾纏他們

㊵ 譯註：秘魯東南方山城，印加古文明中心。

㊶ 譯註：俄羅斯西北部歷史古城，波羅的海諸邦通往拜占庭商業路線上的重要據點。

㊷ 譯註：美索不達米亞古城，位於幼發拉底河與底格里斯河合流注入波斯灣處。《聖經》中阿貝辣罕／亞伯拉罕（Abraham）的故鄉，事見思高本《舊約．厄斯德拉下》或和合本《舊約．尼希米記》第九章第七節。

㊸ Ibid., pp. 135, 136, 138 and 139.

㊹ 譯註：一七八六年由蘇格蘭商人建立的村落，雇用貧民為水力運作的紡織廠工作，實行社會福利制度，提供工人良好的生活環境與教育，是早期烏托邦社會主義（Utopian Socialism）的實踐。

㊺ 譯註：即道明會哲學家康帕內拉（Tommaso Campanella, OP, 1568–1639）在所著《太陽城》中設想的理想國度；書中以對話形式，藉一位來自熱那亞的航海家的遊歷所見，勾勒一個政教合一的公有制社會，成為後世共產主義社會的雛型之一。

㊻ Ibid., p. 164.

的城市，像是以諾（Enoch）㊼、犽猢之地（Yahooland）㊽和美麗新世界（Brave New World）㊾。

「一切都是徒勞無功，」大汗說道，「如果我們最後上岸的那一站必然是地獄之城（infernal city）的話；而眼前的潮流正以愈旋繞愈狹迫的渦流，把我們拖往那個方向去。」

於是波羅說道：「生靈的地獄並不是即將抵達的目的地；如果真的有地獄，那麼這裡就已經是了，那是我們每天生活其間的地獄，是只要我們在一起就會形成的地獄。」㊿

在一刻心有靈犀的靜默之中，當兩人短暫立足於相同的現實，卡爾維諾安排大汗充滿情意地轉向馬可．波羅：

㊼ 譯註：《舊約．創世記》第四章，該隱（Cain）因妒殺害親弟亞伯（Abel），耶和華因謂該隱「你必流離飄蕩在地上」（4:12），「於是該隱離開耶和華的面，去住在伊甸東邊挪得之地」（4:16），該隱生子以諾，「建造了一座城，就按著他兒子的名將那城叫做以諾」（4:17）。此處取和合本譯名，思高本作「哈諾客」。

㊽ 譯註：此處犽猢（Yahoo）即綏夫特（Jonathan Swift, 1667–1745）《格理弗遊記》（*Gulliver's Travels*）第四部〈慧駰國遊記〉（"A Voyage to the Land of the Houyhnhnms"）中的低劣生物，中譯參見單德興譯註：《格理弗遊記》，國科會經典譯注計畫（臺北：聯經出版公司，二〇〇四）。

㊾ 譯註：見赫胥黎（Aldous Leonard Huxley, 1894–1963）的反烏托邦小說《美麗新世界》（一九三二）。

㊿ Ibid., p. 165.

「你回到西方之後，」忽必烈詢問這位威尼斯商人，「會不會把你告訴我的那些故事說給你的同胞聽？」

馬可波羅不願正面回覆：「我一說再說，」他告訴大汗：

> ……但是聽故事的人只聽進去自己想聽的話。您仁慈敦厚，願意聆聽我對於世界之描繪；您耳中的描繪是一番風貌。他日當我還歸故里，又對寒舍外群集在街上的碼頭裝卸工人和貢多拉船夫講述這個世界；他們口中流傳的描繪則是另一番風貌。如果日後的人生歲月裡我遭到熱那亞海盜俘擄，戴上鐐銬與一位冒險故事作家同囚一室，向他口述我的經歷；那麼他筆下的描繪就又是另一番風貌了。主導故事的不是說故事的聲音：是聽故事的耳朵。[51]

波羅的答案迂迴曲折，不過答案的前提卻刻意荒謬：即使他捨得從絲綢墊褥上起身，離開他的第二個故鄉——中國，波羅也沒有理由非得流落到熱那亞，和一位專業的傳奇故事作家同囚一室。即便如此不可能發生的事情終究還是發生了，為什麼後人又要關注他的話語呢？

卡爾維諾提供給我們最好的答案，而且適用於本書所有的故事：其中奧秘在於耳朵——只有

---

[51] Ibid., p. 135.

想聽的才聽，只有引頸期待的才聽。在跨越數個世紀的中國事例裡，聽眾總是按捺不住，熱切渴望「穿透無常易變的心緒霧幕」，進入「乾爽輕清」的空氣裡。西方人打從一開始就樂於得知與中國有關的一切，幾個世紀以來，這股超乎尋常的意願仍然持續灌注，源源不絕，未曾稍減。究竟為何仍然如此，對我來說，還是未解之謎。然而本書考察的故事似乎證明：中國不需要任何理由，就能緊扣西方心弦。

【十五劃】

【十六劃】

【十四劃】

【十二劃】

【十三劃】

【九劃】

【七劃】

【八劃】

【四劃】

綜合名詞

《中國的經濟與社會》（Wittfogel, *Economy and Society in China* [*Wirtschaft und Gesellschaft Chinas, Versuch der wissenschaftlichen Analyse einer großen asiatischen Agrargesellschaft*, 1931]），383
《中國近情》（Leibniz, *Latest News from China* [*Novissima Sinica: Historiam nostri temporis illustratura*, 1699]），159，320
〈中國長城〉（Kafka, "The Great Wall of China," 1933 ["Beim Bau der chinesischen Mauer," 1917]），411，416，417，418，420
《中國皇帝》（Lévi, *The Chinese Emperor*, 1989 [*Le Grand empereur et ses automates*, 1985]），403
《公簿報》（*The Public Ledger*），142
《天國之女》（*Loti and Gautier, The Daughter of Heaven*, 1912 [*La fille du ciel: drame chinois*, 1912]），278
《太陽之城》（Campanella, *City of the Sun*, 1602 in Italian, 1623 and 1638 in Latin），136
《手段》（Brecht, *The Measures Taken*, 1977 [*Die Maßnahme*, 1930]），356，363，365，377
《月中人》（Godwin, *Man in the Moon: or, A Discourse of a Voyage thither*, 1628），120～121

【五劃】

《世界公民》（Goldsmith, *The Citizen of the World, or Letters from a Chinese Philosopher Residing in London to His Friends in the East*, 1762），142，143，145，191，196，347，423
《北京的最後歲月》（Loti, *The Last Days of Peking*, 1902 [*Les Derniers Jours de Pékin*, 1902]），271，276
《四川好女人》（Brecht, *The Good Woman of Setzuan*, 1948 [*Der gute Mensch von Sezuan*, 1943]），378
《四書》（*Four Books*），308
《失樂園》（Milton, *Paradise Lost*, 1667, 1674），121，453

【六劃】

《世界之描繪》（Polo, *The Description of the World*），即《馬可・波羅行紀》（Polo, *The Travels*），17，34，323，429
《仲夏夜之夢》（Shakespeare, *A Midsummer Night's Dream*, 1600），124
《企業報》（*Enterprise*），228，242
《各國風俗與精神史》（Voltaire, *An Essay on Universal History, the Manners, and Spirit of Nations: From the Reign of Charlemaign to the Age of Lewis XIV* [*Essais sur les moeurs et l'esprit des nations et sur les principaux faits de l'histoire, depuis Charlemagne jusqu'à Louis XIII*, 1756]），180
〈在劍尖下〉（Segalen, "At Sword Point," 1987 ["Du bout du sabre," Stèles, 1912]），289
《如果在冬夜一個旅人》（Calvino, *If on a Winter's Night a Traveller*, 1981 [*Se una notte d'inverno un viaggiatore*, 1979]），429
《安娜・克莉絲蒂》（O'Neill, *Anna Christie*, 1920），323
〈戍役弓箭手之歌〉（Pound, "Song of the Bowmen of Shu," Cathay, 1915），309
〈托德西利亞條約〉（Treaty of Tordesillas, 1492），45

文本

【十劃】

【九劃】

【七劃】

【六劃】

索引

譯按：

一、為忠實呈現《大汗之國》原貌，茲將原書〈索引〉完整翻譯如次。

二、原書〈索引〉按字母順序排列，共有七百零七個詞條。為提供讀者查找的便利性，此處所譯〈索引〉先分詞條為「人物」、「文本」與「綜合名詞」三類，各類別下諸條目再按筆劃順序排列。惟各主詞條下之副詞條，仍按原書順序編排。

三、「人物」類詞條以中文譯名的姓氏為排序依據，並詳考完整姓名與生卒年夾附於後。同一姓氏之下若有多人，則另以小字附名，以免混淆。

四、「文本」類詞條包含文學作品、電影與條約，諸條目後夾附英文標題與出版年分。英文以外的文本，先載錄英文譯名與翻譯年分，再註記考得的原文標題與出版年分。

五、本〈索引〉對應的內容不包含譯註。

人物

歷史 中國史

大汗之國
西方眼中的中國

作　　者－史景遷（Jonathan Dermot Spence）
譯　　者－林熙強
發 行 人－王春申
總 編 輯－李進文
編輯指導－林明昌
責任編輯－王窈姿
封面設計－黃子欽
校　　對－黃楷君

營業經理－陳英哲
業務組長－高玉龍
行銷企劃－葉宜如
出版發行－臺灣商務印書館股份有限公司
23141 新北市新店區民權路 108-3 號 5 樓（同門市地址）
電話：(02)8667-3712　傳真：(02)8667-3709
讀者服務專線：0800056196
郵撥：0000165-1
E-mail：ecptw@cptw.com.tw
網路書店網址：www.cptw.com.tw
Facebook：facebook.com.tw/ecptw

The Chan's Great Continent: China in Western Minds
by Jonathan D. Spence

局版北市業字第 993 號
初版一刷：2000 年 6 月
二版一刷：2018 年 4 月
定價：新台幣 520 元
法律顧問－何一芃律師事務所

大汗之國：西方眼中的中國 / 史景遷（Jonathan D. Spence） 著 . 林熙強譯 -- 二版一刷 . -- 新北市：臺灣商務， 2018.04
面 ； 公分

譯自：The Chan's Great Continent: China in Western Minds

ISBN 978-957-05-3134-3 平裝)

1. 中國 2. 中國文化

630.9 107001717